annabac
SUJETS & CORRIGÉS 2023

Philo

Tle générale

- Sabrina Cerqueira
- Fabien Lamouche
- Johnny Brousmiche
- Anthony Dekhil
- Patrick Ghrenassia
- Justine Janvier
- Charlotte Noirot-Nérin
- Caroline Verleyen
  Professeurs agrégés de philosophie
- Stéphanie Ronchewski-Degorre
  Professeure certifiée de philosophie

ISSN 1168-3775 ISBN 978-2-401-08658-6

Achevé d'imprimer par IPS en France
Dépôt légal 08658-6/01 - Août 2022

PAPIER À BASE DE FIBRES CERTIFIÉES

Hatier s'engage pour l'environnement en réduisant l'empreinte carbone de ses livres. Celle de cet exemplaire est de : 600 g éq. CO_2
Rendez-vous sur www.hatier-durable.fr

Hatier

SOMMAIRE GÉNÉRAL

Avec votre Annabac, préparez-vou

1 S'échauffer,
s'approprier les méthodes

2 S'entraîner
sur chaque notion
du programme

3 Préparer l'épreuve de philosophie : le sprint final

4 Boîte à outils

l'épreuve de philosophie **en 4 étapes !**

- Infos et conseils sur l'épreuve de philosophie 11
- Deux sujets étape par étape

SUJET 1 La dissertation 20

SUJET 2 L'explication de texte 30

- 35 sujets classés par notion
  - **l'art** 3 et 4
  - **le bonheur** 5 et 6
  - **la conscience** 7 et 8
  - **le devoir** 9, 10 et 11
  - **l'État** 12 et 13
  - **l'inconscient** 14 et 15
  - **la justice** 16 et 17
  - **le langage** 18 et 19
  - **la liberté** 20, 21 et 22
  - **la nature** 23
  - **la raison** 24 et 25
  - **la religion** 26 et 27
  - **la science** 28
  - **la technique** 29 et 30
  - **le temps** 31, 32 et 33
  - **le travail** 34 et 35
  - **la vérité** 36 et 37

Voir la liste des sujets 4

- Les 17 notions en schémas 244
- Deux sujets complets

SUJETS 38 à 40 Sujet de France métropolitaine 2022 250

SUJETS 41 à 43 Sujet d'Amérique du Nord 2022 266

- Lexique des repères du programme 282
- Index des auteurs 287

Les sujets et les schémas classés par notion

Pour chaque notion, voici les ressources de votre Annabac.

Indiquez sur cette liste l'avancement de vos révisions.
☐ À retravailler encore ☒ Désormais ok !

L'art

☐ **SCHÉMA** • L'art 244

☐ **SUJET 3** Arendt, *La Crise de la culture* • Explication de texte 42

☐ **SUJET 4** L'art est-il l'affaire des seuls spécialistes ?
Dissertation, Amérique du Nord, juin 2021 48

☐ **SUJET 38** Les pratiques artistiques transforment-elles le monde ?
Dissertation, France métropolitaine, juin 2022 250

Le bonheur

☐ **SCHÉMA** • Le bonheur 244

☐ **SUJET 5** Existe-t-il des techniques pour être heureux ?
Dissertation, Asie, juin 2021 53

☐ **SUJET 6** Saint Augustin, *Les Confessions* • Explication de texte 58

La conscience

☐ **SCHÉMA** • La conscience 245

☐ **SUJET 7** La conscience de l'individu n'est-elle que le reflet de la société à laquelle il appartient ? • Dissertation 64

☐ **SUJET 8** Kant, *Critique de la raison pure* • Explication de texte 71

☐ **SUJET 41** La conscience fait-elle obstacle au bonheur ?
Dissertation, Amérique du Nord, mai 2022 266

Le devoir

☐ **SCHÉMA** • Le devoir 245

☐ **SUJET 9** Peut-on être moral par intérêt ? • Dissertation 77

☐ **SUJET 10** Durkheim, *De la division du travail social*
Explication de texte, France métropolitaine, juin 2021 83

SUJET 11 Durkheim, *Les Règles de la méthode sociologique*
Explication de texte, sujet zéro 89

L'État

SCHÉMA • L'État 245

SUJET 12 Que devons-nous à l'État ? • Dissertation 94

SUJET 13 Spinoza, *Traité théologico-politique* • Explication de texte 99

L'inconscient

SCHÉMA • L'inconscient 246

SUJET 14 Suis-je l'esclave de mon inconscient ? • Dissertation 105

SUJET 15 Schopenhauer, *Le Monde comme volonté et comme représentation* • Explication de texte 111

La justice

SCHÉMA • La justice 246

SUJET 16 Nietzsche, *Humain, trop humain* • Explication de texte 117

SUJET 17 Y a-t-il de justes inégalités ? • Dissertation, sujet zéro 123

SUJET 39 Revient-il à l'État de décider de ce qui est juste ?
Dissertation, France métropolitaine, juin 2022 255

Le langage

SCHÉMA • Le langage 246

SUJET 18 Descartes, *Lettre à Morus* • Explication de texte 129

SUJET 19 Discuter, est-ce renoncer à la violence ?
Dissertation, France métropolitaine, juin 2021 135

La liberté

SCHÉMA • La liberté 247

SUJET 20 La liberté est-elle menacée par l'égalité ? • Dissertation 140

SUJET 21 Peut-on être libre sans s'imposer une discipline ?
Dissertation 146

SUJET 22 Arendt, *Du mensonge en politique*
Explication de texte, Centres étrangers, juin 2021 152

La nature

- **SCHÉMA** • La nature 247
- **SUJET 2** Rousseau, *Émile* • Explication de texte, ÉTAPE PAR ÉTAPE 30
- **SUJET 23** La nature est-elle injuste ?
  Dissertation, Amérique du Nord, juin 2021 158
- **SUJET 42** La technique permet-elle de ne plus avoir peur de la nature ? • Dissertation, Amérique du Nord, mai 2022 271

La raison

- **SCHÉMA** • La raison 247
- **SUJET 24** Faut-il préférer la raison à l'imagination ? • Dissertation 164
- **SUJET 25** Montaigne, *Essais*
  Explication de texte, France métropolitaine, septembre 2021 169

La religion

- **SCHÉMA** • La religion 248
- **SUJET 26** La religion peut-elle s'en tenir aux limites de la simple raison ? • Dissertation 175
- **SUJET 27** Weil, *Attente de Dieu* • Explication de texte 180

La science

- **SCHÉMA** • La science 248
- **SUJET 1** La science parvient-elle à la vérité ?
  Dissertation, ÉTAPE PAR ÉTAPE 20
- **SUJET 28** Descartes, *Règles pour la direction de l'esprit*
  Explication de texte 185
- **SUJET 40** Cournot, *Essai sur les fondements de nos connaissances et sur les caractères de la critique philosophique*
  Explication de texte, France métropolitaine, juin 2022 260

La technique

- **SCHÉMA** • La technique 248
- **SUJET 29** Doit-on attendre de la technique qu'elle mette fin au travail ? • Dissertation 191
- **SUJET 30** Simondon, *Du mode d'existence des objets techniques*
  Explication de texte 197

Le temps

☐ **SCHÉMA** • Le temps 249

☐ **SUJET 31** L'homme peut-il échapper au temps ? • Dissertation 203

☐ **SUJET 32** Bergson, *La Perception du changement*
Explication de texte 209

☐ **SUJET 33** Sommes-nous responsables de l'avenir ?
Dissertation, France métropolitaine, juin 2021 215

☐ **SUJET 43** Montaigne, *Essais*
Explication de texte, Amérique du Nord, mai 2022 276

Le travail

☐ **SCHÉMA** • Le travail 249

☐ **SUJET 34** Travailler moins, est-ce vivre mieux ? • Dissertation 220

☐ **SUJET 35** Weil, *La Condition ouvrière*
Explication de texte, Amérique du Nord, juin 2021 225

La vérité

☐ **SCHÉMA** • La vérité 249

☐ **SUJET 36** Spinoza, *Traité théologico-politique* • Explication de texte 231

☐ **SUJET 37** Existe-t-il des vérités définitives ? • Dissertation, sujet zéro 237

Crédits photographiques : **51** : ph © Roger Viollet Collection • **68** : Doc. Public Domain Mark / Wikipédia • **81** : Doc. Wikipédia • **98** : Doc. Nadar • **127** : ph © Frederic Reglain / 2011 Gamma-Rapho / Getty-Images • **143** : Coll. Château de Versailles / Wikipédia • **149** : ph © Calidius – Wikipédia • **156** : Doc. Wikipédia • **161** : ph © akg-images • **173** : Doc. Wikipédia • **193** : ph © Roger Viollet Collection • **195** : ph © Granger Collection / Bridgeman Images • **207** : Doc. Wikipédia • **211** : Doc. 2005 – Eric Gaba for Wikimedia Commons • **218** : ph © René Saint-Paul/Bridgeman Images • **219** : ph © Effigie/Leemage • **222** : ph © Roger Viollet Collection • **241** : ph © Bill Pierce / The LIFE Images Collection / Shutterstock • **254** : ph © Granger Collection / Bridgeman Images • **257** : Coll. National Portrait Gallery, London • **258** : Doc. Wikipédia • **259** : Coll. National Portrait Gallery, Smithsonian Institution • **264** : Coll. Maison d'Auguste Comte • **268** : Coll. Schiller-Nationalmuseum, Marbach am Neckar • **270** : Coll. Hulton Archive • **275** : © Simondon

- Coordination éditoriale : Louise Roullier et Grégoire Thorel, assistés de Théa Goossens et Pauline Siegwart
- Édition : Charlotte Joumier
- Graphisme : Dany Mourain et le studio Favre & Lhaïk
- Prépresse : Hatier et Nadine Aymard
- Illustration : Juliette Baily
- Mise en page : STDI
- Iconographie : Hatier illustration

S'échauffer, s'approprier les méthodes

INFOS et CONSEILS sur l'épreuve de philosophie

FICHE 1 Quel est le nouveau programme de philosophie en Terminale ? 11

FICHE 2 En quoi consiste l'épreuve ? 12

FICHE 3 Comment s'organiser pendant l'épreuve ? 13

FICHE 4 Comment réussir la dissertation ? 14

FICHE 5 Des conseils spécifiques pour l'explication de texte 18

Deux sujets ÉTAPE par ÉTAPE

SUJET 1 La dissertation 20

SUJET 2 L'explication de texte 30

1 Quel est le nouveau programme de philosophie en Terminale ?

Avec ce programme, vous acquérez une culture philosophique solide et développez vos capacités d'analyse et de réflexion.

A Les notions

- Le programme s'organise autour de **trois perspectives** : l'existence humaine et la culture, la morale et la politique, et la connaissance.
- **17 notions** sont explorées : l'art, le bonheur, la conscience, le devoir, l'État, l'inconscient, la justice, le langage, la liberté, la nature, la raison, la religion, la science, la technique, le temps, le travail et la vérité.
- Voir les cartes mentales des notions en fin d'ouvrage.

B Les repères

- Les repères sont des **distinctions lexicales et conceptuelles** qui vous permettent d'analyser le sens et la portée d'un problème, puis de construire votre réflexion. En voici la liste :

absolu/relatif · abstrait/concret · en acte/en puissance · exemple/preuve · analyse/synthèse · concept/image/métaphore · contingent/nécessaire · expliquer/comprendre · en fait/en droit · formel/matériel · idéal/réel · croire/savoir · genre/espèce/individu · hypothèse/conséquence/conclusion · identité/égalité/différence · impossible/possible · intuitif/discursif · légal/légitime · médiat/immédiat · objectif/subjectif/intersubjectif · obligation/contrainte · origine/fondement · persuader/convaincre · principe/cause/fin · public/privé · ressemblance/analogie · essentiel/accidentel · théorie/pratique · transcendant/immanent · universel/général/particulier/singulier · vrai/probable/certain

- Voir le « Lexique des repères » en fin d'ouvrage.

C Les auteurs

- L'extrait de l'explication de texte de l'écrit est nécessairement issu de la liste d'auteurs au programme. L'étude des œuvres des auteurs majeurs vous aide également à construire votre réflexion dans une dissertation.
- Pour accéder à la liste, reportez-vous à la page : https://eduscol.education.fr/cid144166/philosophie-bac-2021.html.

2 En quoi consiste l'épreuve ?

Il s'agit d'une épreuve écrite de 4 heures, coefficient 8. L'épreuve orale ne concerne que les élèves qui doivent passer le « rattrapage ».

A Quelles sont les modalités de l'épreuve ?

L'épreuve écrite vient clôturer une année pendant laquelle votre professeur vous a transmis une culture philosophique tout en vous aidant à former votre jugement critique.

L'épreuve de philosophie

DÉROULEMENT
4 heures
coefficient : 8

STRUCTURE
trois sujets au choix sur des notions différentes :
- **2 sujets de dissertation ;**
- **1 explication de texte**

NOTEZ BIEN Si vous êtes concerné(e) par l'oral de rattrapage en philo, voici quelques précisions :
- **Vous devez expliquer un extrait de l'œuvre étudiée en classe (10 min.) puis répondre aux questions du jury (10 min.).**
- **Les consignes sont les mêmes que pour l'explication de texte écrite, si ce n'est que vous ne pouvez approfondir autant l'analyse et qu'il faut restituer l'extrait dans l'œuvre que vous êtes censé(e) connaître.**

B Quels sont les critères d'évaluation ?

Le correcteur doit prendre en compte ces divers critères (sans barème) :
1. la capacité à **saisir les enjeux philosophiques** du sujet et la pertinence de la réflexion ;
2. la **qualité de l'argumentation**, quelle que soit la réponse apportée ;
3. l'appropriation de la **culture philosophique** (notions, repères, auteurs) ;
4. l'**organisation** du devoir (pour tout type de sujet, introduction, développement structuré en plusieurs parties et conclusion) ;
5. la **clarté** de l'expression.

3 Comment s'organiser pendant l'épreuve ?

Vous disposez de 4 heures pendant lesquelles vous devez vous organiser méthodiquement. Pour ne pas céder à la panique le jour de l'épreuve, vous devez vous entraîner à faire des devoirs en temps limité tout au long de l'année.

ATTENTION Vous pourrez, le jour du bac, être confronté(e) à un texte ou à un sujet de dissertation que vous ne comprendrez pas. Ne faites donc pas d'impasse méthodologique : entraînez-vous aux deux types d'épreuve.

Il faut...	Il ne faut pas...
1. Pendant les dix premières minutes, avant de vous lancer	
• **Lire calmement les trois sujets** • **Choisir le sujet que vous allez traiter** en procédant par élimination (celui relatif aux notions que vous maîtrisez)	Commencer à traiter tous les sujets en même temps
2. Au brouillon (entre 1 h 30 et 2 heures)	
• **Analyser le sujet choisi** • Construire un plan détaillé	• Revenir en arrière après avoir choisi un sujet • Se lancer dans la rédaction sans avoir construit un plan du devoir
3. Sur la copie (entre 1 h 30 et 2 heures selon le temps passé au brouillon)	
Évaluer le temps qu'il vous reste afin de consacrer la même attention aux différentes parties	Consacrer trop de temps à rédiger le début du devoir et bâcler la fin
4. Pendant les dix dernières minutes, avant de rendre votre copie	
Relire l'intégralité du devoir : • Veiller à ce qu'il n'y ait pas de phrases incomplètes, de répétitions • Vérifier l'orthographe ainsi que la grammaire et la syntaxe	• Rendre un devoir sans conclusion • Se contenter de recopier en conclusion des phrases du devoir • Rendre un devoir plein d'incohérences et d'erreurs

4 Comment réussir la dissertation ?

Le sujet de dissertation vous pose une question : ce n'est qu'après en avoir saisi le sens et avoir discuté les différentes hypothèses possibles que vous allez proposer une réponse originale.

A La feuille de route

Étape 1 • Définir les termes du sujet (au brouillon)

- Chaque terme du sujet doit être analysé, même ceux qui vous semblent les plus anodins.

> EXEMPLE **Dans le sujet « Démontrer, est-ce établir une vérité ? », il faut s'interroger sur le choix du verbe « établir », qui n'est pas « découvrir ».**

- Vous devez repérer des **liens entre les concepts** (similitude, opposition, dépendance…).
- Il faut ensuite reformuler le sujet à l'aide de vos analyses conceptuelles.

Étape 2 • Dégager la problématique et proposer des réponses (au brouillon)

- Derrière la question du sujet se trouvent d'autres interrogations et des propositions de réponses qui peuvent s'opposer entre elles.
- Le problème peut se présenter alors comme une **alternative entre deux thèses** accompagnées d'une objection/restriction, sous la forme :

  ou bien [thèse 1], mais alors [objection/restriction 1],
  ou bien [thèse 2], mais alors [objection/restriction 2].

- Transformez ces deux thèses en deux **grandes parties**. Dans une troisième partie, vous devez essayer – en approfondissant le problème ou en apportant un nouvel éclairage – de dépasser l'opposition qui en résulte.

Étape 3 • Chercher des idées pour chaque partie, les organiser en un plan détaillé (au brouillon)

- Notez les titres de chaque partie et sous-partie. Pour chacune d'entre elles, trouvez un **argument**, ainsi qu'une **référence** ou un **exemple**.

> ATTENTION **Les références et exemples jouent un rôle clé dans votre argumentation. Vous devez vous appuyer sur la culture philosophique acquise mais pouvez également utiliser d'autres références : historiques, littéraires, cinématographiques…**

- Rédigez entièrement les **transitions** : elles justifient le passage d'une partie à l'autre.

Étape 4 • Rédiger l'introduction

● L'introduction vise à définir les **enjeux du sujet** en dégageant sa problématique (mise en tension entre deux idées).

● Elle comprend les étapes suivantes :

Étape	Contenu
1	Accroche qui introduit le sujet, en évitant les lieux communs (problème général, exemple ou simple reformulation du sujet…)
2	Définition et analyse des termes du sujet
3	Formulation de la question posée par le sujet en reprenant ses termes puis énonciation du problème sous-jacent
4	Annonce du plan

ATTENTION **Évitez de commencer votre devoir par de grandes généralités du type « De tout temps, l'homme… », ou encore par des considérations nostalgiques incertaines sur ce qui se passe « De nos jours… ».**

● L'introduction doit **entrer dans le vif du sujet** à partir de son analyse (étape 2), même si celle-ci est succincte dans un premier temps. Il s'agit de montrer que la réponse à la question que l'on vous pose n'est pas évidente et appelle une discussion.

Étape 5 • Rédiger le développement

● Reprenez et **suivez votre plan** (de préférence en trois parties) établi au brouillon, sans noter les titres.

● **Au début de chaque partie**, annoncez le plan des sous-parties, puis faites des paragraphes (en allant à la ligne avec un alinéa) pour chacune d'entre elles.

● **Terminez chaque partie** par une brève conclusion et l'amorce d'une nouvelle idée (objection ou besoin d'approfondir) pour faire la transition vers la partie suivante.

CONSEIL **Entre l'introduction, les parties et la conclusion, ainsi qu'entre les parties, sautez deux ou trois lignes pour aérer votre copie.**

● Quelques conseils plus précis pour le développement :

Veillez à...	Évitez de...
Donner un argument philosophique pour chaque idée se trouvant dans un paragraphe	Énoncer des affirmations sans les justifier
Relier votre propos au seul sujet et non à l'ensemble du chapitre qui s'y rapporte	Faire des digressions hors sujet ou de tenir des propos pour lesquels le lecteur doit imaginer le lien avec le sujet
Donner des références philosophiques précises en les explicitant et en les reliant au sujet	Plaquer le cours de manière artificielle sur le sujet
Soigner vos transitions et veillez à la progression de votre propos	Passer du coq à l'âne...

Étape 6 • Rédiger la conclusion

● Il vous faut **répondre au problème** posé en introduction : faites la synthèse de votre développement (et non pas simplement un résumé) en montrant la progression de votre réflexion.

● Vous pouvez éventuellement terminer par une **nouvelle question** que le sujet engage et qui pourrait faire l'objet d'un nouveau sujet.

> ATTENTION **Il ne s'agit pas de commencer à traiter une nouvelle question ou de croire que l'on pourrait sauver le devoir par une révélation de dernière minute.**

● Vous pouvez noter quelques idées au brouillon en vue de la conclusion, dès le début ou au fur et à mesure de votre développement au cas où vous n'auriez plus assez de temps à la fin du devoir, mais généralement la conclusion est **l'aboutissement de la réflexion** que vous aurez menée tout au long de l'épreuve.

Étape 7 • Se relire

● Prenez l'habitude **après chaque paragraphe** de vous relire en veillant au sens et à l'orthographe. Cela permettra – mieux qu'une seule relecture en fin d'épreuve – de vérifier la progression de votre propos et d'éviter erreurs et maladresses de style.

● Gardez cependant dix minutes avant la fin de l'épreuve pour relire l'ensemble du devoir.

B Huit erreurs à éviter

1 **Ne retranscrivez pas votre cours tel quel**, car vous risquez d'être hors sujet. Votre cours, votre connaissance des auteurs et du vocabulaire philosophique doivent être au service de votre réflexion.

2 **Évitez les lieux communs et les généralisations abusives** : on vous demande une réflexion personnelle et philosophique. Si vous commencez votre devoir par « Depuis la nuit des temps, l'homme… », cela ne manquera pas d'agacer votre examinateur.

3 **Ne posez pas l'une après l'autre deux thèses contraires**, car ce serait vous contredire. Argumentez une thèse puis une autre en les nuançant l'une par rapport à l'autre grâce à des distinctions conceptuelles.

4 **Ne vous contentez pas d'énoncer des idées philosophiques sans références**. Vous devez vous montrer capable d'utiliser précisément et à bon escient votre cours.

5 **Ne citez pas une référence sans l'analyser** : l'explication que l'auteur apporte pour appuyer sa thèse est aussi importante que la thèse elle-même, sinon vous ne ferez que donner un « argument par autorité ».

6 **Ne cumulez pas plusieurs exemples pour une même idée**. L'exemple a une valeur illustrative, non argumentative, en revanche il peut servir de contre-argument pour réfuter une thèse. Choisissez-le dans le domaine d'une culture générale commune plutôt que dans votre vie privée. Un seul exemple suffit pour une idée.

7 **N'indiquez pas entre guillemets une citation approximative**. Si vous ne la connaissez pas par cœur, contentez-vous d'expliquer la thèse de l'auteur mais toujours en précisant les sources (titre souligné, auteur).

8 **Ne vous perdez pas dans des opinions vagues ou sentiments passionnés**. Vos affirmations doivent être soumises à un examen critique et rationnel. Il faut penser par soi-même mais en construisant sa pensée par la raison, une réflexion argumentée acceptable par tous.

5 Des conseils spécifiques pour l'explication de texte

Comme dans le cas de la dissertation, l'explication d'un texte permet de dégager des enjeux philosophiques dans un écrit organisé méthodiquement. Vous devez cependant expliciter le sens du texte par son étude linéaire. Voici donc quelques conseils spécifiques.

A La feuille de route

Étape 1 • Faire une lecture approfondie du texte

- Après avoir lu plusieurs fois le texte, vous devez repérer le thème de l'extrait, la **thèse principale** et les **étapes de son argumentation** (autrement dit le plan).
- L'ensemble du texte peut éclairer le détail, et inversement.

Étape 2 • Identifier la question que se pose l'auteur (au brouillon)

Cette première étape accomplie, vous pouvez en déduire **la question** à laquelle le texte répond (si elle n'est pas explicite dans le texte) et **le problème philosophique** plus général auquel elle se rattache.

Étape 3 • Mettre au jour les étapes de l'argumentation et bâtir le plan (au brouillon)

Le plan de votre devoir doit **suivre le plan du texte** que vous avez repéré, en en distinguant bien les parties et sous-parties. Votre explication est donc une étude linéaire de l'extrait.

Étape 4 • Rédiger le devoir

- Votre **introduction** doit contenir :

– une accroche liée au problème général auquel le texte se rapporte ;
– la question à laquelle le texte répond ;
– le titre, l'auteur et la date ;
– la thèse de l'auteur ;
– le plan du texte qui sera le plan du devoir.

- Dans le **développement**, vous devez mener l'analyse conceptuelle rigoureuse et minutieuse du détail du texte, sans jamais perdre de vue la problématique générale.

> **CONSEIL Des exemples ou des références extérieures peuvent également vous permettre d'expliciter le propos de l'auteur, à condition qu'ils ne s'éloignent pas du texte.**

B Six erreurs à éviter

1 **Évitez le contresens.** Le contresens est une mauvaise interprétation du texte, qui revient à lui faire dire le contraire de ce qu'il contient.

2 **Fuyez la paraphrase ou le résumé.** La paraphrase consiste à redire exactement dans les mêmes termes ce qui se trouve dans le texte. Or, vous devez éclairer les idées qui demeurent encore implicites dans le propos de l'auteur. L'analyse conceptuelle et les exemples peuvent vous y aider. De la même manière, un résumé même juste sera insuffisant.

3 **Méfiez-vous des anachronismes.** Faire un anachronisme, c'est ne pas replacer un événement à la bonne période. Dans une explication de texte, cela consiste à commenter la thèse d'un auteur, en s'appuyant par exemple sur celle d'un autre auteur plus tardif.

4 **Ne changez pas de sujet.** Vous devez toujours être attentif au texte dans son fond et dans sa forme. En aucun cas il ne peut servir de prétexte à réciter un cours sur le thème dont il est question ou sur l'auteur si ce n'est pas directement relié au propos du texte. La connaissance de l'auteur peut être bienvenue, mais elle n'est pas requise.

5 **Ne restez pas dans une approche découpée du texte.** Il est bien de suivre le détail du texte, mais cela n'a d'intérêt que si vous le rapportez à la thèse principale et à la logique de son argumentation.

6 **Mobilisez vos connaissances.** L'intérêt d'une explication est de relier le texte à une problématique plus générale qui se rapporte à l'une des notions du cours.

La science parvient-elle à la vérité ?

4 heures
20 points

ÉTAPE 1 au brouillon — Définir les termes du sujet

20 min

Vous devez commencer par définir les termes du sujet.

La science : La science désigne une connaissance fondée sur une méthode précise qui s'applique à différents objets, déterminant les différents types de sciences.
- les sciences formelles ont pour objet des rapports (entre les nombres pour l'arithmétique) et sont purement déductives ;
- les sciences expérimentales ont pour objet la nature et valident leurs hypothèses par des contrôles expérimentaux ;
- les sciences humaines ont pour objet la réalité humaine et procèdent par argumentation et interprétation.

parvient-elle à : Parvenir à une chose, c'est réussir à l'atteindre au terme d'un cheminement. La science tend vers la vérité, mais on nous demande ici si elle a les moyens d'atteindre ce but.

la vérité : La vérité désigne d'abord un rapport adéquat de l'esprit à la réalité, supposant un travail de mise en forme de la réalité par la raison. Elle désigne aussi l'accord de la pensée avec elle-même : on parle alors de vérité logique.

Cette première étape va vous permettre de clarifier le sujet en le **reformulant**. Le résultat auquel vous aboutirez vous donnera tous les éléments pour commencer l'introduction.

La connaissance scientifique, qui vise la vérité, est-elle capable de l'atteindre, c'est-à-dire de l'établir une fois pour toutes ?

ÉTAPE 2 au brouillon

Dégager la problématique et réfléchir à différentes réponses possibles

10 min

La question vous est posée parce qu'elle **soulève un problème**, c'est-à-dire parce qu'il existe une **tension** entre deux réponses valables mais opposées. La problématique doit donc faire apparaître cette alternative.

La connaissance scientifique est-elle capable d'aboutir à une vérité une et définitive, ou, au contraire, la science est-elle incapable d'atteindre ce type de vérité et est-elle toujours en chemin vers elle ?

Organisez votre réflexion en trois temps, selon un **plan dialectique**.

1. Réponse qui paraît la plus évidente.
2. Examen des limites de la première réponse.
3. Dépassement de l'opposition.

Partie 1

La science peut prétendre dire le vrai

Les énoncés scientifiques résultent d'un raisonnement logique et d'une méthode, qui les rendent susceptibles d'être vérifiés. En ce sens, on peut dire que la science dit le vrai.

Partie 2

Les sciences établissent des vérités provisoires et partielles

Les vérités scientifiques ne peuvent pourtant pas être conçues comme des vérités absolues : chaque vérité scientifique est susceptible d'être complétée voire remise en cause.

Partie 3

La science est une recherche permanente de vérité

La science ne progresse pas vers une vérité fixe qui lui serait extérieure. Elle ne peut prétendre détenir la vérité contre d'autres types de discours.

ÉTAPE 3 au brouillon

Chercher des idées pour chaque partie, les organiser en un plan détaillé

10 min

Chaque partie de votre dissertation est une réponse possible qu'il vous faut soutenir par des arguments. Le plan détaillé, qui guidera votre rédaction, comprend **trois réponses**, de la plus faible à la plus forte, associées aux **arguments** et au travail conceptuel qui vous permettra de développer ces arguments (définitions, distinctions).

Voici ce que ce travail de recherche pourrait donner pour la **partie 1**.

Partie 1
La science peut prétendre dire le vrai

Argument A
La méthode scientifique garantit la vérité des thèses scientifiques.
DISTINCTIONS : erreur/opinion/préjugé/vérité, croire/savoir.

Argument B
La science produit des certitudes.
DISTINCTIONS : mathématiques/sciences expérimentales et sciences humaines ; définitions de la démonstration et de la déduction.

Ci-dessous le travail de recherche pour la **partie 2**.

Partie 2
Les sciences établissent des vérités provisoires et partielles

Argument A
Aucune science n'est figée.
DISTINCTIONS : vérité absolue/vérité relative, loi scientifique/théorie scientifique ; exemple du passage de la physique newtonienne à la théorie de la relativité.

Argument B
Les vérités des sciences expérimentales sont des probabilités.
DISTINCTIONS : « vérités de fait »/« vérités de raison », évidence/certitude/probabilité.

Voici enfin le travail de recherche pour la **partie 3**.

Partie 3
La science est une recherche permanente de vérité

Argument A
Les énoncés scientifiques sont bien des vérités.
DISTINCTIONS : *science/pseudo-science, vérification/réfutation.*

Argument B
Le progrès de la science, c'est le progrès de la vérité.
DISTINCTIONS : *vérité solide/vérité fluide, progrès de la vérité/progrès vers la vérité.*

N'oubliez pas de faire apparaître des **transitions** entre les parties. Ces transitions doivent formuler une question ou une objection qui se pose à ce point de raisonnement, et qui justifie que vous passiez à une nouvelle hypothèse de réponse.

ÉTAPE 4 au propre — Rédiger l'introduction

10 min

L'introduction de votre devoir détermine le regard que posera le correcteur sur votre copie. Attention donc à **bien la structurer** et à en soigner la rédaction. Vous devez y reformuler le sujet pour le clarifier, définir les termes du sujet, puis formuler la problématique et le plan.

[Reformulation du sujet] *La connaissance scientifique, qui vise la vérité, est-elle capable de l'atteindre, c'est-à-dire de l'établir définitivement ? A priori, la science tend vers la vérité. Mais n'y a-t-il pas une histoire des sciences et ne peut-on pas douter, de ce fait, de la permanence des vérités énoncées par les sciences ?*

CONSEIL
Vous pouvez commencer l'introduction en précisant la question, en énonçant une réponse qui semble évidente puis une objection à cette réponse.

[Définition des termes du sujet] La science désigne une connaissance qui se veut objective en ce qu'elle est fondée sur une méthode précise : déductive pour les sciences formelles, déductive et expérimentale pour les sciences de la nature, argumentative pour les sciences humaines. Dire qu'elle parvient à la vérité, c'est dire qu'elle serait capable d'aboutir à une vérité une et permanente. La vérité n'est pas une propriété du réel mais la propriété d'un discours ou d'une représentation : elle se définit alors comme la correspondance entre l'esprit et la réalité. En un second sens, on parle de vérité logique, purement formelle. [Problématique] Mais la connaissance scientifique est-elle capable d'établir une vérité une et définitive ou, au contraire, est-elle incapable d'atteindre une vérité ferme vers laquelle elle peut seulement se diriger ? [Annonce du plan] Nous verrons pour quelles raisons la science peut prétendre dire le vrai, avant de mettre en évidence le caractère partiel des vérités scientifiques, ce qui nous conduira à envisager la science comme une recherche permanente de vérité.

CONSEIL
Les **définitions** qui apparaissent en introduction doivent être synthétiques, vous les développerez dans le cours du raisonnement.

DÉFINITION
Objectif/subjectif est un repère du programme. Un discours objectif restitue l'objet dont il parle tel qu'il est, un discours subjectif reflète moins l'objet dont il parle que le sujet qui l'énonce.

ÉTAPE 5 au propre — Rédiger le développement

3 heures

Tout au long de cette rédaction, vous devez vous appuyer sur les **étapes du plan détaillé** rédigé au brouillon.

1. La science peut prétendre dire le vrai

A. La méthode scientifique garantit la vérité des thèses scientifiques

[Dans un premier temps, on pourrait penser que la science parvient à la vérité, dans la mesure où le discours scientifique présente un certain nombre de garanties permettant d'affirmer que ce qu'il énonce ne

LÉGENDE
- Annonce de partie
- Transition

[Distinction erreur, opinion, préjugé/vérité]

S'ÉCHAUFFER

relève ni de l'erreur, ni de l'opinion, ni du préjugé. La scientificité d'une thèse, en effet, repose sur la capacité du scientifique à mettre en évidence sa méthode, afin que l'on puisse reproduire sa démarche et, ce faisant, vérifier ou invalider cette thèse.] [C'est précisément ce qui distingue un savoir d'une croyance : si tous deux prétendent énoncer une vérité, le savoir ne peut se constituer qu'au terme d'un cheminement que l'on doit pouvoir mettre en évidence. Ce cheminement correspond à une méthode que chacun doit pouvoir reproduire, afin de vérifier ou de réfuter le résultat.]

DÉFINITION
La **croyance** désigne l'adhésion subjective à une idée, tenue pour vraie sans preuves, quand le **savoir** implique de tenir une idée pour vraie, mais en disposant des preuves et des moyens de la vérifier.

[Distinction croire/savoir]

B. La science produit des certitudes

[On peut donc dire que la science est capable d'établir des vérités, même si certaines sciences semblent supérieures aux autres en termes de certitude, en fonction de leur méthode. Cela implique que l'on parle des sciences, plutôt que de la science. C'est ce que Descartes met en évidence, dans les Règles pour la direction de l'esprit, en montrant la supériorité de la méthode déductive propre aux mathématiques. De fait, l'objet des mathématiques est simple, c'est-à-dire sans rapport avec la réalité, si bien qu'il ne dépend pas des variations de l'expérience, contrairement à celui des sciences expérimentales et humaines, fondées, elles, sur une observation du réel.] [Par conséquent, la démonstration mathématique, ce raisonnement déductif formé d'un enchaînement entre des prémisses et des conséquences nécessaires, est purement rationnelle.] [La géométrie, par exemple, examine les rapports entre les figures : ces relations seraient vraies même si aucune figure géométrique n'existait dans la réalité, ou si la réalité changeait.] Et c'est en vertu de cette supériorité de la méthode déductive que Descartes fait des mathématiques le modèle de toute science. Pourtant, les vérités des mathématiques sont des vérités formelles, reposant elles-mêmes sur des prémisses indémontrables, à savoir des axiomes. Dans cette mesure, peut-on dire que les mathématiques parviennent à la vérité, ou simplement qu'elles

[Distinction mathématiques/sciences expérimentales et sciences humaines]

[Définitions de la démonstration et de la déduction]

[Exemple de la géométrie]

DÉFINITION
La **déduction** est un raisonnement logique qui part de propositions tenues pour vraies (appelées prémisses) pour en tirer des inférences.

construisent leurs propres vérités en les faisant résulter d'axiomes indémontrables ?

De fait, les vérités mathématiques ne sont jamais que des vérités coupées du réel et certaines, pour cette raison. Mais alors, la science est-elle incapable de produire un discours en adéquation avec le réel ?

2. Les sciences établissent des vérités provisoires et partielles

A. Aucune science n'est figée

Il semble difficile de soutenir que les sciences parviennent à la vérité si l'on entend par là qu'elles arriveraient à expliquer de façon exhaustive et définitive l'ensemble de la réalité. [En effet, le simple fait qu'il existe une histoire des sciences nous interdit de penser que les vérités scientifiques sont absolues, c'est-à-dire qu'elles seront toujours valables. C'est ce que souligne Russell : la science « s'attend à ce que des modifications de ses théories actuelles deviennent tôt ou tard nécessaires, et se rend compte que sa méthode est logiquement incapable d'arriver à une démonstration complète et définitive ». De fait, les sciences de la nature, comme la physique, progressent : si certaines lois comme celle de la gravitation ne peuvent pas être remises en cause, elles restent cependant à compléter, voire sont susceptibles d'être modifiées par le développement des outils d'observation ou par de nouvelles découvertes.]

[Distinction vérité absolue/vérité relative]

À NOTER
Absolu/relatif est un repère du programme : *absolu* signifie indépendant de tout contexte, alors que *relatif* signifie en relation avec un contexte.

[Plus précisément, comme l'explique Kuhn, les lois scientifiques s'additionnent, alors que les théories scientifiques, c'est-à-dire le système de ces lois, peuvent être bouleversées.] [Par exemple, le passage de la physique newtonienne à la théorie de la relativité d'Einstein, ou la théorie darwinienne de l'évolution, sont des révolutions scientifiques dans la mesure où elles bouleversent notre représentation du monde. Ces changements de paradigme qui scandent l'histoire des sciences nous interdisent de penser qu'une science qui porte sur le réel puisse énoncer une vérité définitive.]

[Distinction loi scientifique/théorie scientifique]

[Exemple du passage de la physique newtonienne à la théorie de la relativité]

B. Les vérités des sciences expérimentales sont des probabilités

[Dans l'ordre des sciences expérimentales ou humaines, les vérités sont donc toujours provisoires. On peut aller jusqu'à dire, comme Hume, que leurs lois ne correspondent jamais qu'à des probabilités. Dans l'Enquête sur l'entendement humain, Hume distingue en effet les « vérités de raison », propres aux sciences formelles comme les mathématiques, des « vérités de fait ». Toutes nos connaissances portent soit sur des « relations d'idées », soit sur des « choses de fait », c'est-à-dire des éléments de la réalité, or « Les vérités de fait ne sont pas aussi certaines que les vérités de raison : il n'est donc pas absolument certain que le soleil se lèvera demain, car le contraire n'est pas contradictoire. »] [Autrement dit, même s'il nous semble évident que le soleil se lèvera demain, nous ne pouvons en avoir aucune certitude. Certes, nous le croyons, et nous pouvons, par des lois scientifiques, dire pourquoi il en a été ainsi jusqu'ici. Mais nous ne pouvons être certains qu'il en sera de même demain : tout ce que nous pouvons dire, c'est qu'il est probable que cela se produira. Même les sciences sont impuissantes à garantir la certitude d'une affirmation portant sur l'avenir : dès lors que le réel est sujet à variations, elles ne peuvent énoncer que des probabilités.]

[Distinction « vérités de fait »/« vérités de raison »]

À NOTER
Hume est un philosophe empiriste : pour lui, toute la connaissance provient de l'expérience, si bien que la science ne peut que décrire le réel tel qu'il est pour le moment.

[Distinction évidence/ certitude/ probabilité]

CONSEIL
Toutes les citations d'auteur doivent être accompagnées d'une explication.

Mais doit-on pour autant douter des sciences ? Faut-il en conclure que la vérité leur échappera toujours, que la vérité n'existe pas, voire qu'il faut douter de tout ce qui est énoncé par la science comme une vérité ?

3. La science est une recherche permanente de vérité

A. Les énoncés scientifiques sont bien des vérités

De ce qui précède, on peut plus justement conclure que la science est une recherche permanente de vérité : en tant que telle, elle ne peut atteindre aucune vérité définitive. [De fait, dire que les vérités scientifiques sont provisoires, ce n'est pas nécessairement céder à un scepticisme niant que la vérité existe, ni à un

[Distinction science/ pseudo-science]

relativisme qui reléguerait les vérités scientifiques au rang de simples opinions. Il existe bien des critères permettant d'identifier la scientificité d'une thèse, et donc de distinguer les sciences des pseudo-sciences.] [Si tout n'est pas vérifiable, si nous n'avons pas accès à toute l'étendue du réel, alors, dit Popper, en toute rigueur, on ne peut tester une théorie scientifique en la vérifiant, mais, plus précisément, en la soumettant à l'épreuve de la réfutation. En d'autres termes, il faut pouvoir réfuter une thèse pour admettre son caractère scientifique : et dès lors qu'elle résiste à mes efforts, alors, je suis fondé à la tenir pour vraie, même si sa vérité est nécessairement vouée à évoluer.]

[Distinction vérification/réfutation]

B. Le progrès de la science, c'est le progrès de la vérité

[L'idée d'une vérité évolutive est pourtant problématique : cela signifie-t-il que la vérité n'existe pas ? En réalité, il s'agirait d'admettre que les vérités scientifiques tendent sans cesse vers la vérité comme leur idéal, sans jamais pouvoir revendiquer la possession d'une vérité définitive. C'est aussi ce qu'indique Bergson en évoquant une vérité fluide, et non solide comme nous sommes enclins à nous la représenter : « nous appelons vraie, dit-il, toute affirmation qui, en nous dirigeant à travers la réalité mouvante, nous donne prise sur elle et nous place dans de meilleures conditions pour agir. »] [Autrement dit, les vérités scientifiques sont des hypothèses fécondes, utiles, et il faut concevoir que le progrès des sciences n'est rien d'autre que le progrès de la vérité, et non le progrès vers une vérité qui serait absolue et extérieure au discours scientifique. En ce sens, le discours scientifique dit vrai – il est cohérent, logique, et vérifiable –, mais ne peut en aucun cas prétendre détenir la vérité, d'autant moins s'il s'agit d'opposer cette vérité à celle que visent d'autres discours – l'art, la religion – qui ont un tout autre rapport à elle.]

[Distinction vérité solide/vérité fluide]

À NOTER
Contre le scientisme qui marque son époque, **Bergson** revendique l'intuition comme moyen d'accéder à la vérité.

[Distinction progrès de la vérité/progrès vers la vérité]

À NOTER
Pascal distingue en ce sens les « **vérités des sciences** » des « **vérités du cœur** », comme l'idée de Dieu, immédiatement connue par le sentiment et l'intuition, et que les cheminements de notre raison ne peuvent saisir.

ÉTAPE 6 au propre

Rédiger la conclusion

10 min

La conclusion ne doit pas résumer le devoir mais plutôt rappeler le **problème abordé** et l'essentiel de la démonstration pour en faire apparaître **l'enjeu**.

[Rappel de la question] *La vérité est-elle cette chose lointaine que seule la science parvient à atteindre ?* [Synthèse] *Cela supposerait que la vérité soit extérieure au discours scientifique, et qu'elle le précède. Or, nous l'avons vu, la vérité n'est pas une donnée, ni un fait, vers lequel se dirigerait laborieusement la science au travers de son histoire faite d'erreurs et de tâtonnements. On ne peut pas non plus dire que la science parvient à une vérité une et permanente, mais on peut dire, en revanche, que la science est mue par la recherche de la vérité, et que ses vérités, approximatives, partielles, toujours en construction, sont fiables et fécondes. En ce sens, la science dit le vrai mais n'atteint jamais la vérité : elle la recherche et progresse avec elle.*

CONSEIL
La conclusion doit formuler une réponse nuancée à la question, qui découle de l'ensemble du raisonnement.

2 L'explication de texte *étape* par *étape*

Rousseau, *Émile*

4 heures
20 points

▶ Voici l'extrait à étudier, préparé selon les indications données dans l'étape 1.

TEXTE

On façonne les plantes par la culture, et les hommes par l'éducation. Si l'homme naissait grand et fort, sa taille et sa force lui seraient inutiles jusqu'à ce qu'il eût appris à s'en servir ; elles lui seraient préjudiciables, en empêchant les autres de songer à l'assister ; et, abandonné à lui-même, il mourrait de misère avant d'avoir connu ses besoins. On se plaint de l'état de l'enfance ; on ne voit pas que la race humaine eût péri, si l'homme n'eût commencé par être enfant.
Nous naissons faibles, nous avons besoin de force ; nous naissons dépourvus de tout, nous avons besoin d'assistance ; nous naissons stupides, nous avons besoin de jugement. Tout ce que nous n'avons pas à notre naissance et dont nous avons besoin étant grands, nous est donné par l'éducation.
Cette éducation nous vient de la nature, ou des hommes ou des choses. Le développement interne de nos facultés et de nos organes est l'éducation de la nature ; l'usage qu'on nous apprend à faire de ce développement est l'éducation des hommes ; et l'acquis de notre propre expérience sur les objets qui nous affectent est l'éducation des choses.
Chacun de nous est donc formé par trois sortes de maîtres. (Le disciple dans lequel leurs diverses leçons se contrarient est mal élevé, et ne sera jamais d'accord avec lui-même) ; / (celui dans lequel elles tombent toutes sur les mêmes points, et tendent aux mêmes fins, va seul à son but et vit conséquemment. Celui-là seul est bien élevé.)

Jean-Jacques Rousseau, *Émile*, 1762.

ÉTAPE 1 au brouillon

Faire une lecture approfondie du texte

30 min

Le texte choisi pour votre épreuve porte toujours sur une ou plusieurs notions du programme. Vous devez commencer par faire une première lecture globale du texte pour les identifier.

Ce texte de Rousseau porte sur la nature.

Au cours d'une deuxième lecture, vous devez scrupuleusement identifier et rendre visible dans le texte lui-même **le travail conceptuel** (définitions et distinctions) mis en œuvre par l'auteur pour développer son argumentation. Utilisez des couleurs différentes pour repérer les **distinctions** (termes que l'auteur oppose, entre lesquels il établit une différence, qu'il compare ou met en parallèle) et les **définitions.**

Ici, nous avons surligné d'une même couleur les termes d'une même distinction et souligné les définitions présentes dans le texte.

ÉTAPE 2 au brouillon

Identifier la question que se pose l'auteur et la thèse du texte

10 min

À partir de l'analyse conceptuelle que vous venez de faire, vous êtes désormais en mesure d'établir **la question à laquelle répond le texte.** Chaque texte est une démonstration, ce qui signifie qu'il est écrit pour répondre à une question qui n'apparaît que très rarement de manière explicite dans le texte. C'est à vous, en relisant le texte globalement, de formuler cette question.

Dans ce texte, Rousseau se demande
ce que signifie éduquer un enfant :
éduquer un enfant, est-ce l'arracher à sa nature ?

Vous pouvez alors préciser la **thèse de l'auteur**, qui répond à la question abordée par le texte.

À rebours d'une conception classique selon laquelle éduquer un enfant signifie l'éloigner de son naturel, Rousseau démontre ici que l'éducation ne doit pas s'opposer à la nature de l'enfant, mais la diriger pour lui permettre de s'épanouir.

ÉTAPE 3 au brouillon

Mettre au jour les étapes de l'argumentation

5 min

Dégagez alors les différentes parties du texte. Les textes proposés au bac se développent en deux à quatre parties.

Partie 1

L'enfance n'est pas un stade inutile de la vie humaine

- Rousseau se demande d'abord si l'on doit concevoir l'enfant comme un être naturel et inférieur, auquel seule la culture donnera sa forme humaine.
- Il rejette cette conception en mettant en évidence la nécessité de l'état d'enfance pour l'individu, puis pour l'espèce.

Partie 2

Vers une éducation naturelle

- Il s'interroge ensuite sur la manière de faire d'un enfant un homme accompli, c'est-à-dire non perverti.
- Il expose alors les principes d'une éducation naturelle.

ÉTAPE 4 au brouillon

Analyser chaque étape du texte et bâtir le plan détaillé

5 min

Vous pouvez ensuite **analyser plus finement l'argumentation**, en mettant en évidence, sur le côté du texte ou au brouillon, le contenu de chaque partie.

Voici ce que ce travail de recherche pourrait donner pour ce sujet.

Partie 1 (l. 1 à 12)
L'enfance n'est pas un stade inutile de la vie humaine

- **Idée A**
  L'enfant n'est pas une plante.
  DISTINCTIONS : plante/enfant, culture/éducation.
- **Idée B**
  La faiblesse de l'enfant est utile.
  DISTINCTIONS : conséquence d'un point de vue individuel/conséquence du point de vue de l'espèce, qui résultent de l'hypothèse d'un enfant né fort.
- **Idée C**
  La faiblesse de l'enfant rend nécessaire son éducation.
  DISTINCTIONS : faibles/besoin de force, dépourvus de tout/besoin d'assistance, stupides/besoin de jugement.

Partie 2 (l. 13 à 23)
Vers une éducation naturelle

- **Idée A**
  L'éducation est partagée entre trois maîtres.
  DISTINCTIONS : éducation par la nature/éducation par les hommes/éducation par les choses.
- **Idée B**
  Un enfant bien élevé est un enfant heureux.
  DISTINCTIONS : enfant mal élevé/enfant bien élevé.

ÉTAPE 5 au propre

Rédiger l'introduction

10 min

L'introduction de votre devoir détermine le regard que posera le correcteur sur votre copie. Attention donc à **bien la structurer** et à en soigner la rédaction.

Vous devez y poser la question abordée par le texte, formuler la réponse de sens commun ou la thèse adverse critiquée par l'auteur, définir le terme central, formuler la problématique puis la thèse de l'auteur, et enfin annoncer la structure du texte.

[Formulation de la question abordée] *Que signifie éduquer un enfant ?* [Formulation de la réponse de sens commun] *A priori, l'éducation est un processus culturel : il s'agirait de transmettre un savoir et des techniques à un être naturel, pour en faire cet être de culture que serait l'homme.* [Définition du terme central] *L'éducation, du latin « educatio », qui signifie élevage ou formation de l'esprit, désignerait la mise en œuvre d'un ensemble de méthodes et de procédés permettant de former et de développer l'enfant. Elle serait liée à la culture, dans la mesure où elle renverrait à la double visée d'intégrer l'enfant au monde social et de lui transmettre une sorte de patrimoine intellectuel et artistique.* [Formulation de la problématique] *Mais est-elle seulement l'effet d'une culture, par laquelle il s'agit d'arracher un être à sa nature ? Éduquer un enfant, est-ce contraindre sa nature et la faire disparaître ou, au contraire, est-ce la diriger pour la développer ?* [Formulation de la thèse] *Rousseau démontre ici que l'éducation n'est pas ce par quoi on éloigne l'enfant de sa nature, mais au contraire ce par quoi on développe la nature de l'enfant. L'enjeu est d'opposer au modèle d'une éducation exclusivement liée à la culture, et donc à la contrainte, une éducation naturelle qui respecterait la nature de l'homme, et donc sa liberté.* [Annonce de plan] *Rousseau remet d'abord en cause notre représentation de l'enfance comme un état inférieur et naturel auquel seule une culture donnera sa forme humaine. Dans un second temps, il explique quelles sont les trois sources de l'éducation, et à quelles conditions un enfant peut être bien élevé.*

À NOTER
La **définition** qui apparaît en introduction doit être synthétique, vous la développerez ensuite dans le cours du raisonnement.

À NOTER
La problématique fait apparaître une alternative, c'est-à-dire deux réponses possibles à la question.

ÉTAPE 6 au propre

Rédiger le développement

2 h 50

S'ÉCHAUFFER

Vous pouvez alors commencer à rédiger votre développement. Tout au long de cette rédaction, vous devez vous appuyer sur les **étapes du plan détaillé** rédigé au brouillon.

1. L'enfance n'est pas un stade inutile de la vie humaine

A. L'enfant n'est pas une plante

Rousseau amorce sa démonstration en examinant celui qui est l'objet de l'éducation, à savoir l'enfant. Qu'est-ce qu'un enfant ? En ouvrant ainsi son texte, Rousseau indique que cette question doit être le point de départ de toute réflexion portant sur l'éducation car la réponse ne va pas de soi. Un enfant (du latin « infans », qui signifie : celui qui ne parle pas) n'est-il pas qu'une matière informe à laquelle il s'agit d'imposer une culture qui lui est extérieure ? C'est en tout cas ce que présuppose un modèle éducatif courant.

LÉGENDE
- Annonce de la partie
- Transition

[Rousseau pose d'emblée une distinction entre la « culture » et l'« éducation » en comparant la plante et l'enfant. Si la plante peut en effet être conçue comme cet être naturel qu'une culture maintient artificiellement en vie et modèle à son gré (on l'arrose, on oriente sa tige), l'« enfant », lui, ne le peut. Mais pourquoi ? L'enfance n'est-elle pas l'âge de l'infériorité et de la passivité, n'est-elle pas une sorte de stade végétal et inutile de la vie humaine ?]

[Distinctions culture/éducation et plante/enfant]

B. La faiblesse de l'enfant est utile

[Rousseau prend à revers cette conception ordinaire de l'enfance en soulignant au contraire sa nécessité absolue. Pour cela, il imagine ce qui se produirait si nous n'étions pas d'abord enfants, c'est-à-dire marqués au départ par une faiblesse physique et intellectuelle. Si nous naissions déjà forts, dit-il, il y aurait alors deux

[Hypothèse d'un homme né fort]

conséquences.] [Premièrement, cela ne nous servirait à rien puisque la force physique ou intellectuelle est inutile dès lors que l'on ne sait pas « s'en servir ». Autrement dit, que notre corps et notre esprit soient d'abord faibles est nécessaire : cette faiblesse nous laisse en effet le temps d'apprendre à nous servir des forces qui progressivement se développent en nous.] [Deuxième conséquence : si l'enfant n'était pas faible physiquement et intellectuellement, il n'appellerait pas le secours des autres. Par conséquent, dit Rousseau, incapable de se servir de son corps et « abandonné » par tous, l'enfant « mourrait de misère avant d'avoir connu ses besoins ». En d'autres termes, c'est paradoxalement l'état de faiblesse de l'enfant qui, provoquant la pitié, lui sauve la vie. C'est ainsi notre vulnérabilité qui fait immédiatement de nous des êtres sociaux. L'enfance n'est donc pas un stade inutile de la vie (l'enfant serait un être sans valeur, informe, ignorant et dépendant des autres, une sorte de plante en attente de son devenir), bien au contraire. Ce stade de la vie est celui par lequel la « race humaine » – cette race dont les petits, sans crocs, sans forces, sont incapables de survivre seuls – trouve à se perpétuer.]

[Première conséquence : pour l'individu]

[Deuxième conséquence : pour l'espèce]

CONSEIL
Votre explication doit être ponctuée de courtes citations de phrases ou de termes du texte, que vous devez toujours expliquer.

C. La faiblesse de l'enfant rend nécessaire son éducation

[La faiblesse de l'enfant est donc la condition même de la survie de l'humanité. Mais elle est aussi ce qui, précisément, rend nécessaire son éducation. En effet, contrairement à une plante, l'enfant, laissé à lui-même, mourrait. Les enfants sont « faibles », « dépourvus de tout » et « stupides », dit Rousseau, ce qui fait d'eux des êtres dans le « besoin ». L'âge de l'enfance est donc l'âge du besoin, conçu au sens le plus strict : la force, l'assistance et le jugement sont bien des « besoins » en ce qu'ils sont nécessaires à la survie de l'homme. L'éducation peut à partir de là se définir comme ce processus qui débute dès la naissance et qui nous conduit à l'état adulte, en répondant à ces trois besoins primordiaux.]

[Distinctions entre ce qui manque à l'enfant et ce que lui apporte l'éducation]

À NOTER
Pour Rousseau, la nature fait bien les choses puisque si les besoins de l'enfant dépassent ses forces, la nature remédie à cela par l'affection de ses parents et leur éducation.

Si l'éducation est nécessaire, si un enfant, en somme, ne s'éduque pas seul, reste à savoir quel doit être le positionnement de l'éducateur. Quel type d'éducation peut être adéquat à l'enfant tel que Rousseau vient de le définir, c'est-à-dire à un homme en puissance, et non pas un sous-homme qu'il s'agit d'arracher à sa nature ?

À NOTER
La distinction en **acte/ en puissance** est un repère de votre programme. Un enfant est en homme *en puissance* en ce sens qu'il contient déjà en germe toutes les capacités qu'il développera par la suite.

2. Vers une éducation naturelle

A. L'éducation est partagée entre trois maîtres

L'enfant étant défini comme cet être qui a besoin de force, d'assistance et de jugement, qui pourra les lui apporter ? La question est à présent de savoir quel doit être le rôle de l'éducateur. Est-ce donc lui qui apporte à l'enfant ce qui lui est nécessaire pour grandir, c'est-à-dire pour devenir un homme en acte ? [Rousseau va à l'encontre de cette conception classique selon laquelle l'éducateur transmet un ensemble de savoirs à l'enfant et le remplit comme un vase vide. L'éducation n'est pas faite exclusivement par les hommes, nous dit Rousseau, mais à la fois par « la nature », les « hommes » et les « choses », chacun éduquant l'enfant en son domaine.] [L'éducation serait donc triple et répondrait à trois besoins essentiels : l'« éducation de la nature » serait celle par laquelle l'enfant développe ses « facultés » et ses « organes ». De fait, l'enfant apprend au fil du développement de son corps à se servir de ses organes.] [Mais cette éducation est insuffisante : si elle assure le « développement interne » de l'enfant, elle ne lui permet pas de savoir ce qu'il faut faire de ces facultés. C'est là, précisément, le rôle de l'« éducation des hommes » qui complète cette première éducation : l'enfant apprend par elle à orienter ces facultés et organes.] [Enfin, à ces deux premières éducations s'adjoint une troisième, à savoir l'« éducation par les choses » : l'enfant, par l'expérience de son rapport au monde, en tire un savoir qui lui permettra de se situer et de se diriger en lui.]

[Distinction éducation par la nature/ les hommes/ les choses]

[Définition de l'éducation par la nature]

[Définition de l'éducation par les hommes]

[Définition de l'éducation par les choses]

B. Un enfant bien élevé est un enfant heureux

[Ce que Rousseau fait ainsi apparaître, c'est que l'éducateur n'est pas au centre de l'éducation : il n'est jamais que l'un des trois éléments qui concourent à l'éducation de l'enfant. Ce dernier a bien « trois sortes de maîtres » et non un seul, omnipotent et contraignant. L'éducateur doit donc tenir compte du domaine de son intervention et laisser l'enfant s'éduquer aussi par la nature et par les choses. Car, précise Rousseau dans ce dernier moment du texte, le rapport entre ces trois éléments d'éducation, ces trois « maîtres », doit être harmonieux.]

[Définition du rôle de l'éducateur]

[Rousseau distingue alors celui qui est « mal élevé » et celui qui est « bien élevé ». Ainsi, après avoir envisagé l'objet de l'éducation (l'enfant) et le moyen de l'éducation (l'éducateur, défini comme étant triple), Rousseau examine à présent le but de l'éducation. Si elle doit produire un individu « bien élevé », reste à savoir ce qu'il convient d'entendre par là. Est-ce, comme on tend ordinairement à le penser, l'être naturel qui se soumet à l'autorité d'un éducateur unique, intégrant ainsi convenablement une somme de savoirs (codes de politesse, docilité, connaissances diverses) extérieurs à lui ?] [En réalité, dit Rousseau, cet individu-là risque précisément d'être mal élevé, dans la mesure où une éducation contraignante ne le mettrait pas « d'accord avec lui-même ». En d'autres termes, cet individu peut être le lieu d'une discordance : on ne l'a envisagé, en quelque sorte, que comme une nature à contraindre et à éliminer. Il risque donc d'être traversé par des exigences contradictoires qu'il devra étouffer, s'en trouvant « contrarié » et malheureux, parce que détourné de sa nature, c'est-à-dire perverti.] [Au contraire, l'individu « bien élevé » sera celui qui, précisément, aura été élevé, et non éloigné de sa nature par son éducation. Les termes mêmes de « bien élevé » ou « mal élevé » renvoient littéralement à l'idée d'une élévation réussie ou ratée : il s'agit bien d'aider l'enfant à se réaliser, à devenir « grand », c'est-à-

[Distinction enfant mal élevé/enfant bien élevé]

[Définition de l'enfant mal élevé]

[Définition de l'enfant bien élevé]

dire à accomplir ce qu'il est. Mais alors, qu'est-ce qu'« être bien élevé » ? Celui qui est « bien élevé », dit Rousseau, est celui « qui va seul à son but et vit conséquemment ». Autrement dit, le but de l'éducation, c'est l'autonomie de l'individu, qui passe progressivement de la dépendance de l'état d'enfance à la liberté. Cette dernière est conçue comme la capacité à agir selon ses propres principes et est le résultat du rapport harmonieux établi entre les trois sources de l'éducation.]

CONSEIL
Si le terme de liberté n'apparaît pas dans le texte, vous devez pourtant le faire apparaître à partir de votre analyse des dernières phrases.

ÉTAPE 7 *au propre* Rédiger la conclusion

10 min

La conclusion ne doit pas résumer le devoir, mais doit plutôt rappeler le **problème abordé** dans le texte et l'essentiel de la démonstration pour en faire apparaître **l'enjeu.**

[Problème et thèse] En définitive, en envisageant dans ce texte le problème du rapport de l'éducation à la nature, Rousseau indique ce que pourrait être une éducation naturelle. Cette éducation ne serait plus conçue comme un dressage ni un processus culturel qui donnerait forme à l'informe en transmettant à l'enfant un ensemble de codes et de savoirs. Au contraire, l'éducation apparaît comme le processus par lequel on élève l'enfant en respectant sa nature. [Enjeu] En redéfinissant l'enfant et en assignant à son éducation trois sources principales, Rousseau pose donc l'enjeu de l'éducation en termes de liberté : élever un enfant, ce n'est pas le cultiver ni le dresser, ce n'est pas l'affranchir de sa nature, mais l'aider, au contraire, à développer sa nature.

À NOTER
Le projet éducatif de Rousseau découle de son constat selon lequel la vie sociale a corrompu les hommes : il s'agit dès lors de savoir comment les ramener à leur essence.

S'entraîner sur chaque notion du programme

L'art : SUJETS 3 et 4 42

Le bonheur : SUJETS 5 et 6 53

La conscience : SUJETS 7 et 8 64

Le devoir : SUJETS 9, 10 et 11 77

L'État : SUJETS 12 et 13 94

L'inconscient : SUJETS 14 et 15 105

La justice : SUJETS 16 et 17 117

Le langage : SUJETS 18 et 19 129

La liberté : SUJETS 20, 21 et 22 140

La nature : SUJET 23 158

La raison : SUJETS 24 et 25 164

La religion : SUJETS 26 et 27 175

La science : SUJET 28 185

La technique : SUJETS 29 et 30 191

Le temps : SUJETS 31, 32 et 33 203

Le travail : SUJETS 34 et 35 220

La vérité : SUJETS 36 et 37 231

Arendt, *La Crise de la culture*

EXPLICATION DE TEXTE

4 heures
20 points

INTÉRÊT DU SUJET • Pour quelles raisons *La Joconde* nous fascine-t-elle à ce point ? Au-delà de la dimension historique et esthétique de l'œuvre, ce que nous entrevoyons dans le regard de Mona Lisa, n'est-ce pas l'éternité d'une œuvre qui subsistera bien longtemps après notre mort ?

Expliquez le texte suivant :

Parmi les choses qu'on ne rencontre pas dans la nature, mais seulement dans le monde fabriqué par l'homme, on distingue entre objets d'usage et œuvres d'art ; tous deux possèdent une certaine permanence qui va de la durée ordinaire à une immortalité potentielle dans le cas de l'œuvre d'art. En tant que tels, ils se distinguent d'une part des produits de consommation, dont la durée au monde excède à peine le temps nécessaire à les préparer, et d'autre part, des produits de l'action, comme les événements, les actes et les mots, tous en eux-mêmes si transitoires qu'ils survivraient à peine à l'heure ou au jour où ils apparaissent au monde, s'ils n'étaient conservés d'abord par la mémoire de l'homme, qui les tisse en récits, et puis par ses facultés de fabrication. Du point de vue de la durée pure, les œuvres d'art sont clairement supérieures à toutes les autres choses ; comme elles durent plus longtemps au monde que n'importe quoi d'autre, elles sont les plus mondaines des choses. Davantage, elles sont les seules choses à n'avoir aucune fonction dans le processus vital de la société ; à proprement parler, elles ne sont pas fabriquées pour les hommes, mais pour le monde, qui est destiné à survivre à la vie limitée des mortels, au va-et-vient des générations. Non seulement elles ne sont pas consommées comme des biens de consommation, ni usées comme des objets d'usage : mais elles sont délibérément écartées des procès de consommation et d'utilisation, et isolées loin de la sphère des nécessités de la vie humaine.

Hannah Arendt, *La Crise de la culture*, 1968.

La connaissance de la doctrine de l'auteur n'est pas requise. Il faut et il suffit que l'explication rende compte, par la compréhension précise du texte, du problème dont il est question.

LES CLÉS DU SUJET

Repérer le thème et la thèse

- Hannah Arendt s'interroge ici sur la spécificité de l'œuvre d'art.
- Elle démontre que la singularité et la supériorité de l'œuvre d'art tiennent à ce qu'elle incarne une forme de défi humain adressé au temps, en raison même de son inutilité.

Dégager la problématique

Problématique

- On pourrait penser que l'œuvre d'art est un objet artificiel comme les autres, issu des techniques et du travail humain.
- Mais n'est-elle pas le seul objet artificiel qui résiste au passage du temps ? Et comment expliquer cela ?

Repérer les étapes de l'argumentation

1. La spécificité de l'œuvre d'art parmi les objets artificiels (l. 1 à l. 11)	• Arendt établit d'abord la singularité de l'œuvre d'art, en répartissant les objets produits par l'homme en quatre catégories correspondant à quatre types d'inscriptions dans le temps : l'œuvre d'art se distingue de l'« objet d'usage », mais aussi des « produits de consommation » et des « produits de l'action ». • Mais comment expliquer que l'œuvre d'art soit plus durable que n'importe quel objet ?
2. La supériorité de l'œuvre d'art (l. 11 à l. 22)	De là, elle établit la supériorité essentielle de l'œuvre d'art, en énonçant les raisons pour lesquelles elle est plus durable que tout autre objet : c'est, dit Arendt, que l'œuvre d'art est inutile dans la perspective de notre survie comme de notre vie pratique. Étrangère au monde du besoin, elle ne s'épuise pas dans la satisfaction qu'elle procure.

S'ENTRAÎNER

3 CORRIGÉ GUIDÉ

Les titres en couleurs et les indications entre crochets servent à guider la lecture mais ne doivent en aucun cas figurer sur la copie.

Introduction

[Question abordée] Dans cet extrait de *La Crise de la culture*, Arendt s'interroge sur la spécificité de l'œuvre d'art. En tant que produit de l'art humain – *ars*, en latin, signifie technique –, on pourrait penser que l'œuvre d'art est un objet artificiel comme un autre, dont la spécificité tiendrait simplement à sa vocation esthétique.

> **DÉFINITION**
> **L'art** désigne au sens large l'ensemble des productions humaines. L'œuvre d'art, plus spécialement, est l'œuvre propre aux beaux-arts, c'est-à-dire aux créations marquées par leur vocation esthétique.

[Problématique] Mais n'est-elle pas le seul objet artificiel qui résiste au passage du temps ? Et comment expliquer cela ? [Thèse] Arendt démontre que ce qui fait la supériorité de l'œuvre d'art tient à son inscription dans le temps : elle incarne un défi humain adressé au temps. Cela s'explique par son inutilité, à savoir son détachement essentiel vis-à-vis du monde du besoin et des nécessités de la vie. [Annonce du plan] Pour démontrer cela, Arendt part d'un examen des objets artificiels, répartis en quatre genres correspondant à quatre types d'inscriptions dans le temps. Mais comment expliquer que l'œuvre d'art soit plus durable que n'importe quel objet ? De là, Arendt établit la supériorité de l'œuvre d'art. C'est, dit-elle, que l'œuvre d'art est inutile dans la perspective de notre survie comme de notre vie pratique. Étrangère au monde du besoin, elle ne s'épuise pas dans la satisfaction qu'elle procure.

1. La spécificité de l'œuvre d'art parmi les objets artificiels

A. Œuvres d'art et objets d'usage

• Qu'est-ce qui fait la spécificité de l'œuvre d'art ? Arendt ouvre sa démonstration sur une analyse large du champ des objets artificiels auquel appartient l'œuvre d'art, c'est-à-dire de ces objets issus des techniques et savoir-faire humains. À ceux-ci s'opposent les objets naturels, à savoir l'ensemble des objets non produits et non modifiés par l'homme. Parmi les objets artificiels, observe-t-elle, deux objets sont marqués par une certaine « permanence », autrement dit, par une inscription durable dans le temps. Les « objets d'usage », dont on se sert pour des besoins pratiques – une chaise, un vêtement –, disposent en effet d'une certaine durée : ils ne disparaissent pas lorsque nous nous en servons, mais, comme leur nom l'indique, ils s'usent, c'est-à-dire qu'ils offrent une résistance durable bien que passagère au temps, puisqu'il faudra des mois ou des années avant qu'ils deviennent impropres à remplir leur fonction.

• De cette « durée ordinaire » des objets à vocation pratique, Arendt distingue cependant l'« immortalité potentielle » auxquelles tendent les œuvres d'art. Le terme peut sembler énigmatique, puisqu'une œuvre d'art ne vit et ne meurt pas. Cependant, cette œuvre, créée par l'homme, ne disparaît pas avec lui, et, de ce fait, peut apparaître comme une trace d'immortalité. Ce qui explique cela, c'est qu'un tableau, par exemple, n'a aucune valeur pratique : puisqu'on ne s'en sert pas, on ne peut donc l'user. Si son « immortalité » est « potentielle » (il n'est pas conçu en vue d'un certain usage, mais peut, au cours du temps, être détruit, perdu, oublié), il n'en reste pas moins que conservé, c'est-à-dire préservé de l'action érosive du temps et des hommes, il n'a en soi aucune raison de s'user, et, à terme, de disparaître.

B. Produits de consommation et produits de l'action

• Arendt distingue alors ces objets durables de deux autres types de productions humaines, marquées, *a contrario*, par leur caractère éphémère. Les « produits de consommation » ont en effet une durée d'existence très réduite, puisqu'ils sont voués à la consommation : or, consommer, c'est détruire, faire disparaître une chose.

• Les « produits de l'action », eux, ne doivent leur inscription dans le temps qu'à la faculté humaine d'en conserver la trace. Arendt donne trois exemples de ceux-ci : « les événements, les actes et les mots » disparaissent aussitôt qu'ils ont surgi. Autrement dit, ce que je dis disparaît dès que je l'ai dit, et ne doit son inscription durable qu'au fait qu'une personne l'aura écrit ou conservé d'une quelconque manière. Ce n'est ainsi que ressaisi dans le discours de l'historien qu'un événement historique pourra trouver une forme de permanence.

[Transition] En établissant une distinction entre les objets artificiels susceptibles de durer et ceux qui en tant que tels ne durent pas, Arendt met en évidence une hiérarchie des productions humaines selon une perspective temporelle. De fait, l'œuvre d'art est le seul objet artificiel qui prétend s'éterniser. Mais comment expliquer cela ?

> **▶ Le conseil de méthode**
> Le correcteur évalue votre capacité à mettre en évidence la progression du raisonnement : il faut donc faire des transitions pour montrer quelle question reste en suspens à ce point de l'argumentation.

S'ENTRAÎNER

2. La supériorité de l'œuvre d'art

A. L'œuvre d'art s'adresse au monde

• C'est précisément à cette question qu'Arendt entreprend de répondre dans un second temps de sa démonstration. À quoi tient le fait que seule l'œuvre d'art tende à l'immortalité ? Comment expliquer sa supériorité essentielle ? À la différence quantitative établie précédemment entre l'œuvre d'art et les autres objets artificiels (sa durée est supérieure à celle des autres), Arendt ajoute alors une perspective qualitative : autrement dit, la différence entre l'œuvre d'art et toute autre production humaine n'est pas seulement de degré, mais de nature. C'est que l'œuvre d'art est, parmi elles, la seule qui s'adresse au « monde », et non aux « hommes ».

• Les œuvres d'art, dit-elle, sont « les plus mondaines des choses ». Mais que signifie cette étrange expression ? Si l'homme mondain est celui qui fréquente la bonne société, Arendt prête ici au terme une tout autre signification : dire que l'œuvre d'art tient sa supériorité du fait qu'elle est la plus « mondaine » des choses, c'est dire qu'elle ne s'adresse pas aux « hommes » – dont l'existence est très réduite dans le temps –, mais au « monde », c'est-à-dire à ce qui subsiste au-delà de la mort des hommes et des générations auxquelles ils appartiennent.

• En d'autres termes, l'artiste ne s'adresse pas avant tout aux hommes de son époque ni à ceux de la suivante, et son œuvre ne l'empêchera pas, lui, de mourir : il s'adresse à l'ensemble des générations, à ce qui subsiste par-delà les naissances et les morts. Le monde, en ce sens, est constitué par l'ensemble des œuvres qui sont la marque de l'esprit humain, et se distingue en cela de la nature, ou monde naturel.

B. L'œuvre d'art appartient à la sphère de la liberté

• Mais d'où l'œuvre d'art tient-elle cette capacité à faire monde ? Arendt rappelle alors que les œuvres d'art ne peuvent être usées, ni consommées. En d'autres termes, elles n'ont pas de fonction pratique, et ne disparaissent pas dans la satisfaction qu'elles nous procurent. Et ce qui explique cela, c'est qu'elles sont par essence étrangères à la « sphère des nécessités de la vie humaine » : elles sont inutiles en ce sens qu'elles ne nous permettent ni de survivre, ni de vivre plus facilement. Bien sûr, on peut pervertir une œuvre d'art en l'instrumentalisant, en la consommant : mais écouter de la musique pour courir, est-ce se rapporter à elle en tant qu'œuvre d'art ? Comme le remarque Bergson, c'est bien parce que l'œuvre d'art nous affranchit du

> **À NOTER**
> L'art, dit Bergson dans *Le Rire*, « n'a d'autre objet que d'écarter les symboles pratiquement utiles, les généralités socialement acceptées, enfin tout ce qui nous masque la réalité, pour nous mettre face à face avec la réalité même ».

critère de l'utile selon lequel nous découpons ordinairement le réel qu'elle modifie notre perception et nous bouleverse.

• De fait, l'œuvre d'art est en soi étrangère au monde de la nécessité qu'est le monde naturel. Ce qui est nécessaire, c'est ce sans quoi nous ne pouvons pas être : la « sphère de la nécessité » désigne ainsi celle du besoin, qui nous renvoie à notre animalité, en ce qu'elle nous inscrit dans la répétition et dans la cyclicité propres à la vie biologique. Le « monde » – fait de nos œuvres – s'élève ainsi au-delà du monde naturel dans lequel nous sommes pourtant inscrits en tant qu'hommes, rivés à la nécessité de satisfaire leurs besoins, de consommer pour produire. Et c'est bien notre capacité à créer des œuvres d'art qui nous émancipe de ce cycle permanent du besoin, et signe notre liberté, comprise comme pouvoir de nous affranchir de la nécessité ou de la seule vie biologique.

Conclusion

Ainsi, c'est par l'œuvre d'art que se constitue un monde proprement humain : c'est par elle que nous nous détachons de notre seule vie biologique, à laquelle toutes nos autres productions, aussi ingénieuses soient-elles, nous relient. Et c'est bien en cela qu'elle apparaît comme un défi adressé au passage du temps : si elle n'empêche personne de mourir, elle est du moins le signe d'une permanence des hommes au travers des cycles de la vie. Dès lors, c'est bien l'inutilité de nos œuvres d'art qui en fait la valeur.

4 AUTRES SUJETS POUR S'ENTRAÎNER

- En quel sens peut-on parler d'un travail de l'artiste ?
- Les œuvres d'art éduquent-elles notre perception ?
- À quoi bon expliquer une œuvre d'art ?
- L'art n'est-il pas qu'un divertissement ?

▶ Retrouvez les corrigés sur annabac.com

L'art est-il l'affaire des seuls spécialistes ?

DISSERTATION

4 heures
20 points

INTÉRÊT DU SUJET • Visiter un musée rend modeste : on ne se sent capable ni de produire d'aussi belles œuvres, ni même de bien en comprendre le sens et les conditions de production. Créer des œuvres et savoir comment les apprécier semble requérir des compétences bien spécifiques.

LES CLÉS DU SUJET

Définir les termes du sujet

Art

• Du grec *tekhnè*, l'art est une activité productrice fondée sur un savoir ou un savoir-faire.

• Le terme peut renvoyer à l'activité de l'artiste (création), mais aussi à celle de l'artisan (fabrication).

Être l'affaire de

• Pensez à l'expression courante : « c'est mon affaire ». Elle signifie qu'on estime avoir les compétences suffisantes pour exécuter une tâche ou assumer une responsabilité (ici, celle de produire ou d'évaluer une production artistique ou artisanale).

• Mais quel type et quel degré de connaissance seraient requis pour qu'une personne s'arroge un tel droit, à l'exclusion de toutes les autres ?

Spécialiste

• Le spécialiste est l'expert dans son domaine : celui qui sait (le savant, le connaisseur) ou qui sait faire (le technicien, l'artiste).

• À l'inverse, le généraliste possède un savoir moins détaillé mais plus large, l'amateur apprécie ou pratique sans qualification particulière, et le profane n'y connaît rien.

Dégager la problématique

Problématique

- L'art est tantôt un métier, tantôt une activité libre. La même tension existe, dans l'appréciation des œuvres, entre érudition et expérience subjective de la beauté.
- De fait, l'art a ses spécialistes, mais le droit de produire ou d'apprécier leur est-il réservé ? Quels sont les dangers d'une conception élitiste de l'art ?

Construire un plan

1. L'art est fondé sur un savoir	• Partez de la définition de l'art : un savoir est nécessaire à une production efficace et à une appréciation juste de l'ouvrage. • C'est encore plus vrai pour l'artiste que pour l'artisan.
2. L'art ne doit pas être élitiste	• Pourquoi seuls certains d'entre nous deviennent-ils des spécialistes, par exemple des artistes ou des critiques d'art ? • La société doit offrir à tous l'occasion d'une expérience artistique.
3. L'art est une libre création	• La créativité ne se codifie pas et le plaisir du spectateur tient aussi à la surprise. • L'artisan est un travailleur spécialisé, mais l'artiste est un individu spécial.

S'ENTRAÎNER

4 CORRIGÉ GUIDÉ

Les titres en couleurs et les indications entre crochets servent à guider la lecture mais ne doivent en aucun cas figurer sur la copie.

Introduction

[Reformulation du sujet] L'habileté d'un artisan ou la virtuosité d'un artiste révèlent tout ce qui sépare l'expert du profane. Pour autant, l'art est-il l'affaire des seuls spécialistes ? [Définition des termes du sujet] L'art, par opposition à la nature, est une production consciente et réglée d'objets utiles ou beaux. Ceux qui en font profession, fins connaisseurs ou solides praticiens, sont des spécialistes ; par définition ils sont rares, contrairement aux nombreux bricoleurs et artistes amateurs. Nombreux sont également ceux qui évaluent les produits ou les œuvres sans appartenir à ce cercle d'initiés. [Problématique] On observe une tension entre, d'une part, la nécessité de régler sur une connaissance l'activité ou le jugement artistique et, d'autre part, la libre création et l'expérience subjective de la beauté. Une conception élitiste de l'art est-elle justifiable ? [Annonce du plan] Certes, la spécialisation est la condition d'un travail bien fait et bien évalué, mais elle peut aussi résulter de certaines inégalités. Nous défendrons l'idée que l'art est une création libre et surprenante, qui dément toujours ceux qui prétendent en faire leur affaire exclusive.

1. L'art est fondé sur un savoir

> **▶ Le secret de fabrication**
> Le sujet admet qu'il y a des spécialistes de l'art. Exploitez ce présupposé pour amorcer votre développement.

A. L'art comporte des règles

• L'art est une production réglée. Le producteur fonde sa pratique sur un savoir ou un savoir-faire qui fait de lui un spécialiste. Artiste ou artisan, il est averti des caractéristiques de ce qu'il manipule et des opérations à accomplir. Ainsi, le poète est, selon Aristote, un « artisan de fables » : il sait produire un effet cathartique en suscitant les émotions de la tragédie (crainte et pitié) avec les moyens qui lui sont propres (les mots).

• Pour évaluer la qualité du produit, on recourt aussi à des experts capables, par exemple, de remarquer les vices de construction d'une maison ou de distinguer un vrai tableau d'un faux. Outre cet aspect technique, le profane saisit mal le sens des œuvres car il n'en connaît pas le contexte ni le langage : pour l'historien de l'art Panofsky, il faut déchiffrer le vocabulaire parfois obscur de l'œuvre pour en percevoir la beauté.

B. L'artiste et l'artisan suivent une formation

• L'artisan fonde sa pratique sur un savoir empirique acquis par un apprentissage dans un atelier. L'artiste reçoit en outre une initiation dans des écoles ou académies. Dans *Système des beaux-arts*, Alain explique que l'artiste ne fabrique pas des choses utiles, en répétant le même processus mille fois, mais crée des œuvres singulières, belles et porteuses d'une dimension spirituelle.

• À partir de la Renaissance, l'artiste doit se faire savant. Le peintre ne manie plus seulement couleurs et pinceaux : il est géomètre pour appliquer la perspective, anatomiste pour respecter les proportions, lecteur de la Bible et de la mythologie pour maîtriser ses sujets, fin connaisseur de l'âme des hommes pour les mettre en scène. Ainsi, Poussin ne peint qu'une dizaine de tableaux par an pour une clientèle d'érudits : « Lisez l'histoire et lisez le tableau afin de voir si chaque chose est appropriée au sujet », écrit-il à un mécène en 1639.

[Transition] La conception classique de l'art a justifié la spécialisation des producteurs et de leur public. Mais cette tendance élitiste n'est-elle pas à questionner dans une société démocratique ?

> ▶ **Éviter les pièges**
> Ne vous bornez pas à un constat de fait mais posez la question du droit : trouvez-vous juste de réserver l'art à quelques spécialistes ?

2. L'art ne doit pas être élitiste

A. L'élitisme de l'art est lié à une fracture sociale

• Nombreux sont les amateurs qui bricolent ou exercent une activité artistique : c'est donc la professionnalisation qui crée des spécialistes. Il s'agit pour Marx d'une conséquence de la division du travail. La commande étant limitée, seuls quelques individus vivent de leur art et développent leur talent alors que les autres n'en ont pas l'occasion.

CITATION
« La concentration exclusive du talent artistique chez quelques individualités, et corrélativement son étouffement dans la grande masse des gens, est une conséquence de la division du travail »
(Marx, *L'Idéologie allemande*).

• Les enquêtes sociologiques montrent que la fréquentation des musées ou des expositions est un marqueur de classe : se comporter en amateur d'art ou en connaisseur est une manière de manifester qu'on appartient à une élite sociale et intellectuelle. Cette attitude que Bourdieu nomme la « distinction » est parfois perçue comme une forme de snobisme.

B. Les politiques culturelles peuvent rendre l'art accessible à tous

• On pourra comparer, à titre d'exemple, la production très standardisée des *blockbusters* hollywoodiens et le cinéma d'art et d'essai, plus original mais plus confidentiel. Pour Arendt, il faudrait surtout voir dans ce déséquilibre le résultat d'une dilution de la « culture » dans le « divertissement », inévitable dans le contexte de la société de consommation.

• Mais l'action politique peut s'efforcer de réduire ce clivage en permettant l'accès de tous à une culture exigeante. Cela commence à l'école avec l'enseignement de la littérature, de l'histoire de l'art, des arts plastiques ou de la musique. Selon l'idéal humaniste, il ne faut pas viser une formation spécialisée mais plutôt une solide culture générale.

[Transition] Une société démocratique et humaniste doit élargir l'accès à l'art au-delà d'une élite sociale ou professionnelle. De plus l'art lui-même se refuse à un tel enfermement.

S'ENTRAÎNER

3. L'art est une libre création

A. La créativité ne s'enseigne pas

• Dans l'*Esthétique*, Hegel affirme que le travail et le talent sont complémentaires. Tout art requiert de « l'exercice » et de « l'étude ». Mais le talent n'est l'affaire de nul spécialiste : c'est tout à la fois la créativité, l'imagination, la passion pour son travail, l'originalité et un petit grain de folie…

• Que serait un art réservé aux spécialistes ? Au pire un art « officiel » au service du pouvoir, comme dans les dictatures, au mieux un art « académique », sclérosé et sans imagination comme le dénonce Dubuffet dans *Asphyxiante culture*. Heureusement les artistes savent briser les codes établis, en produisant toujours des formes nouvelles et inattendues. Le spectateur peut avoir des canons esthétiques en tête, mais consent à les réviser tant il aime être surpris.

> À NOTER
> **L'académisme** désigne un courant artistique du XIXe siècle dont les goûts étaient très convenus et les procédés sans originalité.

B. L'expérience esthétique est subjective

• Si l'artisan est bien un travailleur spécialisé, l'artiste est un individu spécial. Pour Bergson, l'artiste agit comme un « révélateur » : il porte notre regard vers ce qu'on ne voit pas. C'est une sorte de « distrait », au tempérament rêveur ou idéaliste, en tout cas détaché du côté matériel de la vie, venu au monde par un hasard heureux. Préoccupé de rien en particulier, il voit ce que les autres ne voient pas, et il parvient à les ouvrir à cette vision plus profonde.

• On dit souvent que l'expérience esthétique se fonde sur un « je ne sais quoi » ou une « grâce » impossible à définir rationnellement. Si cette expérience est profondément subjective, chacun reste le meilleur spécialiste de ce qu'il éprouve : ainsi, pour Hume, le beau n'est pas l'objet d'un jugement de connaissance, susceptible d'être vrai ou faux, mais d'un jugement de convenance, exprimant seulement une conformité entre le spectateur et l'objet.

> DÉFINITION
> Du grec *aisthesis*, « sensation », l'adjectif « esthétique » désigne ce qui est relatif à la beauté.

Conclusion

Il n'est pas souhaitable ni même possible d'enfermer l'art dans les limites de ce qu'en diraient une poignée de spécialistes. Certes l'œil du profane est moins aiguisé que celui de l'expert : il faut des compétences pour analyser les œuvres ou organiser leur exposition dans des galeries, précisément à l'intention des non-spécialistes. Et de même, il est évident qu'on ne s'improvise pas artiste. Mais la sensibilité à la beauté, qui peut nous pousser à créer comme à contempler, reste une expérience profondément subjective.

Existe-t-il des techniques pour être heureux ?

DISSERTATION

4 heures
20 points

INTÉRÊT DU SUJET • *Apprendre à être heureux*, *Plaidoyer pour le bonheur*, *L'Apprentissage du bonheur*... Dans les librairies fleurissent les ouvrages promettant une recette du bonheur efficace et accessible à tous. Pourtant, s'il suffit d'appliquer une recette pour devenir heureux, pourquoi ne le sommes-nous pas tous ?

LES CLÉS DU SUJET

Définir les termes du sujet

Existe-t-il des techniques

- Les techniques désignent l'ensemble des moyens artificiels, intellectuels ou matériels, inventés par l'homme en vue d'atteindre une fin déterminée.
- Elles peuvent désigner des méthodes, un savoir-faire, ou encore des outils, des machines etc.
- Interroger leur existence, c'est se demander si elles permettent vraiment d'atteindre cette fin qu'est le bonheur.

Être heureux

- Le bonheur désigne un sentiment de satisfaction durable, qui se distingue en cela de la joie, passagère, et du plaisir ou du bien-être, qui relèvent de la sensation.
- Du latin *bonum augurium* (bon hasard, bonne chance), il est communément associé à l'idée selon laquelle il adviendrait indépendamment de nos mérites, de nos efforts, de notre vertu, et serait lié à des éléments extérieurs à nous. Dans cette perspective, il serait contingent.
- Il peut apparaître comme une fin, en ce sens que toutes nos actions viseraient en dernier ressort l'obtention du bonheur.

Dégager la problématique

Problématique

- Il semble évident que des techniques du bonheur existent, puisque certains livres, certaines pratiques, nous promettent un accès simple et garanti au bonheur.
- Pourtant, ces techniques sont-elles efficaces ? Y a-t-il des méthodes générales susceptibles de nous procurer à tous le bonheur, ou doit-on considérer qu'il advient indépendamment de nos efforts ?

Construire un plan

1. Il existe des techniques pour atteindre le bonheur	• Peut-on se résoudre à rester malheureux ? • Il s'agira d'abord de considérer qu'il suffit, pour être heureux, de le vouloir et d'appliquer des techniques très simples.
2. Aucune technique ne nous rendra heureux	• Pourtant, ne voulons-nous pas tous être heureux ? • Le bonheur reste un idéal dont le contenu est subjectif, et ne peut donc être atteint par des recettes générales.
3. Le bonheur est l'enjeu d'une réflexion morale	• Mais alors, devons-nous renoncer à devenir heureux ? • Il s'agira alors de montrer que l'obtention du bonheur reste possible par un art de soi qui est tout l'enjeu de la réflexion morale.

5 CORRIGÉ GUIDÉ

Les titres en couleurs et les indications entre crochets servent à guider la lecture mais ne doivent en aucun cas figurer sur la copie.

Introduction

[Reformulation du sujet] Il s'agit de savoir si le bonheur peut résulter de la simple application de techniques. *A priori*, il semble évident que de telles techniques existent, puisque des méthodes du bonheur se vendent en librairie. Mais sont-elles efficaces ? [Définition des termes du sujet] Le bonheur désigne un sentiment de satisfaction durable. Si son étymologie nous indique qu'il est lié au hasard (de *bonum augurium*, bon hasard), il peut pourtant apparaître comme la fin de nos actions : il serait ce que nous recherchons tous, bien que son contenu diffère d'un homme à l'autre. Les techniques désignent l'ensemble des moyens matériels ou intellectuels inventés par les hommes en vue d'obtenir une fin déterminée. [Problématique] Le bonheur est-il une fin parmi d'autres, que chacun peut atteindre par des techniques efficaces ou bien devons-nous nous résoudre à admettre que le bonheur est indépendant de nos efforts ?

1. Il existe des techniques pour atteindre le bonheur

A. Le bonheur est affaire de volonté

• Dans un premier temps, il semble que, de fait, les méthodes du bonheur existent. Dans la continuité du mouvement New Age, le « développement personnel » et la « psychologie positive », qui regroupent indistinctement des pratiques et théories venues d'horizons divers, vantent ainsi la possibilité d'un accès au bonheur par des méthodes générales indépendamment de nos singularités.

DÉFINITIONS
Ce qui est **singulier**, c'est ce qui est unique. Ce qui est **général** est en revanche ce qui est propre à un groupe.

• La méthode Coué, du nom de ce pharmacien et psychothérapeute qui nous invite à répéter vingt fois par jour la formule : « Tous les jours, à tous points de vue, je vais de mieux en mieux », est un exemple de ces techniques d'autosuggestion par lesquelles chacun pourrait se rendre heureux. Le bonheur serait atteint non pas en modifiant ses actes ou le monde, mais par l'obéissance à des procédés très simples : il suffirait de le vouloir pour le pouvoir.

B. Le bonheur est un produit parmi d'autres

• C'est ainsi que le bonheur peut apparaître comme un objet extérieur à soi, un produit parmi d'autres, auquel chacun peut accéder. Il serait en ce sens une ressource, que chaque individu, quel qu'il soit, pourrait exploiter en lui, pourvu qu'il applique les exercices prévus pour lui par des experts en bonheur. Le malheur ne serait plus le fait du hasard, mais de l'incompétence individuelle en matière de bonheur.

• Mais peut-on vraiment apprendre à être heureux comme on apprend à faire un gâteau ? Autrement dit, suffit-il de développer des compétences, des techniques détachées de tout savoir, pour obtenir le bonheur ?

[Transition] De fait, il semble qu'aucune de ces techniques du bonheur ne repose sur un savoir identifiable. Tout au plus pourra-t-on dire : « j'ai observé que si je répétais chaque jour que j'allais de mieux en mieux, je devenais heureux ». Mais qu'est-ce qui me garantit l'efficacité d'une telle technique ? En quoi serait-il légitime de la généraliser ?

S'ENTRAÎNER

2. Aucune technique ne nous rendra heureux

A. Le bonheur est un idéal de l'imagination

• Il semble bien que le bonheur soit une fin visée par chacun. Mais il apparaît également que son contenu ne peut être déterminé objectivement. En d'autres termes, c'est seulement en vertu de mon expérience, et donc subjectivement, que j'identifierai par exemple l'amour, l'amitié ou l'argent comme des conditions de mon bonheur.

DÉFINITIONS
Une représentation **objective** reflète l'objet tel qu'il est. Une représentation **subjective** reflète moins l'objet sur lequel elle porte que le sujet qui la forme.

• Dès lors, comment serait-il possible d'indiquer par des règles générales le moyen pour un individu singulier d'accéder à son bonheur ? C'est ce que relève Emmanuel Kant : le bonheur est un « idéal de l'imagination », c'est-à-dire que s'il est possible de le définir comme un sentiment durable de plénitude, il est en revanche impossible d'en définir les moyens.

B. Nous ne pouvons que tenter de favoriser notre bonheur

• Par conséquent, nous ne pouvons qu'agir selon « des conseils empiriques, qui recommandent, par exemple, un régime sévère, l'économie, la politesse, la réserve, etc., toutes choses qui, selon les enseignements de l'expérience, contribuent en thèse générale pour la plus grande part au bien-être. »

• En d'autres termes, nous pouvons tout au plus suivre ces « conseils empiriques » réputés contribuer au bonheur, sans qu'ils nous le garantissent d'aucune manière. Sorti de là, dit Kant, « le problème qui consiste à déterminer d'une façon sûre et générale quelle action peut favoriser le bonheur d'un être raisonnable est un problème tout à fait insoluble ».

À NOTER
Le bonheur étant subjectif, aucune technique ne peut nous en garantir l'accès. Pour Kant, le bonheur ne doit donc pas être notre fin.

[Transition] Mais sommes-nous alors fondés à renoncer à faire notre bonheur ? Est-il si sûr qu'aucun savoir ne peut nous indiquer comment y accéder ?

3. Le bonheur est l'enjeu d'une réflexion morale

A. La quête du bonheur ne peut être dissociée d'un effort de connaissance

• Qu'il existe une science du bonheur, c'est précisément ce qu'affirme Épicure en définissant, dans la *Lettre à Ménécée*, la philosophie comme « ce qui garantit la santé de l'âme ». Loin d'être un savoir théorique détaché du réel, la philosophie, selon Épicure, est une activité réflexive. Elle se saisit de toutes nos autres activités et connaissances et questionne leurs buts, leurs moyens, et leur capacité à nous permettre d'atteindre l'ataraxie, c'est-à-dire l'absence de troubles qui pour Épicure correspond au bonheur.

• L'eudémonisme d'Épicure nous invite ainsi à considérer que c'est avant tout le savoir soutenu par des exercices spirituels qui rend heureux. Le *tetrapharmakos* (quadruple remède) doit ainsi nous fournir un appui dans la lutte permanente contre les opinions fausses qui nourrissent les passions antisociales et font obstacle à notre bonheur.

> À NOTER
> Selon la doctrine **eudémoniste**, le bonheur est le souverain bien, la fin naturelle de toute vie humaine. S'il faut bien agir, c'est parce que la vertu conditionne notre bonheur.

B. Le bonheur dépend d'un art de soi

• Que le bonheur ne résulte pas de simples techniques détachées du savoir, mais d'un effort permanent pour vivre selon la connaissance, c'est encore ce que montre l'extrême discipline des stoïciens. Ils exposent les principes d'un art de soi par lequel il ne s'agit pas de développer une « pensée positive » mais de se transformer soi-même. Comme le rappelle Foucault dans *L'herméneutique du sujet*, le souci de soi, loin de désigner une simple attitude de conscience, est pensé par l'Antiquité grecque comme « une occupation réglée, un travail avec ses procédés et ses objectifs », par lequel l'âme se ressaisit en sortant de l'éparpillement propre à la vie affairée.

> À NOTER
> Dans *Le Courage de la vérité*, Foucault explore les morales antiques, en soulignant qu'elles désignent avant tout un art de vivre, et non de simples techniques ou manières de penser.

• La vertu, dès lors, est un style d'existence, et la morale un art de soi. Il s'agit bien, par la réflexion morale, de « prendre soin de son âme », c'est-à-dire de la façonner. La morale antique, dit Foucault, ne cherche pas à définir des règles universelles, mais ne nous détourne pas non plus des autres en nous appelant à nous recentrer sur notre bonheur privé. Elle affirme que c'est en nous formant nous-mêmes que nous fonderons un certain type de communauté humaine : l'homme vertueux est pour Socrate le bon citoyen, comme il est pour Épicure un « ami » puisque, comme lui, il « prend soin de son âme ».

Conclusion

En définitive, il n'existe pas de techniques du bonheur qui seraient dissociées d'un effort visant à connaître et à vivre selon la connaissance. En ce sens, ce sont moins des techniques qu'un art de soi qui nous permet de nous améliorer, c'est-à-dire de devenir heureux.

Saint Augustin, *Les Confessions*

EXPLICATION DE TEXTE

4 heures
20 points

INTÉRÊT DU SUJET • Si l'on demande à deux hommes s'ils veulent être soldats, que l'un répond oui et l'autre non, sommes-nous amenés à en conclure que leur bonheur n'est pas le même ? « À chacun son bonheur », dit le proverbe : pourtant, n'avons-nous pas tous la même idée de ce qu'est le bonheur ?

Expliquez le texte suivant :

Tous sans exception, nous voulons être heureux ! Et cela, si nous ne le connaissions pas d'une connaissance déterminée, nous ne le voudrions pas d'une volonté si déterminée.

Mais qu'est ceci ? Que l'on demande à deux hommes s'ils veulent être soldats, et il peut se faire que l'un réponde oui, l'autre non ; mais qu'on leur demande s'ils veulent être heureux, et tous les deux aussitôt sans la moindre hésitation disent qu'ils le souhaitent, et même, le seul but que poursuive le premier en voulant être soldat, le seul but que poursuive le second en ne le voulant pas, c'est d'être heureux. Serait-ce donc que l'on prend sa joie, l'un ici, l'autre là ? Oui, tous les hommes s'accordent pour déclarer qu'ils veulent être heureux, comme s'ils s'accorderaient pour déclarer, si on le leur demandait, qu'ils veulent se réjouir, et c'est la joie elle-même qu'ils appellent vie heureuse. Et même si l'un passe ici, l'autre là pour l'atteindre, il n'y a pourtant qu'un seul but où tous s'efforcent de parvenir : la joie. Et puisque c'est une chose dont personne ne peut se dire sans expérience, on retrouve donc la vie heureuse dans la mémoire, et on la reconnaît dès qu'on entend le mot.

Saint Augustin, *Les Confessions*, 354-430.

La connaissance de la doctrine de l'auteur n'est pas requise. Il faut et il suffit que l'explication rende compte, par la compréhension précise du texte, du problème dont il est question.

LES CLÉS DU SUJET

Repérer le thème et la thèse

- Augustin aborde ici la question du bonheur. De toute évidence, les mêmes choses ne nous rendent pas tous heureux : mais alors, chacun d'entre nous a-t-il une conception du bonheur qui lui est propre ?
- Il démontre que nous avons tous la même idée du bonheur, même si nous n'y accédons pas tous par les mêmes moyens.

Dégager la problématique

Problématique

- Il semble *a priori* impossible de s'accorder sur une définition du bonheur, dans la mesure où son contenu est subjectif, c'est-à-dire que ce qui fait notre bonheur dépend de ce que nous sommes.
- Mais comment pourrions-nous tous rechercher le bonheur, si nous n'en avions pas une idée claire ?

Repérer les étapes de l'argumentation

1. Nous recherchons tous le bonheur (l. 1 à l. 3)	Augustin pose le rapport de départ entre la connaissance et la volonté : si vouloir suppose que l'on connaisse ce que l'on veut, alors, puisque nous voulons tous être heureux, il semble que nous sachions tous ce qu'est le bonheur.
2. Nous savons tous ce qu'est la joie (l. 4 à l. 13)	Il se demande ensuite s'il est possible de définir le bonheur, en s'appuyant sur l'exemple de deux hommes à qui l'on demande s'ils veulent être soldats, puis s'ils veulent être heureux. Si l'objet de leur volonté diffère, dit-il, tous les deux cherchent pourtant le bonheur. Si les moyens du bonheur sont divers, le but reste le même, à savoir le bonheur, expérimenté ici comme une joie.
3. On connaît le bonheur par l'expérience de la joie (l. 13 à l. 17)	Augustin tire les conséquences de sa démonstration : puisque le contenu de notre bonheur reste indéterminé, le bonheur ne peut faire l'objet que d'une connaissance qui repose sur l'expérience de la joie.

6 CORRIGÉ GUIDÉ

Les titres en couleurs servent à guider la lecture et ne doivent en aucun cas figurer sur la copie.

Introduction

> **▶ Le secret de fabrication**
> L'introduction doit formuler la question abordée par l'auteur, expliquer en quoi cette question pose problème, formuler la thèse de l'auteur, et annoncer les principales étapes de la démonstration, sans entrer dans le détail du texte.

[Question abordée] Il semble que nous voulions tous être heureux. Mais, quand nous le voulons, que voulons-nous ? [Problématique] On aurait tendance à définir le bonheur par son contenu : être heureux, ce serait avoir du temps pour soi, de l'amour, une famille, de l'argent, etc. Cette définition n'en est pourtant pas une. Il s'agit seulement d'une description des moyens d'accès au bonheur, qui sont nécessairement subjectifs. Mais est-il possible de vouloir, et de façon si universelle, une chose dont nous n'avons pas d'idée commune ? [Thèse] Augustin démontre ici qu'au-delà de la diversité de nos goûts, de nos idées et de nos vies, nous avons tous la même idée claire de ce qu'est le bonheur. [Annonce du plan] Dans un premier temps, il établit que l'on ne peut viser que ce que l'on connaît. Mais que sait-on de l'idée du bonheur, dès lors que les mêmes choses ne nous rendent pas heureux ? En réalité, conclut-il, le bonheur fait l'objet d'une connaissance qui repose sur l'expérience et le souvenir de la joie.

1. Nous recherchons tous le bonheur

A. Le bonheur est l'objet d'une quête universelle

Dans un premier temps, Augustin énonce un présupposé : nous voulons tous être heureux, « sans exception », précise-t-il. Autrement dit, le bonheur est l'objet d'une quête universelle. Cette première affirmation semble relever de l'évidence, dans la mesure où il serait difficile de soutenir que l'on veut, au contraire, être malheureux. Le malheur, de fait, apparaît comme l'échec d'une quête du bonheur : il ne semble pas pouvoir être choisi, ni voulu. Ainsi, le bonheur serait l'objet

> **À NOTER**
> Est **universel** ce qui est valable partout et toujours, est **particulier** ce qui n'est valable que dans certains cas. La distinction universel/général/particulier/singulier est un repère de votre programme.

d'une volonté universelle, et non d'une volonté particulière, c'est-à-dire d'une volonté qui ne serait propre qu'à certains.

B. On ne veut que ce qu'on connaît

- Dans cette mesure, on est en droit de penser qu'il existe une connaissance universelle du bonheur. Si nous tendons universellement vers un objet, en effet, on peut supposer que nous savons ce qu'est cet objet.

- C'est ce que souligne Augustin en établissant une symétrie entre la nature de notre volonté (elle est « déterminée », c'est-à-dire que son but est précis et qu'elle met donc tout en œuvre pour le rejoindre), et la nature de cette connaissance (elle aussi est « déterminée », c'est-à-dire qu'il ne s'agit pas de la connaissance vague d'un objet). Il semble donc que nous ayons tous la même idée du bonheur, et qu'il puisse être un concept, un objet que nous pouvons saisir par l'entendement dont nous disposons tous.

[Transition] Mais s'il apparaît alors que nous devons tous savoir ce qu'est le bonheur puisque nous le cherchons tous, comment le définir ?

2. Nous savons tous ce qu'est la joie

A. Le bonheur n'est pas définissable par son contenu

> ▶ **Le conseil de méthode**
> Même si le terme n'apparaît pas explicitement dans le texte, vous devez être capable de mobiliser dans vos devoirs certains repères du programme, ici la distinction objectif/subjectif. C'est en partie ce travail conceptuel qui vous permet de ne pas décrire le texte, mais de l'expliquer.

À ce moment de l'argumentation, la question est donc la suivante : nous devons être capables de nous accorder sur une définition objective du bonheur, mais laquelle ? Augustin développe alors l'exemple de deux hommes à qui l'on demande s'ils veulent être soldats, puis s'ils veulent être heureux. S'il est évident que tous deux répondront qu'ils veulent le bonheur (c'est ce qu'ils visent, comme nous tous, à travers leurs actions), pourtant, l'un veut être soldat, l'autre non. Autrement dit, ces deux hommes divergent quant au moyen (être ou non soldat) d'obtenir un même bonheur. Être soldat peut donc apparaître comme une condition du bonheur, mais une condition subjective seulement. Car peut-on dire pour autant que ces deux hommes n'ont pas le même bonheur, ou que l'un veut le bonheur, tandis que l'autre le refuse ? Il serait absurde de soutenir que l'un de ces hommes ne veut pas le bonheur : on l'a vu, Augustin tient le bonheur pour l'objet d'une volonté universelle. Mais n'est-il pas moins absurde de penser que ces deux hommes n'ont pas le même bonheur, et, par conséquent, qu'il y aurait différents bonheurs, plusieurs bonheurs, ce qui nous interdirait d'y voir un concept ?

B. L'expérience subjective de la joie

• À partir de là apparaît la difficulté de la définition du bonheur : est-il seulement possible de le définir, de dire ce qu'il est pour nous tous, au-delà d'un but qui nous est commun ? En réalité, si nous savons tous ce qu'est le bonheur, c'est que nous l'expérimentons sous la forme de cette joie que les hommes, dit Augustin, « appellent vie heureuse ».

• La joie est une satisfaction immédiate, qui dépend étroitement des dispositions et des particularités d'un individu : il s'agit d'une satisfaction subjective. En ce sens, ce qui me rend joyeux, ce qui comble mon désir, n'est pas nécessairement ce qui rend l'autre joyeux, puisqu'il ne dispose pas des mêmes particularités et donc des mêmes désirs que moi. Ainsi, être soldat peut produire une joie, comme ne pas la produire.

[Transition] Pourtant, si la joie est subjective, le bonheur l'est-il aussi ?

3. On connaît le bonheur par l'expérience de la joie

A. Nous avons tous fait un jour l'expérience de la joie

• Du lien posé entre le bonheur et la joie découle alors cette conséquence, sur laquelle Augustin clôt son raisonnement : si le bonheur pouvait nous apparaître comme un concept *a priori* difficilement saisissable, la joie, elle, nous semble plus facile à saisir. La joie, dit Augustin, est « une chose dont personne ne peut se dire sans expérience ».

• En d'autres termes, s'il est possible de dire que nous ne savons pas pleinement ce qu'est le bonheur (nous n'avons jamais été tout à fait heureux, certaines personnes ne le sont jamais, etc.), il est impossible de dire que nous n'avons jamais éprouvé cette forme de satisfaction immédiate, et *a priori* plus modeste, qu'est la joie.

À NOTER
Kant, lui, définit le bonheur comme un « idéal, non de la raison, mais de l'imagination », dans la mesure où il correspond à l'idée d'un maximum de satisfaction, présente et future, dont il est impossible de faire l'expérience. Ainsi, le concept de bonheur est un « concept indéterminé ».

B. Nous connaissons le bonheur par le souvenir de nos joies

La question de départ peut alors se résoudre : puisque l'expérience du bonheur sous la forme de la joie est universelle (tout le monde a un jour éprouvé une joie), alors nous connaissons tous le bonheur. Ainsi, nous en avons tous une trace en nous, un souvenir, et le « mot » même de bonheur rappelle à nous le souvenir de cette joie. Par conséquent, c'est cette faculté intellectuelle qu'est la mémoire qui nous permet de savoir ce qu'est le bonheur.

Conclusion

En définitive, s'il est impossible de définir le bonheur par ses conditions de possibilités, ou par ses voies d'accès, le bonheur est pourtant l'objet d'une connaissance, dans la mesure où le terme même de bonheur nous renvoie tous au souvenir d'une expérience joyeuse. Loin d'être une réalité subjective, le bonheur s'objective en nous par le souvenir de cette joie à laquelle nous tendons à l'identifier. En somme, nous savons ce qu'est le bonheur parce que nous l'avons tous expérimenté un jour sous la forme de la joie.

3 AUTRES SUJETS POUR S'ENTRAÎNER

- Faut-il préférer la vérité au bonheur ?
- A-t-on le devoir d'être heureux ?
- Explication d'un extrait de l'*Éthique à Nicomaque*, d'Aristote

▶ Retrouvez les corrigés sur annabac.com

La conscience de l'individu n'est-elle que le reflet de la société à laquelle il appartient ?

DISSERTATION

4 heures
20 points

INTÉRÊT DU SUJET • Nos goûts musicaux nous semblent relever du domaine de l'intime ; la sociologie met pourtant en évidence la corrélation étroite entre ces goûts et nos qualités sociales. Faut-il alors admettre que notre conscience est entièrement déterminée par la société qui nous entoure ?

LES CLÉS DU SUJET

Définir les termes du sujet

La conscience

• Étymologiquement, conscience vient du latin *cum scientia*, qui signifie « avec savoir ». On distingue deux types de consciences.

• La conscience psychologique est la faculté que nous avons de connaître nos actes et de nous rapporter à nous-mêmes. En elle, on distingue la conscience immédiate, par laquelle nous sommes simplement présents à nous-mêmes (attentifs à nos actes, sensations et pensées), de la conscience réfléchie, ou conscience de soi, qui correspond au pouvoir de faire retour sur nos pensées ou actions et de les juger.

• La conscience morale, elle, se définit comme la faculté par laquelle nous distinguons le bien du mal.

Le reflet

Un reflet est une image qui reproduit fidèlement une autre image.

La société

La société (du latin *socius,* qui signifie « associé ») désigne un ensemble d'individus interdépendants et unis par une culture, une langue, des règles et des lois communes. Son organisation est régie par des institutions qui peuvent connaître des bouleversements.

Dégager la problématique

Problématique

Le problème est de savoir comment notre intériorité peut être façonnée par la société qui nous entoure : dans quelle mesure notre conscience est-elle déterminée par ce qui nous est pourtant extérieur ?

Et si au contraire notre conscience ne se borne pas à reproduire fidèlement nos rapports sociaux, alors, que peut-elle contenir d'autre ?

Construire un plan

1. La conscience de l'individu n'est pas seulement le reflet de la société	Il est insuffisant de définir notre conscience comme un pur reflet de notre société : la conscience est avant tout le lieu de notre intériorité. Subjective, elle est propre à chaque individu et le distingue précisément des autres.
2. La conscience de l'individu est modelée par ses rapports sociaux	Pourtant, notre conscience n'est pas séparée du monde social : l'ensemble de notre psychisme est modelé par nos relations aux autres, et la société s'imprime en nous jusque dans nos représentations morales.
3. La conscience de l'individu reflète la société	Notre conscience est essentiellement produite par nos conditions d'existence. Notre conscience n'est pas seulement modelée par le milieu social dans lequel nous évoluons : elle en est le produit et l'image fidèle.

7 CORRIGÉ GUIDÉ

Les titres en couleurs servent à guider la lecture et ne doivent en aucun cas figurer sur la copie.

Introduction

[Reformulation du sujet] Il s'agit de savoir si notre conscience est seulement produite par ce qui nous entoure, ou si elle dispose d'une certaine autonomie : il semble que la société influence notre conscience, mais dans quelle mesure ? *A priori*, on pourrait penser que notre conscience désigne notre intériorité : en quoi pourrait-elle être modelée par une société extérieure à nous ? [Définition des termes du sujet] Étymologiquement, conscience signifie « savoir ensemble » (du latin *cum* et *scientia*). Notre conscience est à la fois psychologique (pouvoir que j'ai de rapporter mes actes, mes pensées, à moi-même comme en étant le centre) et morale (capacité que j'ai à distinguer le bien du mal). Un reflet est une image qui reproduit fidèlement un objet ou une autre image. La société est un ensemble d'individus liés par une langue, une culture, des valeurs, des règles et des institutions communes et dont l'organisation peut connaître des bouleversements. [Problématique] La question est donc de savoir dans quelle mesure la société à laquelle j'appartiens modèle mon intériorité. Ma conscience n'est-elle donc pas libre, mais entièrement déterminée par ce qui m'entoure ? Et si ma conscience ne se borne pas à reproduire ce qui m'est extérieur, que peut-elle faire d'autre ?

[Plan] Dans un premier temps, nous verrons que la conscience est avant tout le lieu de notre intériorité. Nous verrons ensuite comment la société pèse sur notre conscience : mais alors, n'est-elle pas essentiellement produite par nos conditions d'existence ?

1. La conscience de l'individu n'est pas seulement le reflet de la société

> **▶ Le conseil de méthode**
> Le sujet présuppose que la conscience est le reflet de la société : on vous demande si elle « n'est que » cela. Ce présupposé peut être remis en cause dans la troisième partie, mais pas avant.

A. La conscience est le lieu de notre intériorité

Dans un premier temps, on pourrait penser que la conscience n'est pas seulement le produit de la société à laquelle nous appartenons, en distinguant en particulier une conscience psychologique, lieu de notre intériorité, d'une conscience morale qui subirait, elle, une influence sociale. Descartes pose ainsi la conscience comme lieu de l'intériorité, « substance pensante » ou chose séparée du monde : le sentiment d'identité que me procure ma conscience n'a rien à voir avec le monde qui m'entoure. L'expérience que fait Descartes, dans le *Discours de la méthode*, en découvrant l'évidence du sujet, conscient de lui-même et de sa propre existence, témoigne de cela : ma conscience ne reflète pas le monde extérieur, elle ne renvoie qu'à mon intériorité. En d'autres termes, mon sentiment d'identité ne doit rien à ce qui m'entoure.

B. Nos consciences sont subjectives

Par ailleurs, même quand elle porte vers le monde et non plus sur moi-même, ma conscience est singulière : je perçois le monde, je l'expérimente, d'un point de vue qui n'est pas celui des autres, et qui n'a pas l'uniformité d'un point de vue social. Ainsi, ma conscience est bien « conscience de l'individu », c'est-à-dire propre à chacun, différente d'un individu à l'autre. Dans la *Phénoménologie de la perception*, Merleau-Ponty explique ainsi comment nos consciences sont irréductiblement subjectives, liées à nos corps plus qu'au monde ou à la société à laquelle nous appartenons. Dire que nos consciences sont subjectives semble impliquer une relative autonomie des consciences, qui ne pourraient dès lors être pensées comme les produits d'une extériorité collective.

[Transition] Pourtant, si la conscience est individuelle, si elle n'est donc pas l'image fidèle de la société, peut-elle pour autant en être radicalement séparée ? La société et les rapports intersubjectifs ne pèsent-ils pas sur les représentations de notre conscience ?

2. La conscience de l'individu est modelée par ses rapports sociaux

A. Notre conscience est modelée par nos rapports aux autres

• Sommes-nous une conscience séparée du monde, y compris du monde social ? Freud montre, dans sa seconde topique, comment le psychisme se structure en trois pôles dynamiques : les rapports du ça, du moi et du surmoi détermineraient, dit-il, nos représentations conscientes et inconscientes. En conséquence, on peut dire que notre intériorité est loin d'être étanche au monde, en ce sens qu'elle est travaillée par la société, ne serait-ce qu'au travers des interdits sociaux progressivement intériorisés dans le surmoi. Si mon psychisme intériorise des interdits initialement sociaux pour les reprendre à son compte, et si cette vie psychique inconsciente pèse sur mes représentations conscientes, on peut dire que nos consciences individuelles sont modelées et construites par la société dans laquelle nous sommes inscrits : qu'il s'agisse de la société déterminée dans laquelle nous naissons, ou, de façon générale, de nos rapports aux autres, en particulier de nos rapports familiaux et de notre histoire.

> À NOTER
> La **seconde topique** est une image du fonctionnement de notre psychisme. Freud y détaille en particulier le rôle du surmoi, instance morale constituée d'interdits sociaux progressivement intériorisés et dont le rôle essentiel est de soumettre les pulsions à sa critique.

• Ainsi, il est impossible de concevoir nos consciences indépendamment des rapports sociaux qui la constituent.

B. La morale résulte d'une conscience collective

• Que nos représentations conscientes soient travaillées par nos rapports sociaux, c'est également ce qu'établit Durkheim dans *L'Éducation morale*, en montrant que la morale n'est pas le produit d'une conscience individuelle, le résultat d'une action de l'individu, mais le produit d'une conscience collective. La source de la morale est donc collective : c'est tout un peuple, toute une époque, qui décline très lentement les valeurs propres à un système moral.

L'AUTEUR
Émile Durkheim (1858-1917).

Durkheim est le fondateur de la sociologie moderne, science des faits sociaux centrée sur l'idée d'une indépendance entre la société et les individus qui la composent.

• Cette distinction posée par Émile Durkheim entre conscience collective et conscience individuelle implique que nous soyons, en tant qu'individus, passifs par rapport à la morale. Autrement dit, nous recevons la morale propre à notre époque, en particulier à travers notre éducation, qui nous transmet un ensemble de valeurs dont nous n'avons pas décidé, dont nous ne sommes pas les auteurs, et que nous devons pourtant reconnaître comme étant les nôtres.

[Transition] Mais alors, si nos consciences individuelles sont façonnées par nos rapports sociaux, ne peut-on pas aller jusqu'à dire que la conscience d'un individu n'est rien d'autre que ce que la société a mis en elle ? Nos consciences ne sont-elles pas le pur miroir de la société ?

3. La conscience de l'individu reflète la société

A. Notre conscience est déterminée par la société

▶ **Le conseil de méthode**

La troisième partie peut ici apparaître comme une radicalisation de la deuxième partie : après avoir examiné en quoi nos consciences individuelles sont liées à diverses influences (famille, éducation, milieu, etc.), il s'agit là de montrer en quoi nos consciences sont immédiatement sociales.

• En réalité, dès lors que nos consciences apparaissent construites et en cela déterminées par nos rapports familiaux, les valeurs propres à notre société, ou notre éducation, il semble difficile de soutenir l'indépendance de nos consciences à l'égard de la société : car la famille, l'éducation relèvent de la société à laquelle nous appartenons, si bien que l'on peut dire que notre conscience reflète la société dans la mesure où la société la produit.

• C'est ainsi ce qu'établit Karl Marx en montrant que la conscience n'est pas première dans la constitution du sujet : elle résulte en réalité, selon lui, d'influences extérieures, d'un ensemble de déterminations extérieures à elles. Comme Spinoza montre les illusions d'une conscience qui se croit libre parce qu'elle n'accède pas à ce qui la détermine (son corps, les autres), Marx montre en quoi notre conscience s'aveugle en se croyant libre : elle n'est que le produit de l'influence sociale. En effet, selon Marx, l'infrastructure (les rapports de production et les forces productives) détermine la superstructure (les formes juridiques et politiques, l'art, la pensée, la morale, la religion, etc.). Le contenu de notre conscience, qui nous apparaît illusoirement libre et produit par nous-même, n'est donc que la surface apparente d'un ensemble de facteurs matériels qui la déterminent en profondeur. « Le mode de production de la vie matérielle, d'après Marx, domine en général le développement de la vie sociale, politique et intellectuelle. Ce n'est pas la conscience des hommes qui détermine leur existence, c'est au contraire leur existence sociale qui détermine leur conscience. »

• Ainsi, comme notre inconscient, selon Freud, détermine une bonne partie de nos représentations conscientes, notre inscription sociale détermine, pour Marx, l'essentiel de nos représentations.

B. Notre conscience est le reflet de notre classe sociale

• Plus précisément, l'individu, selon Marx, n'appartient pas seulement à une société mais aussi à une « classe » au sein d'une société. Et c'est cette classe, sociale, économique, matérielle, qui détermine toutes les productions de la pensée, la conscience, les valeurs, les goûts, les représentations. En ce sens, notre conscience n'est pas seulement orientée par la société qui nous entoure : elle n'en est que le reflet, l'image superficielle, la reproduction fidèle.

• De fait, si les forces productives déterminent notre manière de penser et de nous penser, alors se pose la question de la marge d'action de notre conscience. « Est-il besoin, écrivent Marx et Engels, d'une grande perspicacité pour comprendre que les idées, les conceptions et les notions des hommes, en un mot leur conscience change avec tout changement survenu dans leurs conditions de vie, leurs relations sociales, leur existence sociale ? Que démontre l'histoire des idées, si ce n'est que la production intellectuelle se transforme avec la production matérielle ? Les idées dominantes d'une époque n'ont jamais été que les idées de la classe dominante. »

• En dernier ressort, la conscience de l'individu n'est pas réductible à la société à laquelle il appartient, à la seule condition qu'il puisse prendre connaissance de ce qui détermine sa conscience, à savoir de ces forces productives (outils, machines) et des rapports de production (classe, salariat, domination, etc.) qui se reflètent en lui sous forme d'idées.

S'ENTRAÎNER

Conclusion

En définitive, il semble difficile de penser la conscience des individus comme une simple chose isolée de leurs rapports sociaux. Modelée par la société, construite par elle, il apparaît que la conscience est comme l'image superficielle qui reproduit passivement une réalité sociale dans laquelle se trouve pris l'individu. On peut aller jusqu'à se demander si la conscience dite individuelle n'est pas immédiatement sociale. Reste à savoir si l'individu peut se réapproprier sa conscience en apprenant à connaître ce qui la détermine.

2 AUTRES SUJETS POUR S'ENTRAÎNER

- Choisit-on d'être celui qu'on est ?
- Explication d'un extrait de *L'Énergie spirituelle*, de Bergson

▶ Retrouvez les corrigés sur annabac.com

Kant, *Critique de la raison pure*

EXPLICATION DE TEXTE

4 heures
20 points

INTÉRÊT DU SUJET • La conscience est le propre de l'homme. Elle fonde l'unité de la pensée et de la vie d'un individu. Elle fait de chacun de nous un sujet qui peut dire « je », un sujet responsable de sa pensée et de ses actes.

Expliquez le texte suivant :

Le : *je pense* doit nécessairement *pouvoir* accompagner toutes mes représentations ; car, si tel n'était pas le cas, quelque chose serait représenté en moi qui ne pourrait aucunement être pensé – ce qui équivaut à dire que la représentation ou bien serait impossible, ou bien ne serait du moins rien pour moi. La représentation qui peut être donnée avant toute pensée s'appelle intuition. Donc, tout le divers de l'intuition entretient une relation au : *je pense,* dans le *même sujet* où ce divers se rencontre.

[…] Je l'appelle l'*aperception pure* pour la distinguer de l'aperception empirique, ou encore l'*aperception originaire* parce qu'elle est cette conscience de soi qui, en produisant la représentation : *je pense*, laquelle doit pouvoir accompagner toutes les autres et est une et identique dans toute conscience, ne peut être accompagnée d'aucune autre.

Emmanuel Kant, *Critique de la raison pure*, I, 2,
trad. Alain Renaut, Flammarion, 2006.

La connaissance de la doctrine de l'auteur n'est pas requise. Il faut et il suffit que l'explication rende compte, par la compréhension précise du texte, du problème dont il est question.

LES CLÉS DU SUJET

Repérer le thème et la thèse

• Identifiez l'**opposition entre le vocabulaire de l'expérience sensible** (« représentations », « intuition », « divers », « empirique ») **et celui de la conscience** (« je pense », « aperception », « pour moi », « même sujet »,

« pure », « originaire », « une et identique »). Les mots mis en italique par l'auteur vous aideront beaucoup.

• Les termes « intuition », « aperception empirique » ou « représentation » sont l'équivalent des perceptions sensibles immédiates données aux sens avant la conscience.

• Dans quelle mesure faut-il **distinguer l'aperception pure de l'aperception empirique** ? Les perceptions se suffisent-elles à elles-mêmes ou supposent-elles autre chose pour les unifier ? D'où vient la conscience et pourquoi est-elle nécessaire ?

• Il faut veiller à ne pas confondre « perceptions » et « aperception » : les perceptions sont multiples, sensibles et dispersées ; l'aperception est une, *a priori,* et unificatrice. L'aperception est la manière de saisir les perceptions d'un point de vue unifiant.

Dégager la problématique

Problématique

- Kant interroge le rapport entre conscience et perceptions sensibles, entre unité du sujet et diversité des perceptions. Que se passerait-il s'il n'y avait pas d'unité des perceptions ?
- Comment unifier notre connaissance au-delà de la dispersion des sensations ? En supposant une unité d'aperception préalable à l'expérience, l'auteur s'oppose à l'empirisme de Hume.

Repérer les étapes de l'argumentation

1. Sans un « je pense », aucune pensée n'est possible (l. 1 à l. 6)	• Si l'on raisonnait par l'absurde, que se passerait-il si les représentations sensibles (couleurs, goûts, formes) étaient seules, livrées à elles-mêmes ? • Repérez les implications et les conséquences absurdes de cette hypothèse.
2. Le « je pense » est la condition de notre connaissance (l. 6 à l. 7)	• Repérez le connecteur logique qui annonce la thèse. • En quoi cette thèse apparaît-elle comme le résultat d'une démonstration ? • Quel rapport entre le divers sensible et le « je pense » est affirmé ?
3. L'aperception pure conditionne l'aperception empirique (l. 8 à l. 12)	• Expliquez le vocabulaire technique utilisé : « aperception pure », « originaire »… • Quel est le rôle du « je pense » et que signifie ici le verbe « accompagner » ?

8 CORRIGÉ GUIDÉ

Les titres en couleurs et les indications entre crochets servent à guider la lecture mais ne doivent en aucun cas figurer sur la copie.

Introduction

[Accroche] Nous disons couramment « je pense » ou « je parle », mais qui est ce « je » et d'où vient-il ? [Problématique] Le présent texte soulève la question de la formation de notre esprit pensant, des conditions de notre pensée et de notre connaissance, et de l'unité du sujet : comment sais-je que c'est *moi* qui pense, et non que *ça* pense ? [Thèse] Contre l'empirisme, qui défend que notre esprit se réduit à nos seules perceptions, Kant soutient que le sujet conscient précède l'expérience comme « aperception pure » et « originaire », afin d'assurer l'unité du divers sensible. Cela pose la question des conditions de notre connaissance, ainsi que celle du rapport entre pensée et expérience. Tandis que pour Hume le sujet pensant dérive de l'expérience, pour Kant le « je pense » précède et conditionne l'expérience. [Annonce du plan] Le texte se déroule en trois étapes : l'auteur commence par réfuter la thèse adverse ; il présente ensuite sa thèse qui fait du « je pense » la condition de l'expérience ; enfin, il développe sa définition du « je pense ».

1. Sans un « je pense », aucune pensée n'est possible

> **▶ Le secret de fabrication**
> Généralement, un texte philosophique démontre une thèse, avant de réfuter une thèse contraire. Ici, l'auteur procède en sens inverse : il commence par approfondir la thèse à laquelle il s'oppose. Et cette réfutation revêt la forme d'un raisonnement par l'absurde : si A est faux, alors B est vrai.

A. La thèse de l'auteur : le « je pense » est nécessaire

- L'auteur affirme sa thèse d'emblée, en une proposition simple : « Le *je pense* doit nécessairement *pouvoir* accompagner toutes mes représentations. »
- Les représentations désignent ici les perceptions sensibles, comme celles d'une couleur, d'une odeur ou d'un objet. Le terme « représentation » suggère que ce n'est pas l'objet lui-même, mais un double sensible ou imaginaire que reçoivent nos sens en provenance de l'objet perçu. Or « se représenter » est une façon de penser, qui suppose un support ou un sujet.

S'ENTRAÎNER

• La formulation « doit nécessairement *pouvoir* » indique ici une nécessité logique et annonce la réfutation qui suit. Enfin, le verbe « accompagner » indique un redoublement réflexif du *je* : le sujet s'approprie la représentation et la fait sienne.

B. La thèse empirique adverse : l'expérience suffit

• À peine cette thèse brièvement énoncée, l'auteur démontre l'absurdité de la thèse empiriste adverse (« car, si tel n'était pas le cas »), selon laquelle l'expérience se suffit à elle-même. Il en souligne les implications et les conséquences absurdes. Sans le « je pense » :

– je n'aurais absolument pas conscience des perceptions, je ne saurais donc pas qu'elles existent ;

– les représentations n'existeraient pas, puisqu'il n'y aurait personne pour se les « re-présenter », elles ne seraient que des présentations dans le vide ;

– les perceptions ne seraient pas miennes, mais elles seraient dispersées de façon anonyme. Pouvoir dire « mes perceptions » ou « je perçois » suppose l'existence préalable d'un *je*.

• Dans le *Traité de la nature humaine*, Hume considère que notre esprit est comme un flux de perceptions dont l'unité se forme peu à peu par associations. C'est ce que réfute Kant : le « je pense » n'est pas le résultat, mais la condition transcendantale de mon expérience sensible.

[Transition] Ayant réfuté la thèse adverse, l'auteur peut désormais réaffirmer sa thèse sur la nécessité du « je pense ».

2. Le « je pense » est la condition de notre connaissance

> ▶ **Le secret de fabrication**
> Cette deuxième étape étant très brève et synthétique (une phrase !), il faut veiller à donner une explication très détaillée de tous les termes.

A. L'intuition sensible doit être unifiée

Le divers de l'expérience sensible, ou « intuition », doit être unifié pour pouvoir être pensé. On ne peut se représenter des sensations disparates. Kant contredit ici la théorie sensualiste de Condillac, pour qui toute l'activité de l'esprit est contenue dans la sensation. Dans le *Traité des sensations*, ce dernier imagine une statue « animée d'un esprit dépourvu de toute espèce d'idée », qui respire l'odeur d'une rose et dont la conscience s'identifie à l'odeur de rose.

> DÉFINITION
> L'**intuition** est ce qui m'est donné par les sens. Le terme « empirique » renvoie à ce qui vient de l'expérience sensible.

B. Le « je pense » unifie l'intuition

- Chaque perception en moi est accompagnée du même « je pense ». L'esprit humain ne peut percevoir sans recueillir et rassembler ses perceptions dans une forme unifiante.
- Comparons cette idée au point de fuite, en perspective : ce point n'existe pas « en soi », mais il est nécessaire de le supposer pour avoir une vision cohérente. Si l'on regarde un tableau de la Renaissance, ce qu'il représente fait un ensemble cohérent si l'on adopte le point de vue du spectateur à l'origine de la perspective.

C. Le « je pense » assure donc l'unité du sujet

Il est la condition *a priori* ou transcendantale de toute expérience. Le « je pense » n'est pas lui-même connu par expérience, car l'expérience ne nous donne que des perceptions éparses et en désordre. Il est supposé comme condition nécessaire pour que cela devienne *mon* expérience unifiée.

DÉFINITION
A priori **ou transcendantal** désigne, chez Kant, ce qui précède l'expérience sensible et la rend possible.

[Transition] Dans un troisième et dernier mouvement, le texte explicite ce pouvoir d'unification en précisant les concepts qui servent à le désigner.

3. L'aperception pure conditionne l'aperception empirique

> ▶ **Le secret de fabrication**
> Cette dernière étape explicite la thèse que l'auteur reformule au moyen d'un vocabulaire plus technique qu'il faut s'efforcer de comprendre et de définir.

A. L'aperception précède la perception

L'aperception se distingue de la perception dans la mesure où elle désigne le pouvoir d'accueil et de synthèse des perceptions diverses. Le terme d'« aperception » a été créé par Leibniz, chez qui il désigne simplement une perception accompagnée de réflexion et de conscience. Kant y ajoute le pouvoir d'unification constitutif du sujet et de l'esprit.

B. « Aperception pure » *vs* « aperception empirique »

- Tous nos actes de perception font intervenir un pouvoir intellectuel qui n'en dérive pas. L'« aperception pure » est dite encore « originaire » pour signifier qu'elle précède nos perceptions.
- L'« aperception empirique » est notre pouvoir de recevoir des données sensibles, lequel réside dans les sens et non dans la pensée.

C. L'unité d'aperception fonde le « je pense » et la conscience

L'ensemble de ces définitions nous conduit à voir dans l'« aperception originaire », ou dans le « je pense » transcendantal, le sujet conscient. L'on revient ici au sens latin de la conscience : *cum-scire* (« savoir avec ») implique de faire quelque chose en le sachant et en le rassemblant.

Conclusion

Dans ce texte, Kant soutient une conception rationaliste de la conscience et du sujet, irréductibles à la seule perception. Cette idée suppose un dédoublement de l'esprit réflexif qui, tout en même temps, perçoit le monde et se sait le percevoir. Cette conscience est propre à l'homme, qu'elle rend responsable de sa connaissance (science) et de ses actes (morale). Elle explique comment notre esprit unifie notre expérience et constitue l'unité du *je*. Cette définition de la conscience s'oppose au cogito cartésien, auquel le formalisme de Kant et de Husserl reproche son caractère « substantiel » : la conscience n'est pas une *chose* parmi d'autres existants, mais la *forme* qui unifie les objets perçus.

Peut-on être moral par intérêt ?

DISSERTATION

4 heures
20 points

INTÉRÊT DU SUJET • Si une vieille dame entre dans le bus et que je lui cède ma place, il s'agit d'une bonne action, faite contre mon intérêt immédiat qui aurait été de rester assis. Mais ne me suis-je pas levé en espérant sa reconnaissance, celle des autres voyageurs, ou simplement pour éviter de me faire rabrouer ?

LES CLÉS DU SUJET

Définir les termes du sujet

Peut-on

« Peut-on ? » signifie ici « est-il possible ? » : la question est celle de la compatibilité de la morale et de l'intérêt.

Être moral

Au sens large, « être moral » signifie respecter les règles de vie et les valeurs propres à un groupe d'individus, se conformer à leurs mœurs. La philosophie morale développe une réflexion portant sur ce qui doit guider nos actions : ainsi, pour les morales eudémonistes, bien agir, c'est agir en vue d'être heureux, alors que des morales plus formelles définissent l'action morale comme une action faite par devoir.

Par intérêt

L'intérêt est ce qui nous avantage. Agir par intérêt, c'est agir parce que nous escomptons un profit de cette action. À cette action, dont la valeur tient à ce qu'elle nous apporte, s'oppose l'action désintéressée, dont la valeur est intrinsèque.

Dégager la problématique

Problématique

- Quand notre bonne action est faite en vue d'une récompense ou d'un plaisir, n'est-elle pas au fond une action intéressée, faite dans le but d'en tirer profit ?
- Mais si faire le bien nous procure du plaisir, en quoi cela rendrait-il notre action immorale ?

Construire un plan

1. Une action morale ne peut pas être faite par intérêt	On ne peut pas être moral par intérêt car la morale est incompatible avec la logique égoïste de l'intérêt. Une action morale est une action désintéressée.
2. L'action morale procure une satisfaction	Il est néanmoins possible de trouver un avantage à être moral : le fait de bien agir ne nous procure-t-il pas une forme de satisfaction ?
3. On ne peut être moral que par souci de soi	Être moral n'est pas se sacrifier, mais au contraire se soucier de soi, c'est-à-dire veiller à vivre à la hauteur de nos potentialités.

9 CORRIGÉ GUIDÉ

Les titres en couleurs et les indications entre crochets servent à guider la lecture mais ne doivent en aucun cas figurer sur la copie.

Introduction

> **▶ Le conseil de méthode**
> Une introduction de dissertation contient la définition des termes du sujet et une problématique qui montre que vous comprenez la tension qui existe entre les deux réponses possibles.

[Reformulation du sujet] Il s'agit ici de savoir si une bonne action faite en vue d'un bénéfice peut être tenue pour morale. *A priori*, on aurait tendance à opposer l'action vertueuse à l'action intéressée. Mais en quoi le fait de tirer profit de mon action la rendrait-elle immorale ? [Définition des termes du sujet] Être moral signifie d'abord respecter les règles de vie et les valeurs propres à un groupe d'individus, se conformer à leurs mœurs. De façon plus précise, être moral c'est bien agir, c'est-à-dire agir par pur devoir ou encore agir selon certains principes visant à obtenir le bonheur. Agir par intérêt, c'est être poussé à agir par la recherche d'un gain, au terme d'un calcul soupesant les avantages et inconvénients d'une action. [Problématique et plan] Il s'agira donc de se demander si une action morale peut résulter d'un calcul d'intérêts, ou si au contraire elle se définit par son caractère désintéressé, voire sacrificiel. Mais si faire le bien me satisfait, alors, ce plaisir rend-il pour autant mon action immorale ? Et finalement, n'est-ce pas toujours pour moi que je fais le bien ?

1. Une action morale ne peut pas être faite par intérêt

A. On ne peut pas faire le bien par égoïsme

• Dans un premier temps, on pourrait penser qu'il est impossible qu'une action soit morale si elle est faite dans la perspective d'un avantage personnel. Il semble que la logique calculatrice et égoïste de l'intérêt, selon laquelle je pèse les avantages et les inconvénients pour moi d'une conduite, soit incompatible avec une action communément perçue comme spontanée et altruiste, par laquelle je me montre justement capable de renoncer à la poursuite de mon avantage.

• Pourtant, suffit-il de faire du bien aux autres pour être moral ? Celui qui aide les autres dans l'espoir d'un gain à venir – obtenir une récompense, aller au paradis – n'agit-il pas par intérêt ?

B. Une action morale est une action désintéressée

• C'est précisément parce qu'une telle vertu conditionnée, et en ce sens instrumentale (je fais le bien en échange d'une récompense possible), pose problème que Kant propose un tout autre critère de moralité de nos actions : mon action n'est morale, affirme-t-il, qu'à condition d'être désintéressée.

• Autrement dit, l'altruisme ne suffit pas à définir l'action morale : pour qu'elle soit morale, mon action doit être faite sans aucune considération d'intérêt – ni le mien, ni celui des autres –, mais seulement parce que je sais qu'elle correspond à ce que je dois faire. On ne peut pas être moral en agissant « conformément au devoir », c'est-à-dire qu'il ne suffit pas de faire le bien pour être moral : encore faut-il le faire sans autre but que de faire le bien. Telle est l'action faite « par devoir » : action dont l'intention désintéressée seule garantit la moralité.

> **À NOTER**
> Dans les *Fondements de la métaphysique des mœurs*, Kant éclaire cette distinction par l'exemple du « marchand avisé » : l'action honnête du marchand est-elle une action morale ? Non, répond Kant, dès lors que son honnêteté est le moyen de garder sa clientèle, et non une fin en soi.

S'ENTRAÎNER

C. Celui qui fait le bien par plaisir n'agit pas moralement

• Mais alors, celui qui prend plaisir à faire du bien aux autres est-il immoral ? L'action du philanthrope, dit Kant, ne peut être tenue pour morale dans la mesure où elle ne trouve pas sa source dans sa raison, prescriptrice de la loi morale, mais dans ses inclinations. Autrement dit, s'il fait le bien par plaisir, alors ce qui le motive à le faire est toujours la poursuite de son intérêt. *A contrario*, l'homme vertueux agit selon sa seule raison, qui lui prescrit de soumettre ses actions à l'épreuve de l'« impératif catégorique » (« Agis uniquement d'après la maxime qui fait que tu puisses vouloir en même temps qu'elle devienne une loi universelle. »).

• De ce fait, le philanthrope est hétéronome, c'est-à-dire que son principe d'action est pathologique, et non autonome comme celui qui trouve seulement dans sa raison le principe de ses actions. À moins d'imaginer un cas dans lequel ce philanthrope serait empêché de prendre plaisir à sa bonne action et agirait par devoir, son action, en apparence morale, ne l'est donc pas. Reste pourtant à savoir, comme Kant le reconnaît lui-même, si une action affranchie de tout intérêt et de toute satisfaction est humainement possible.

[Transition] De fait, le problème qui se pose est celui de la possibilité même de l'acte moral. Nos actions ne sont-elles pas toujours guidées par la recherche d'une satisfaction quelconque ?

2. L'action morale procure une satisfaction

A. Une action désintéressée est humainement impossible

• Dans *Le Fondement de la morale*, Arthur Schopenhauer remarque que Kant lui-même ne peut faire abstraction de la logique de l'intérêt qui est à l'œuvre en chacun d'entre nous, en nous permettant d'espérer que nos actions morales seront peut-être récompensées plus tard par un « souverain bien » consistant en une coïncidence de la vertu et du bonheur.

• Par ailleurs, Kant n'évoque-t-il pas un calcul de notre raison (je ne dois pas mentir parce que personne ne me ferait plus confiance ; je dois être secourable parce que je voudrais qu'on me porte secours, etc.) ? De fait, dit Schopenhauer, penser une action accomplie sans intérêt est impossible : « Qu'est-ce dès lors qu'un intérêt, sinon l'action d'un motif sur la volonté ? Là où il y a un motif pour mettre en jeu la volonté, il y a un intérêt ; et s'il n'y a pas de motif, elle ne peut pas plus agir, qu'une pierre ne peut, sans être poussée ni tirée, changer de place. »

À NOTER
Dans les *Éléments métaphysiques de la doctrine de la vertu*, Kant explique que « chacun désire qu'on lui vienne en aide. Or, si un homme laissait voir que sa maxime est de ne pas vouloir aider les autres, alors chacun serait autorisé à lui refuser tout secours. Ainsi, la maxime de l'égoïste combat contre elle-même. »

B. L'action morale est celle qui nous rend heureux

Autrement dit, comment le devoir pourrait-il être pour nous un motif d'action ? Et si ce n'est notre intérêt, qu'est-ce qui peut être assez puissant pour infléchir notre volonté ? Les morales eudémonistes placent au cœur de la définition de l'acte moral la perspective du bonheur : bien agir, dit ainsi Épicure, c'est œuvrer en vue du bonheur conçu comme absence de troubles. Ce motif d'action est assez puissant pour agir sur ma volonté, et assez universel pour servir de fondement à une éthique. Dès lors que ce qui est bien, c'est ce qui me fait du bien, la recherche de la satisfaction fait partie intégrante de l'action morale, et ne s'ajoute pas à elle comme un objet extérieur.

[Transition] Si la poursuite de la satisfaction et la moralité de nos actions ne sont pas incompatibles, peut-on dire alors qu'on n'est moral que par calcul ?

3. On ne peut être moral que par souci de soi

A. L'action morale est faite par compassion

Si être moral me satisfait, est-ce pour autant par intérêt que je le suis ? En réalité, si nous pouvons être moraux, dit Rousseau dans le *Discours sur l'origine et les fondements des inégalités parmi les hommes*, c'est précisément parce que le principe d'action qui nous porte à agir par intérêt et qu'il nomme « amour de soi » se trouve modéré par cet autre principe d'action qu'est la pitié. Ainsi, je ne suis pas poussé à agir moralement par calcul, mais par ce « sentiment naturel » qui, comme le souligne Schopenhauer, repose sur une identification aux autres : « Dès que cette pitié s'éveille, le bien et le mal d'autrui me tiennent au cœur aussi directement que peut y tenir d'ordinaire mon propre bien, sinon avec la même force : entre cet autre et moi, donc, plus de différence absolue. » Autrement dit, par la pitié, je suis capable d'éprouver comme mienne la souffrance de l'autre, et par conséquent son intérêt comme étant le mien. C'est ainsi par pitié que j'agis moralement : loin de me sacrifier, je comprends par cette expérience troublante que je ne suis pas distinct des autres, et que la justice est désirable.

L'AUTEUR
Jean-Jacques Rousseau (1712-1778).
Contre une tradition qui fait de la raison le centre de notre être, la philosophie de Rousseau affirme le pouvoir du sentiment, source de la morale comme de la politique.

B. L'action morale implique une exigence vis-à-vis de soi

• Par conséquent, ce n'est ni par devoir, ni par sacrifice, ni par calcul d'intérêt que j'agis moralement, mais bien par souci de moi-même. C'est par négligence et ignorance de moi-même que je peux au contraire faire le mal : ce qu'indique Socrate en réinvestissant la parole delphique, puisque « connais-toi toi-même » est la formule qui me rappelle qu'être vertueux s'ancre avant tout dans un rapport à soi.

• L'attitude morale implique une exigence vis-à-vis de soi, un effort de formation de soi-même. Autrement dit, il ne s'agit pas de se conformer à des règles morales pour être moral : ce qui définit ma moralité est le rapport que j'entretiens à moi-même. Comme le rappelle Michel Foucault, se soucier de soi ne signifie pas s'intéresser à soi ni défendre ses intérêts particuliers, mais faire de soi son œuvre propre.

Conclusion

Il apparaît alors que si l'action morale ne peut se donner pour une action faite par intérêt au sens où cette action n'aurait d'autre raison d'être que la poursuite de ce qui m'avantage, elle ne peut non plus être comprise comme une action désintéressée ou sacrificielle. Ce qui me pousse à vouloir bien agir, c'est avant tout le souci que j'ai de moi-même, c'est-à-dire de m'améliorer.

4 AUTRES SUJETS POUR S'ENTRAÎNER

- Respecter tout être vivant, est-ce un devoir moral ?
- Explication d'un extrait de *Émile ou De l'éducation*, de Rousseau
- Explication d'un extrait de la *Lettre à Élisabeth*, de Descartes
- Explication d'un extrait de *Leçons d'éthique*, de Kant

▶ Retrouvez les corrigés sur annabac.com

10 France métropolitaine • Juin 2021

Durkheim, *De la division du travail social*

EXPLICATION DE TEXTE

4 heures
20 points

S'ENTRAÎNER

INTÉRÊT DU SUJET • La morale désigne un ensemble de règles communes visant à nous faire bien agir. Mais quand un pays commerce avec un autre, est-ce la morale qui doit guider sa conduite ? Si la poursuite de la richesse ne fait l'objet d'aucun impératif moral, si elle peut même être moralement condamnée, un pays doit-il pour autant s'en détourner ?

Expliquez le texte suivant :

Chaque peuple a sa morale qui est déterminée par les conditions dans lesquelles il vit. On ne peut donc lui en inculquer une autre, si élevée qu'elle soit, sans le désorganiser, et de tels troubles ne peuvent pas ne pas être douloureusement ressentis par les particuliers. Mais la morale de chaque société, prise en elle-même, ne comporte-t-elle pas un développement indéfini des vertus qu'elle recommande ? Nullement. Agir moralement, c'est faire son devoir, et tout devoir est fini. Il est limité par les autres devoirs ; on ne peut se donner trop complètement à autrui sans s'abandonner soi-même ; on ne peut développer à l'excès sa personnalité sans tomber dans l'égoïsme. D'autre part, l'ensemble de nos devoirs est lui-même limité par les autres exigences de notre nature. S'il est nécessaire que certaines formes de la conduite soient soumises à cette réglementation impérative qui est caractéristique de la moralité, il en est d'autres, au contraire, qui y sont naturellement réfractaires et qui pourtant sont essentielles. La morale ne peut régenter outre mesure les fonctions industrielles, commerciales, etc., sans les paralyser, et cependant elles sont vitales ; ainsi, considérer la richesse comme immorale n'est pas une erreur moins funeste que de voir dans la richesse le bien par excellence. Il peut donc y avoir des excès de morale, dont la morale, d'ailleurs, est la première à souffrir ; car, comme elle a pour objet immédiat de régler notre vie temporelle, elle ne peut nous en détourner sans tarir elle-même la matière à laquelle elle s'applique.

Émile Durkheim, *De la division du travail social*, 1893.

La connaissance de la doctrine de l'auteur n'est pas requise. Il faut et il suffit que l'explication rende compte, par la compréhension précise du texte, du problème dont il est question.

LES CLÉS DU SUJET

Repérer le thème et la thèse

- Dans ce texte, Durkheim se demande quel doit être notre rapport à la morale. Faut-il penser la morale comme un discours fait de règles absolues qui régiraient tous les aspects de notre vie ?
- Il démontre que la morale est avant tout une production humaine qui nous permet de vivre ensemble. Aussi ses règles doivent-elles être conçues comme relatives, limitées et circonscrites à certains domaines d'action.

Dégager la problématique

Problématique

On pourrait envisager la morale comme un discours fait d'impératifs : bien agir serait se conformer en toutes circonstances à certains devoirs. Mais ne serait-ce pas oublier la véritable raison d'être de la morale ?

La morale doit-elle être conçue comme un ensemble d'impératifs qui régissent toutes nos actions, ou bien comme un ensemble de règles utiles à la vie sociale ?

Repérer les étapes de l'argumentation

1. Nos obligations morales sont relatives (l. 1 à l. 10)	• Dans un premier temps, Durkheim établit la relativité de la morale : chaque morale est produite par un peuple. • Par ailleurs, notre obéissance à nos obligations morales est également relative puisque nos devoirs se limitent mutuellement. • Cependant, la morale n'est-elle pas absolue au sens où elle entend porter sur l'ensemble de notre vie ?
2. Nos devoirs se limitent à certains domaines (l. 10 à l. 21)	• Dans un deuxième temps, Durkheim démontre que nos devoirs doivent être circonscrits à certains domaines d'action. • Il fait alors apparaître le danger d'une morale qui se donnerait pour absolue et ruinerait une vie sociale qu'elle devait pourtant rendre possible.

10 CORRIGÉ GUIDÉ

Les titres en couleurs et les indications entre crochets servent à guider la lecture mais ne doivent en aucun cas figurer sur la copie.

Introduction

[Question abordée] Dans cet extrait de *La division du travail social*, Durkheim se demande quel doit être notre rapport à la morale. *A priori*, on pourrait penser que la morale est faite pour régler de façon absolue l'ensemble de nos actions : il nous faudrait bien agir en toutes circonstances. Mais ne serait-ce pas oublier la véritable raison d'être de la morale ? [Thèse] Durkheim démontre ici que la morale est avant tout une production humaine nécessaire à la vie sociale et donc que ses règles doivent être à la fois relatives, limitées et circonscrites à certains domaines d'action.

[Problématique et annonce du plan] Pour démontrer cela, Durkheim établit d'abord le caractère relatif de la morale : une morale est toujours produite par un peuple. De plus, notre obéissance à nos devoirs est elle-même relative, puisque ceux-ci se limitent mutuellement. Mais la morale ne doit-elle pas porter sur l'ensemble de nos actions et, en ce sens, n'est-elle pas absolue ? Dans un deuxième temps, Durkheim montre que la morale doit en réalité se limiter à certains domaines : une morale qui se donnerait pour absolue ruinerait la vie sociale qu'elle a pourtant pour but de rendre possible.

1. Nos obligations morales sont relatives

A. La morale est une production sociale

- Dans un premier temps de sa démonstration, Durkheim démontre le caractère nécessairement relatif des règles morales. La morale est le discours qui porte sur le domaine de nos actions, le domaine pratique, et entend proposer des principes susceptibles de guider notre conduite en répondant aux questions : que devons-nous faire ? comment devons-nous nous conduire ? On pourrait penser que ces règles sont les mêmes pour tous les hommes, ce qu'affirme par exemple la morale religieuse, qui repose sur des commandements universels. Mais Durkheim part d'une observation qui remet en cause cette nécessité d'un caractère absolu de la morale : « chaque peuple a sa morale, qui est déterminée par les conditions dans lesquelles il vit ». Autrement dit, chaque morale est avant tout une production sociale et diffère des

> **DÉFINITIONS**
> - Ce qui est **absolu** (de *ab-solutus*, qui signifie « séparé de ») ne dépend d'aucune circonstance.
> - Ce qui est **relatif** est en relation avec un certain contexte et donc variable.

autres selon le mode de vie et les besoins du peuple qui la produit. Comme l'indique son étymologie (de *mores*, qui signifie les « mœurs »), la morale désigne avant tout les coutumes, les règles de vie communes qui valent dans une société donnée à une époque donnée.

• Ces règles, dit-il, sont celles qui conviennent à ce peuple précis : aussi ne peut-on imposer une nouvelle morale à un peuple sans dommages, tant collectifs qu'individuels. Dans la mesure où un système moral naît du besoin particulier de chaque peuple, besoin issu de son environnement et de ses caractéristiques propres, lui imposer une autre morale serait faire violence à l'individu comme à la société à laquelle il appartient. Mais si chaque morale est relative à chaque peuple, les impératifs moraux ne s'imposent-ils pas de façon absolue à tous les membres de ce peuple ?

B. Au sein d'une morale, chaque devoir constitue la limite d'un autre

• Certes la morale est relative et variable, mais l'individu n'est-il pas absolument tenu d'être vertueux, quel que soit le contexte ? Durkheim formule lui-même l'objection, à laquelle il entreprend de répondre en mettant en évidence le caractère limité de chaque devoir. De fait, la morale sociale nous prescrit un certain nombre de devoirs, c'est-à-dire d'obligations morales, et il convient de s'y conformer. Mais, observe Durkheim, la première limite posée à ces obligations réside en réalité dans les autres devoirs propres à cette morale.

> **DÉFINITIONS**
> • Une **obligation** (de *ob-ligare*, qui signifie « lier par contrat ») désigne un devoir, prescrit par une loi à laquelle nous obéissons volontairement.
> • Une **contrainte** désigne en revanche ce qui fait obstacle à notre volonté.

• Il s'appuie alors sur deux exemples. Si j'agis conformément à l'obligation qui m'est faite d'aider les autres ou de les aimer, ce qui va limiter mon action en ce sens sera l'obligation de ne pas me négliger, de ne pas me perdre dans ma conduite altruiste. De la même façon, l'obligation que j'ai de m'affirmer, de faire valoir mes désirs, va se heurter à l'obligation contraire qui me pousse à ne pas être égoïste.

• Par ces deux exemples, Durkheim met en évidence l'existence d'une sorte de régulation de ma conduite, par le fait que coexistent dans une même morale des devoirs qui pourraient entrer en contradiction si je les cultivais excessivement. De fait, si je me dévoue aux autres, j'agis moralement, mais si ce dévouement me pousse à me négliger, à en oublier ma propre vie, alors cette action, entrant en contradiction avec le devoir que j'ai de me soucier de moi-même, perdra son caractère moral.

[Transition] Mais si nos actions morales sont ainsi régulées, tempérées par le fait que nous nous trouvons toujours placés entre plusieurs devoirs, la morale n'est-elle pas absolue au sens où elle porte sur l'ensemble de nos actions ?

2. Nos devoirs se limitent à certains domaines

A. La morale ne doit pas régir la vie économique

- Dans un deuxième temps de sa démonstration, Durkheim met en évidence une seconde limite posée à notre attitude vertueuse. Si la morale propre à notre société est bien faite de devoirs, notre effort pour nous y conformer ne se heurte pas seulement à notre obligation de respecter les autres devoirs : il rencontre également un certain nombre d'impératifs propres à la vie sociale.

- Durkheim distingue alors certaines conduites « soumises à cette réglementation impérative qui est caractéristique de la moralité » d'autres qui y seraient « naturellement réfractaires ». Mais quels seraient ces domaines d'action qui devraient par nature échapper à la morale et dans lesquels mes obligations morales pourraient légitimement m'apparaître secondaires ? L'auteur en donne deux exemples : les « fonctions industrielles, commerciales » doivent échapper à la morale puisqu'elles sont des fonctions « essentielles », « vitales » desquelles dépend la satisfaction des besoins d'une société. En d'autres termes, dans ces domaines nécessaires à la vie d'une société, ce n'est pas la morale qui doit orienter nos actions.

> DÉFINITIONS
> • Ce qui est **essentiel**, c'est ce qui définit une chose, ce sans quoi elle ne pourrait pas être elle-même.
> • Au contraire, ce qui est **accidentel** est ce qui ne relève pas de l'essence de cette chose.

B. Les impératifs moraux sont limités par la nécessité vitale

- S'agit-il pour autant de dire que quand je fais du commerce, par exemple, il est légitime que je me conduise de manière immorale ? Durkheim précise alors son propos en s'appuyant sur l'exemple de la richesse. Dans une perspective morale, il est en effet possible de condamner la richesse. Le désir de richesse est ainsi considéré par Épicure comme un « désir vide », c'est-à-dire un désir produit par l'influence sociale et qui, n'existant pas naturellement en l'homme, ne sera source d'aucun plaisir et nous livrera aux souffrances d'une quête sans fin.

> À NOTER
> Dans la *Lettre à Ménécée*, Épicure explique que pour accéder au bonheur nous devons nous détourner des conduites excessives. Il établit que, par essence, le désir de richesse est un désir sans limite.

- Pourtant, observe Durkheim, dire que la morale ne doit pas porter sur la fonction commerciale d'une société, ce n'est pas dire qu'il faille s'adonner sans limite au désir de richesse. « Considérer la richesse comme immorale n'est pas une erreur moins funeste que de voir dans la richesse le bien par excellence », dit-il, renvoyant dos à dos deux principes d'action contraires selon lesquels il faudrait en toutes circonstances fuir la richesse ou, au contraire, obtenir à tout prix la richesse. De fait, une société doit se préoccuper de la satisfaction des besoins des individus, elle doit par exemple se livrer au commerce et l'objectif du commerce est bien l'enrichissement. Cette nécessité limite donc le domaine d'action de la morale. L'espace du commerce n'est pas exempté de toute morale, ce qui y prévaut n'est pas le vice : cependant, nos devoirs se trouvent, en ce domaine, limités et là encore régulés par la nécessité vitale.

C. Le but de la morale est de faciliter la vie sociale

- Durkheim conclut sa démonstration en précisant le but de la morale : « elle a pour objet immédiat de régler notre vie temporelle ». En d'autres termes, la raison d'être de la morale n'est pas la vie spirituelle mais la vie temporelle, c'est-à-dire que la morale est faite pour répondre au mieux à nos intérêts, à nos besoins matériels.

- De fait, nous sommes des êtres sociaux, notre nature réclame une organisation sociale, mais nous sommes aussi immédiatement guidés par la recherche de notre satisfaction individuelle, ce qui produit des heurts. Pour qu'une vie sociale soit possible, il est nécessaire non seulement d'établir des lois juridiques, mais aussi une morale qui saura limiter la poursuite individuelle de nos intérêts par une intériorisation de nos devoirs. Dans *Le Malaise dans la culture*, Freud souligne ainsi la nécessité des impératifs moraux, par exemple du devoir d'aimer les autres, en expliquant que sa « justification véritable est précisément que rien n'est plus contraire à la nature humaine primitive », fondamentalement agressive.

- Aussi Durkheim nous met-il en garde contre les « excès de morale », c'est-à-dire contre une façon de se rapporter aux devoirs moraux sans tenir compte des limites que représentent les autres impératifs moraux, mais aussi les impératifs vitaux pour la société. Tout envisager dans une perspective morale, c'est oublier que la morale est un discours qui porte sur nos actions et dont le but premier est de nous aider à vivre ensemble.

Conclusion

En définitive, non seulement la morale est relative, mais nos obligations morales sont limitées et ne doivent nous guider que dans certains domaines. Indispensable à la vie sociale, la morale doit rester conforme à son but, qui est de réfréner l'aspiration individuelle à satisfaire exclusivement ses intérêts, afin de rendre possible la coopération. Ainsi, une morale qui prétendrait imposer des obligations absolues et valoir dans tous les domaines de la vie entrerait finalement en contradiction avec sa raison d'être.

11 Sujet zéro 2020

Durkheim, *Les Règles de la méthode sociologique*

EXPLICATION DE TEXTE

4 heures
20 points

S'ENTRAÎNER

INTÉRÊT DU SUJET • Si mon frère me confie un secret et que je le trahis, je sais immédiatement que j'ai mal agi. Ma conscience morale intervient alors, et j'éprouve du remords. Mais d'où vient ce remords ? Est-il produit par ma conscience individuelle, ou n'est-il que le reflet d'une exigence sociale ?

Expliquez le texte suivant :

Quand je m'acquitte de ma tâche de frère, d'époux ou de citoyen, quand j'exécute les engagements que j'ai contractés, je remplis des devoirs qui sont définis, en dehors de moi et de mes actes, dans le droit et dans les mœurs. Alors même qu'ils sont d'accord avec mes sentiments propres et que j'en sens intérieurement la réalité, celle-ci ne laisse pas d'être objective[1] ; car ce n'est pas moi qui les ai faits, mais je les ai reçus par l'éducation. Que de fois, d'ailleurs, il arrive que nous ignorons le détail des obligations qui nous incombent et que, pour les connaître, il nous faut consulter le Code et ses interprètes autorisés ! De même, les croyances et les pratiques de sa vie religieuse, le fidèle les a trouvées toutes faites en naissant ; si elles existaient avant lui, c'est qu'elles existent en dehors de lui. Le système de signes dont je me sers pour exprimer ma pensée, le système de monnaies que j'emploie pour payer mes dettes, les instruments de crédit que j'utilise dans mes relations commerciales, les pratiques suivies dans ma profession, etc., etc., fonctionnent indépendamment des usages que j'en fais. Qu'on prenne les uns après les autres tous les membres dont est composée la société, ce qui précède pourra être répété à propos de chacun d'eux. Voilà donc des manières d'agir, de penser et de sentir qui présentent cette remarquable propriété qu'elles existent en dehors des consciences individuelles.

Émile Durkheim, *Les Règles de la méthode sociologique*, 1895.

1. Ne laisse pas d'être objective : demeure objective.

LES CLÉS DU SUJET

Repérer le thème et la thèse

• Dans ce texte, Durkheim se demande si toutes nos pensées et actions dérivent de nos consciences individuelles.

• Il démontre ici qu'en réalité, à l'origine d'un certain nombre de nos conduites et de nos pensées se trouvent des faits sociaux.

Dégager la problématique

Problématique

- On pourrait penser que nous avons le pouvoir de nous prescrire certaines conduites. Mais est-ce toujours le cas ?
- Ces pensées et actions ne nous sont-elles pas, au fond, dictées par cette réalité extérieure qu'est la société ?

Repérer les étapes de l'argumentation

1. Nos conduites morales sont d'origine sociale (l. 1 à 7)	• Durkheim envisage les actions que nous faisons par devoir : ces comportements sont-ils, comme nous le sentons, prescrits par notre conscience propre ? • Il montre que notre conscience ne fait qu'intérioriser, par l'éducation, des impératifs extérieurs et leur obéir.
2. Les principes de nos actions nous sont extérieurs (l. 7 à 16)	Durkheim avance ensuite deux arguments : • ce qui prouve que ces impératifs nous sont extérieurs, c'est que nous ne les connaissons pas toujours ; • de plus ces impératifs nous préexistent.
3. Les impératifs moraux sont des faits sociaux (l. 16 à 20)	• Durkheim rapproche ces impératifs d'autres institutions sociales comme la langue ou la monnaie. • Tout comme ces réalités sociales qui nous préexistent, les impératifs moraux sont des faits sociaux.

11 CORRIGÉ GUIDÉ

Les titres en couleurs et les indications entre crochets servent à guider la lecture mais ne doivent pas figurer sur la copie.

Introduction

[Question abordée] Dans cet extrait des *Règles de la méthode sociologique*, Durkheim se demande si toutes nos pensées et actions dérivent de nos consciences individuelles. Nous pourrions croire que nous avons le pouvoir de nous prescrire librement certaines conduites. Mais est-ce toujours le cas ? [Thèse] Durkheim démontre ici qu'en réalité, à l'origine d'un certain nombre de nos actions, de nos sentiments et de nos pensées se trouvent des faits sociaux. Autrement dit, des comportements et pensées que nous croyons nôtres, ne sont en réalité qu'un reflet de la société dans laquelle nous vivons. [Problématique et annonce du plan] Pour démontrer cela, Durkheim envisage les conduites que nous adoptons par devoir : sont-elles, comme nous le sentons, fixées par notre conscience propre ? Il montre que notre conscience ne fait qu'intérioriser, par l'éducation, des impératifs extérieurs et leur obéir. Il avance alors deux arguments : ce qui prouve que ces impératifs nous sont extérieurs, c'est que nous n'en connaissons pas le détail et qu'ils nous préexistent. Enfin, Durkheim rapproche ce type d'impératifs d'autres institutions comme la langue ou la monnaie. Tout comme ces réalités sociales qui préexistent à l'usage que j'en fais, les impératifs moraux sont des faits sociaux.

S'ENTRAÎNER

1. Nos conduites morales sont d'origine sociale

A. Nos devoirs sont définis en dehors de nous

• Dans un premier temps, Durkheim démontre qu'une grande partie des conduites que nous croyons dictées par notre conscience sont d'origine sociale. Le texte s'ouvre sur trois exemples d'actions que nous faisons par « devoir », c'est-à-dire selon des règles qui circonscrivent nos obligations.

• De fait, les statuts de « frère », « d'époux » ou encore de « citoyen » impliquent l'obéissance à des codifications fines : je serai ainsi un bon frère si je respecte les règles de la solidarité familiale. Ainsi, la fraternité est un statut mais exige que je conforme ma conduite à certains principes généraux qui me sont extérieurs, dans la mesure où je ne les ai pas élaborés. En l'occurrence, ces principes sont définis par les « mœurs », c'est-à-dire les coutumes.

• En tant qu'époux ou en tant que citoyen, ces principes sont définis par le droit, c'est-à-dire l'ensemble des lois juridiques qui déterminent, dans une société et à un moment donnés, ce qu'il m'est prescrit ou interdit de faire. Pourtant, si je trahis mon frère, ma conscience interviendra, j'en concevrai du remords. De fait, je n'ai pas l'impression d'agir par contrainte quand je me conforme à mes obligations. Mais cela signifie-t-il que les principes d'actions du bon frère sont définis par ma conscience ?

B. Notre conscience les intériorise par l'éducation

• Durkheim fait alors apparaître l'origine de cette illusion : c'est, dit-il, que je « sens », quand je trahis mon frère, que j'agis mal. Ma conscience morale se révolte, si bien que, puisque je « sens intérieurement » ce que je devrais faire, je pourrais en conclure que les règles à suivre sont définies par moi.

• À cette subjectivité du sentiment, Durkheim oppose alors l'objectivité de ces règles : le fait qu'elles correspondent à mes sentiments ne signifie pas que je les ai produites. Cela implique en revanche qu'elles ont été inscrites en moi par l'« éducation », ce processus de formation qui peu à peu va me faire intérioriser des règles sociales extérieures à moi. Ainsi, mes devoirs de frère, de citoyen ou d'époux ne sont pas « faits » par moi mais « reçus » en vertu de mon éducation : si j'éprouve une souffrance en transgressant ces règles, c'est que je les ai intériorisées.

> **À NOTER**
> Est dit **objectif** ce qui se rapporte à un objet, sans dériver de ma **subjectivité**, c'est-à-dire de l'ensemble des sentiments, valeurs, goûts, qui me sont propres.

[Transition] Mais si les principes de mes actions coïncident avec ce que j'éprouve en mon for intérieur, qu'est-ce qui prouve que ce n'est pas ma conscience qui les a produits ?

2. Les principes de nos actions nous sont extérieurs

A. Nous ne les connaissons pas toujours

• Dans un deuxième temps de sa démonstration, Durkheim expose deux arguments visant à prouver que les principes de nos actions nous sont bien souvent extérieurs, même si nous les éprouvons comme des réalités intimes.

• Tout d'abord, il arrive parfois que nous ne connaissions pas le « détail » de ces règles. Il peut exister un écart entre notre sentiment d'agir comme un bon fils et les règles de droit relatives à ce statut, puisque je peux un jour découvrir que j'enfreins l'une de ces règles que je ne connaissais pas. Peu de gens savent, par exemple, que la loi les oblige à subvenir aux besoins de leurs parents s'ils sont dans le besoin. C'est là la preuve que ces règles d'action dont je pouvais croire qu'elles émanaient de mon cœur ou de ma conscience sont en réalité définies indépendamment de moi, et donc par la société.

B. Ils nous préexistent

• Outre le fait que nous ne connaissons pas tout des obligations liées à nos divers statuts sociaux, une deuxième observation nous prouve que les règles de nos actions ne nous sont pas dictées par notre conscience : c'est, dit Durkheim, que ces règles nous préexistent.

• Il s'appuie alors sur les principes religieux. Bien sûr, si je suis croyant et que je transgresse un commandement, ma conscience morale se révoltera. Mais là encore, est-ce parce que je viole une règle d'action qui m'est propre ? En réalité, ces commandements existent depuis des siècles à l'extérieur de ma conscience et me survivront. De la même façon que mon comportement de frère est « reçu », les règles religieuses qui me servent de principes sont « toutes faites », c'est-à-dire que je n'ai aucune part dans leur élaboration.

> **Le conseil de méthode**
> Vous devez toujours, quand vous citez des termes ou des distinctions dans le cours de votre devoir, les définir, et vous appuyer sur ces définitions pour expliquer le texte.

[Transition] Mais alors, comment se fait-il que ma conscience morale me rappelle si souvent des règles qui sont pourtant extérieures à moi ?

3. Les impératifs moraux sont des faits sociaux

A. Les institutions sociales sont indépendantes de notre usage

- Enfin, Durkheim conclut sa démonstration en rapprochant les actions effectuées par devoir, conformément aux règles juridiques ou morales propres à un statut, des actions faites dans le cadre d'autres institutions sociales.
- Il prend l'exemple des langues, de la monnaie, du crédit ou des pratiques professionnelles. Les langues ne sont pas faites par nous, elles nous sont extérieures. Ainsi, si je me sers d'une réalité instituée par la société, cela ne signifie pas pour autant que je l'ai produite. De la même façon que je me sers d'une langue, système de signes qui me préexiste, pour exprimer mon intériorité, j'intériorise certaines règles d'action qui me sont pourtant extérieures.

> DÉFINITION
> Un **fait social** se caractérise d'abord selon Durkheim par son origine, il provient de la société, et non de la conscience des individus et de leurs libres choix.

B. La société nous détermine

La société ne nous détermine donc pas seulement à agir en nous contraignant, mais aussi en produisant des « manières d'agir, de penser et de sentir » dont nous croyons qu'elles proviennent de nous. Les règles de nos actions sont définies socialement, intériorisées et dès lors contenues dans nos consciences individuelles, qui régulièrement nous les rappellent. Ces manières d'agir existent donc en dehors de nous, bien que nous les éprouvions comme appartenant à la vie intérieure de notre conscience.

Conclusion

En définitive, si nous avons parfois mauvaise conscience en violant une règle d'action correspondant à l'un de nos rôles sociaux, il faut en déduire que nous avons intériorisé une règle extérieure, définie socialement. Nos obligations relèvent donc du « fait social » tel qu'il est défini par Durkheim, à savoir une réalité existant hors de ma conscience individuelle et me prescrivant des façons d'agir, de penser ou de sentir, sans que j'en aie conscience.

S'ENTRAÎNER

12 L'État

Que devons-nous à l'État ?

DISSERTATION

4 heures
20 points

INTÉRÊT DU SUJET • Le discours patriotique affirme que nous devons tout à la « patrie ». Si nous ne nous reconnaissons pas toujours une patrie, du moins sommes-nous membres d'un État : mais en quoi serait-il notre créancier ?

LES CLÉS DU SUJET

Définir les termes du sujet

Devoir

• « Devoir à » signifie en un premier sens « avoir une dette », « être débiteur envers quelqu'un ». En ce sens, il s'agit de se demander en quoi l'État pourrait être notre créancier, c'est-à-dire ce qu'il nous apporte, ce qu'il nous garantit.

• Devoir signifie également avoir une obligation, un devoir envers quelqu'un. Il s'agit alors de savoir ce que l'État est en droit de nous réclamer.

État

• L'État se définit comme l'autorité politique souveraine, qui produit et applique les lois propres à une société donnée, à un moment spécifique de son histoire.

• En ce sens, on distingue l'État, corps politique constitué de citoyens, de la société civile, simple association d'individus mus par leur intérêt privé.

Dégager la problématique

Problématique

- Il s'agit de savoir pour quelles raisons nous devons être reconnaissants à l'État, et de quoi. Que nous apporte et que nous garantit l'État ?
- Et inversement, que nous demande-t-il en échange, et au nom de quoi ? Est-il si sûr que nous lui devions quelque chose ?

Construire un plan

1. Nous devons obéissance aux lois	Nous avons le devoir d'obéir à l'État en nous pliant aux lois et en cherchant à être conforme à l'intérêt général.
2. Nous devons à l'État notre liberté	En effet, nous devons à l'État notre liberté : hors de lui, serait-elle même possible ?
3. Nous ne sommes pas les débiteurs de l'État	Notre rapport à l'État ne doit pas nécessairement se poser en termes de dette et d'obligation.

12 CORRIGÉ GUIDÉ

Les titres en couleurs servent à guider la lecture et ne doivent en aucun cas figurer sur la copie.

Introduction

[Reformulation du sujet] Se demander ce que nous devons à l'État, c'est présupposer que nous lui devons quelque chose, et se demander quelle dette et quelle obligation nous aurions envers lui. [Définition des termes du sujet] Car devoir signifie bien en un premier sens avoir une dette, être débiteur envers quelqu'un. En ce sens, il s'agit de se demander en quoi l'État est notre créancier, c'est-à-dire ce qu'il nous apporte, ce qu'il nous garantit. Mais devoir signifie également avoir une obligation envers quelqu'un. L'État se définit comme l'autorité politique souveraine, qui produit et applique les lois propres à une société donnée. [Problématique] Le problème posé par le sujet réside dans l'ambiguïté de l'expression « devoir à », qui renvoie à la fois à l'idée d'une dette que nous aurions vis-à-vis de l'État, et à l'obligation que nous avons envers lui. Mais comment pouvons-nous être à la fois ceux qui doivent une chose à l'État et ceux à qui l'État doit quelque chose ? Quel est le sens du contrat que nous avons avec l'État, et quels sont les termes de ce contrat ? La question est bien celle d'une réciprocité, puisqu'il s'agit de nous demander pour quelles raisons nous devons être reconnaissants à l'État, et de quoi. Que nous garantit l'État ? Que nous demande-t-il en échange ? Et d'ailleurs, est-il si sûr que nous devions une chose à l'État ? [Annonce du plan] Dans un premier temps, nous nous demanderons quels sont nos devoirs envers l'État : en quoi peut-on dire que nous lui devons obéissance ? Mais ce devoir n'est-il pas conditionné par ce que nous attendons de l'État, ce qu'il nous garantit ? Enfin, nous nous demanderons si notre rapport à l'État doit nécessairement se poser en termes de dette et d'obligation.

1. Nous devons obéissance aux lois

A. Le premier devoir du citoyen est de se soumettre à l'État

On pourrait penser que ce que nous devons à l'État, c'est l'obéissance. C'est ce que dit Hobbes dans le *Léviathan*, en définissant le pacte qui est à l'origine de la formation de l'État comme un pacte entre les individus, au profit du souverain. Dès lors, les sujets doivent exclusivement au Léviathan – c'est-à-dire à l'État symbolisé comme un corps formé par le peuple et une tête formée par le roi – une soumission complète, à laquelle Hobbes autorise seulement certaines exceptions liées au droit à la vie.

B. L'État n'a pas à exiger notre soumission

Mais si nous devons obéissance à l'État, est-ce nécessairement sous la forme de ce contrat par lequel nous renonçons à l'exercice de nos volontés particulières ? C'est le problème qu'envisage Rousseau, en redéfinissant dans *Le Contrat social* le contrat qui est au fondement de l'État comme celui par lequel chaque citoyen s'engage vis-à-vis de l'État qui, en retour, s'engage vis-à-vis de chaque citoyen. Chaque citoyen, étant auteur de la loi, ne doit plus soumission, mais obéissance à l'État. Autrement dit, ce que je dois à l'État, c'est une obéissance aux lois issues de ma volonté générale.

> DÉFINITION
> La « volonté générale » ne désigne pas la simple addition des volontés particulières, mais la capacité qu'a chacun d'entre nous de vouloir ce qui est conforme à l'intérêt général.

[Transition] Si nous devons obéissance aux lois, ce n'est alors qu'en vertu d'un contrat par lequel l'État nous garantit quelque chose. Mais quelle est cette chose que nous attendons en retour comme un dû ?

2. Nous devons à l'État notre liberté

A. L'État nous permet de survivre

• En premier lieu, on pourrait dire que l'État nous garantit, en échange de notre obéissance aux lois, la sécurité. La nécessité de l'État provient en effet de la nécessité de sortir du rapport de force et de l'instabilité de rapports de pouvoir établis sur la force.

• Si j'accepte d'obéir aux lois, c'est dans la mesure où l'État exerce l'autorité qui me garantit, en retour, qu'il sanctionnera ceux qui enfreignent ces lois. Le libéralisme, doctrine politique centrée sur l'idée selon laquelle prévaut la liberté des individus, fait ainsi de la sécurité la prérogative essentielle de l'État. Celui-ci est pensé comme un État de droit, c'est-à-dire garant d'un ensemble de libertés individuelles qui le précèdent et sur lesquelles il ne doit pas intervenir.

B. L'État est la condition de possibilité de notre liberté

• Mais cette sécurité dont nous pouvons être redevables à l'État n'est-elle pas simplement la condition de possibilité de notre liberté ? C'est ce que souligne Rousseau, en établissant que les lois ne sont jamais que le moyen de nous rendre libres. S'il perd la liberté naturelle de subvenir à ses besoins, en vertu des forces dont il dispose, le citoyen gagne, par l'association politique, la liberté sociale, définie comme jouissance de droits garantis par la loi qu'il s'est donnée à lui-même.

• Par conséquent, ce que je dois à l'État, ce sont les droits qu'à travers lui je me donne, et qu'il me garantit : je suis membre de cet État qui n'est rien, sans moi. Autrement dit, si je peux être redevable à l'État, c'est dans la mesure où il me protège du jeu des intérêts particuliers, en n'étant pas seulement une structure d'autorité, mais également un ensemble d'institutions (administratives, scolaires, juridiques, etc.) qui harmonisent les rapports entre les individus et concourent à la justice sociale.

[Transition] Mais finalement, pouvons-nous seulement définir notre rapport à l'État en termes de dette et d'obligation ? Qu'implique cette définition ?

3. Nous ne sommes pas les débiteurs de l'État

> ▶ **Le conseil de méthode**
> Le sujet semble présupposer que nous devons quelque chose à l'État : il s'agit du point de départ de la réflexion, mais cela ne vous empêche pas de le remettre en cause dans une dernière partie.

A. C'est l'État qui se représente à nous comme notre créancier

• La question « que devons-nous à l'État ? » peut finalement être entendue comme une question rhétorique, par laquelle se trouve remise en cause la représentation selon laquelle nous serions les débiteurs de l'État.

• Dans *L'Idéologie allemande*, Marx définit ainsi l'État comme une communauté fictive dont le pouvoir d'abstraction compense le défaut réel de communauté dans les relations entre les individus. L'État, dit-il, n'est que cette forme de pouvoir qui s'efforce de maintenir en nous un sens du devoir. Pour cela, il

S'ENTRAÎNER

produit sans cesse de nouvelles abstractions, destinées à permettre à chacun d'éprouver son appartenance à cette communauté fictive. La patrie, par exemple, est l'une de ces entités fictives qui nous maintient dans l'idée selon laquelle nous serions débiteurs de l'État, comme les fils le sont de leurs pères – du latin *pater*, le père, la patrie signifie : le pays de nos pères. Par la construction de cette abstraction, dit Marx, par les sentiments qu'elle est destinée à produire en nous, l'État peut continuer à poser notre rapport à lui en termes de dette plutôt que d'obligation.

B. L'État n'est qu'une limite à ma liberté

On peut ainsi se demander en quoi nous serions redevables à l'État de notre liberté. C'est la question que pose Bakounine, en affirmant dans *Dieu et l'État* que « la liberté d'autrui, loin d'être une limite ou la négation de ma liberté, en est au contraire la condition nécessaire et la confirmation ». Ce que remet en cause Bakounine, comme le faisait Marx, c'est la définition de la liberté par la loi. En somme, je ne dois rien d'autre à l'État qu'une aliénation de ma liberté, celle-ci étant immédiatement sociale, et non produite par l'État, comme celui-ci le prétend. Mais comment, alors, penser que l'État puisse être mis un jour au service de l'intérêt commun ?

L'AUTEUR
Mikhaïl Bakounine (1814-1876).
Philosophe et théoricien de l'anarchisme, Bakounine centre sa réflexion sur la liberté, pensée comme une réalité immédiatement sociale que nous confisquent différentes autorités nous appelant à en faire une réalité individuelle.

Conclusion

En définitive, on peut se demander si notre rapport à l'État se pose en termes de dette et d'obligation. Cette représentation d'un citoyen débiteur n'est-elle pas produite par l'État dans le seul but de lui permettre de maintenir son emprise sur nous ? Si nous sommes l'État, lui devons-nous seulement quelque chose ?

Spinoza, *Traité théologico-politique*

EXPLICATION DE TEXTE

4 heures
20 points

INTÉRÊT DU SUJET • En démocratie, chaque citoyen est un homme politique : le peuple exerce la souveraineté. Sommes-nous alors capables d'exercer cette souveraineté, ou bien faut-il s'en remettre à des experts, des professionnels éclairés qui sauraient ce que nous ne savons pas ?

Expliquez le texte suivant :

Dans un État démocratique, des ordres absurdes ne sont guère à craindre, car il est presque impossible que la majorité d'une grande assemblée se mette d'accord sur une seule et même absurdité. Cela est peu à craindre, également, à raison du fondement et de la fin de la démocratie, qui n'est autre que de soustraire les hommes à la domination absurde de l'appétit[1] et à les maintenir, autant qu'il est possible, dans les limites de la raison, pour qu'ils vivent dans la concorde et dans la paix. Ôté ce fondement, tout l'édifice s'écroule aisément. Au seul souverain, donc, il appartient d'y pourvoir ; aux sujets, il appartient d'exécuter ses commandements et de ne reconnaître comme droit que ce que le souverain déclare être le droit.

Peut-être pensera-t-on que, par ce principe, nous faisons des sujets des esclaves ; on pense en effet que l'esclave est celui qui agit par commandement et l'homme libre celui qui agit selon son caprice. Cela cependant n'est pas absolument vrai ; car en réalité, celui qui est captif de son plaisir, incapable de voir et de faire ce qui lui est utile, est le plus grand des esclaves, et seul est libre celui qui vit, de toute son âme, sous la seule conduite de la raison.

Baruch Spinoza, *Traité théologico-politique*, 1670.

1. Appétit : ce qui nous porte à désirer quelque chose.

La connaissance de la doctrine de l'auteur n'est pas requise. Il faut et il suffit que l'explication rende compte, par la compréhension précise du texte, du problème dont il est question.

LES CLÉS DU SUJET

Repérer le thème et la thèse

• Dans ce texte, Spinoza répond à une objection commune adressée à la démocratie : la démocratie (du grec *demos*, le peuple, et *kratos*, le pouvoir) attribue la souveraineté au peuple, mais celui-ci est-il capable de se gouverner lui-même ?

• Il démontre ici que la démocratie rend le peuple capable de dépasser le jeu de ses intérêts individuels, et en cela le libère.

Dégager la problématique

Problématique

- Donner le pouvoir au peuple, n'est-ce pas le confier à un ensemble d'individus mus par la passion et, par là, aveugles à toute forme d'intérêt commun ?
- Mais la démocratie ne porte-t-elle pas en son cœur la possibilité de se prémunir de l'ignorance et des désirs aveugles ?

Repérer les étapes de l'argumentation

1. L'État démocratique veut la paix et limite les passions (l. 1 à l. 11)	Spinoza répond à l'objection selon laquelle la démocratie serait minée par l'ignorance et les passions des individus : il expose en quoi la démocratie apparaît précisément comme un rempart aux conduites capricieuses des individus.
2. L'État démocratique rend libre (l. 12 à l. 18)	• Spinoza répond ensuite à une objection qui pourrait être opposée à son raisonnement : si le peuple, en démocratie, doit obéissance aux lois, alors, n'est-il pas esclave ? • En réalité, le citoyen n'est libre que par les lois, qui expriment la raison.

13 CORRIGÉ GUIDÉ

Les titres en couleurs servent à guider la lecture et ne doivent en aucun cas figurer sur la copie.

Introduction

[Question abordée] La démocratie est-elle un bon régime politique ? Ne faut-il pas craindre que le peuple ne sache pas se gouverner ? [Problématique] C'est précisément cette question qu'aborde Spinoza dans ce texte, affrontant ainsi une objection commune adressée à la démocratie. Si la démocratie (du grec *demos*, le peuple, et *kratos*, le pouvoir) se définit comme le régime politique qui attribue la souveraineté au peuple, elle repose donc sur l'idée selon laquelle tout membre de ce peuple aurait la capacité d'être citoyen. Or, le peuple n'est-il pas formé d'un ensemble d'individus aux intérêts divergents, mus par la passion, fondamentalement ignorants, irrationnels, et par là aveugles à toute forme de justice ou d'intérêt commun ? [Thèse] À cette méfiance traditionnelle à l'égard du peuple, Spinoza oppose la thèse suivante : la démocratie est un bon régime politique en ce qu'elle permet de dépasser l'irrationalité et le caractère passionnel des individus, dont l'obéissance aux lois et à la raison conditionne la liberté. [Annonce du plan] Spinoza examine d'abord l'objection selon laquelle la démocratie serait minée par l'ignorance et les passions des individus : il expose en quoi la démocratie apparaît précisément comme un rempart aux conduites capricieuses des individus. Puis il répond à une objection qui pourrait être opposée à son raisonnement : mais alors si le peuple, en démocratie, doit obéissance aux lois, n'est-il pas esclave ? En réalité, selon Spinoza, le citoyen n'est libre que par les lois, qui expriment la raison.

> **À NOTER**
> C'est là l'objection adressée par Platon à la démocratie : le peuple serait incapable de se gouverner, car il est en proie à l'illusion et à l'ignorance. D'où sa défense d'un régime aristocratique où le philosophe, figure du savoir et de la raison, règne.

1. L'État démocratique veut la paix et limite les passions

A. L'irrationalité du peuple n'est pas à craindre

• Dans une première partie, Spinoza entend répondre à l'objection commune faite à la démocratie, objection selon laquelle donner la souveraineté au peuple serait méconnaître l'irrationalité des individus : de ces individus irrationnels et passionnels ne pourraient émaner que des « ordres absurdes ».

• À cela, Spinoza répond en deux temps. Son premier argument repose sur le nombre : de la « majorité d'une grande assemblée », dit-il, ne peut sortir « une seule et même absurdité ». Autrement dit, l'argument est logique : s'il est possible que d'un individu sorte une décision absurde, il est moins probable qu'un grand nombre d'individus prenne une décision absurde ou contraire à leurs intérêts. En démocratie, la décision étant prise à la majorité, il est peu probable que la majorité des citoyens se prononce en faveur d'une décision irrationnelle. Ce qui préserve d'abord les lois démocratiques du caprice ou de l'irrationalité individuelle, c'est donc que ces lois sont adoptées à la majorité : en somme, il faudrait supposer une raison commune, une sorte de bon sens qui serait majoritaire, soit une rationalité collective.

> **À NOTER**
> Cette idée d'une **rationalité collective,** résultant de l'addition des rationalités individuelles, est déjà ce qui fonde la défense de la démocratie chez Aristote, supposant qu'en chacun existe la même faculté à raisonner.

• Le second argument repose sur une définition précise de la démocratie : son « fondement » et sa « fin », c'est-à-dire ce pour quoi elle est faite, ce qui explique son existence et ce qu'elle vise, c'est la « paix ». Or, dire que la démocratie est faite pour établir la paix, c'est dire que sa raison d'être et sa fin sont justement d'imposer les « limites de la raison » à la « domination absurde de l'appétit » qui, lui, nous pousse au conflit.

• En d'autres termes, la démocratie, loin de permettre aux individus d'exprimer leur irrationalité à travers les lois, est faite pour contenir ces désirs qui, nés de leur caractère passionnel, conduisent les individus à s'affronter.

B. Le souverain garantit la paix, le peuple obéit aux lois

• De là, Spinoza tire une conclusion portant sur les devoirs du « souverain » et ceux des « sujets ». Si le souverain est garant de cette paix qui ne s'obtient que par le combat de la raison contre les caprices individuels, les sujets d'une démocratie, eux, doivent obéissance aux lois. Il leur revient, dit-il, « de ne reconnaître comme droit que ce que le souverain déclare être le droit ».

> **À NOTER**
> Par **souverain,** Spinoza entend celui qui incarne la souveraineté du peuple et par **sujets** il entend les citoyens.

• Spinoza évoque ici le contrat social par lequel s'établissent des devoirs réciproques : en échange de la garantie qu'ils vivront en paix, les citoyens s'engagent à obéir aux lois. Le souverain – l'individu ou la collectivité – qui incarne la souveraineté du peuple, n'est donc pas la figure autoritaire qui exerce son pouvoir de façon verticale sur des sujets, mais celle qui les représente et est liée à eux par un contrat.

[Transition] Mais si le devoir des citoyens est d'obéir aux lois édictées par le souverain, ne lui sont-ils pas soumis ?

2. L'État démocratique rend libre

A. Formulation de l'objection : le peuple est-il alors esclave ?

• Dans un deuxième temps, Spinoza formule une objection que l'on pourrait lui opposer à ce point de son raisonnement : dire que le devoir des sujets d'une démocratie consiste en une obéissance à la loi, n'est-ce pas dire que la démocratie reproduit ce dont elle entendait s'émanciper, à savoir de la relation de pouvoir verticale ? L'obéissance aux lois n'est-elle pas soumission ? En réalité, d'après Spinoza, cette objection repose sur une erreur quant à la définition de l'« esclave » et de l'« homme libre ». À l'esclave, défini comme « celui qui agit par commandement », on tend communément à opposer un homme libre, défini comme « celui qui agit selon son caprice ». Être libre signifierait disposer du pouvoir d'agir sans entraves, et toute règle, tout principe apparaîtrait comme une limite à cette liberté.

• Cette définition commune de la liberté, selon laquelle être libre c'est faire ce qui me plaît, s'accorde mal en effet avec l'obéissance à la loi, présentée comme premier devoir du sujet démocratique. Mais alors, la démocratie ne fait-elle de nous que des hommes entravés par les lois ?

B. Il n'y a de liberté que par la loi issue de la raison

• L'erreur, d'après Spinoza, tient précisément à cette définition spontanée de la liberté, qu'il examine alors. En réalité, celui qui fait ce qui lui plaît est « captif de son plaisir, incapable de voir et de faire ce qui lui est utile ». Si être libre, c'est faire ce que je veux, la question est la suivante : qu'est-ce que je veux ? Je ne veux que suivre mes désirs et m'y soumettre aveuglément. En ce sens, l'homme qui suit ses désirs est « le plus grand des esclaves ». Il est donc moins libre encore que l'esclave soumis par un maître, puisqu'on pourrait dire que celui qui se laisse guider par ses caprices consent à son esclavage : il veut obéir à ses désirs. À cet homme qui se laisse gouverner par ses caprices s'oppose l'homme libre, défini par Spinoza comme « celui qui vit, de toute son âme, sous la conduite de la raison ».

• Ainsi, à l'homme esclave défini par ce principe d'action individuel et instable qu'est le caprice s'oppose l'homme libre, dont le principe d'action, stable, partagé avec les autres hommes, est cette raison l'arrachant à ses conduites irrationnelles et capricieuses.

S'ENTRAÎNER

Conclusion

> **▶ Le conseil de méthode**
> La conclusion doit rappeler le problème abordé dans le texte, les principaux éléments de la thèse, et surtout faire apparaître l'enjeu du texte. L'enjeu, ici, est de savoir quel type de régime politique est le mieux adapté à ce que sont les hommes.

En définitive, Spinoza s'attache dans ce texte à déconstruire le fondement de la critique de la démocratie, selon laquelle celle-ci serait le règne des décisions absurdes. Si cette critique légitime la structure verticale du pouvoir par l'ignorance et la versatilité de l'individu, Spinoza démontre ici que la démocratie offre de ce point de vue une garantie imparable : si les lois résultent de la majorité des voix et que la démocratie n'a d'autre raison d'être que de viser la paix en contenant les caprices individuels, c'est elle seule qui protège et libère les individus de leurs comportements passionnels et de ces désirs changeants qui les opposent et leur nuisent. L'homme démocratique, qui obéit à la loi issue de la raison, est ainsi le véritable homme libre, en ce qu'il vit à hauteur de ses potentialités humaines.

5 AUTRES SUJETS POUR S'ENTRAÎNER

- La fonction de l'État est-elle de nous protéger ?
- L'autorité de l'État s'oppose-t-elle à la liberté des individus ?
- Explication d'un extrait du *Contrat social*, de Rousseau
- Explication d'un extrait de *L'État et la société civile*, de Durkheim
- Explication d'un extrait du *Léviathan*, de Hobbes

▶ Retrouvez les corrigés sur annabac.com

Suis-je l'esclave de mon inconscient ?

DISSERTATION

4 heures
20 points

INTÉRÊT DU SUJET • Le marketing sensoriel consiste à utiliser des stimuli sensoriels pour influencer notre comportement. Une musique rapide, par exemple, nous pousserait à acheter davantage. Si une partie cachée de nous dirige nos vies, ne sommes-nous pas esclaves de notre inconscient ?

LES CLÉS DU SUJET

Définir les termes du sujet

Inconscient

Composé du suffixe *in-* (« privé de ») et du mot « conscience » (« accompagné d'un savoir »), ce terme désigne une activité cachée de l'esprit, qui se passe en nous, mais sans que nous le sachions.

Esclave

Dans son sens premier, l'esclave désigne dans l'Antiquité un homme qui a un statut inférieur à celui du maître et qui ne peut ni s'exprimer ni agir librement, parce qu'il est sous le joug d'un autre.

Dégager la problématique

Ce sujet revêt des enjeux éthiques et judiciaires, dans la mesure où il questionne la liberté humaine, et donc la responsabilité.

Problématique

- Il s'agit de s'interroger sur le statut de la conscience. Est-elle au cœur de notre être ou existe-t-il une partie de nous qui nous échappe, mais qui nous détermine à notre insu ?
- Si l'homme n'est pas libre mais qu'il est esclave de son inconscient, il ne peut alors pas être considéré comme pleinement responsable de ses actes.

Construire un plan

1. Mon inconscient dirige mes actes à mon insu	• Renseignez-vous sur la conception de l'inconscient chez Leibniz et trouvez un exemple capable de l'illustrer. • Réfléchissez au statut de l'esclave dans l'Antiquité. Que ne peut-il pas faire ? • À partir de là, demandez-vous dans quelle mesure l'inconscient réduit l'homme au statut d'esclave.
2. Je peux m'affranchir de mon inconscient	• Faites des recherches sur la théorie freudienne de l'inconscient et citez un exemple capable de l'illustrer. • Demandez-vous dans quelle mesure le fait de prendre conscience de votre inconscient peut vous libérer de sa tutelle.
3. Mon inconscient me permet de fuir l'angoisse de la liberté	• Interrogez-vous sur les problèmes posés par la conception freudienne. • Trouvez des cas dans lesquels la conscience humaine peut être tentée de se croire l'esclave d'un inconscient.

14 CORRIGÉ GUIDÉ

Les titres en couleurs servent à guider la lecture et ne doivent en aucun cas figurer sur la copie.

Introduction

[Accroche] Les personnes victimes d'un traumatisme ressentent souvent un malaise lorsqu'elles sont placées dans une situation qui leur rappelle l'événement en question. C'est ce qu'on appelle le stress post-traumatique. Dans la mesure où la conscience ne parvient pas à contrôler ce phénomène, nous pouvons y voir l'expression d'une partie de nous qui nous échappe : notre inconscient. [Reformulation du sujet] Est-il possible que nous ne soyons pas maîtres de nos pensées et de nos actions, mais que celles-ci soient contrôlées par notre inconscient ? [Problématique] Si l'inconscient désigne une activité cachée de l'esprit humain, cela signifie qu'une partie de nous échappe à notre connaissance et à notre contrôle. Nous pouvons donc penser que nous sommes esclaves de notre inconscient. Mais si nous définissons l'inconscient comme une entité psychique distincte de la conscience, n'est-il pas possible de décrypter son fonctionnement propre et de nous affranchir de sa tutelle ? [Annonce du plan] Il s'agira d'abord de montrer que l'inconscient fait de nous des esclaves, car il contrôle nos pensées et nos actes.

Nous expliquerons ensuite qu'il est néanmoins possible de nous affranchir de la domination de l'inconscient, dès lors que nous pouvons comprendre son mode de fonctionnement pour nous en rendre maîtres. Nous finirons par nous demander si ce n'est pas la conscience elle-même qui feint d'être esclave de l'inconscient pour fuir sa liberté.

1. Mon inconscient dirige mes actes à mon insu

> **▶ Le secret de fabrication**
> Il s'agit de montrer que l'inconscient, conçu comme un ensemble de perceptions impossibles à distinguer, met en cause la liberté du sujet : en contrôlant ses actes, il le réduit au statut d'esclave.

S'ENTRAÎNER

A. Mon inconscient est formé d'une multitude de perceptions

• On peut concevoir l'inconscient comme un ensemble de perceptions infraconscientes, c'est-à-dire que l'on ne perçoit pas, car elles ne franchissent pas le seuil de la conscience. C'est ainsi que Leibniz le définit dans les *Nouveaux essais sur l'entendement humain*. Il explique que nos perceptions conscientes sont formées d'une infinité de perceptions qui sont trop petites, unies et nombreuses pour que nous puissions les distinguer. Nous n'en prenons dès lors conscience que quand elles s'additionnent les unes aux autres pour former une perception globale consciente.

• Leibniz illustre son propos par l'exemple du bruit de la mer : il se compose d'une multitude de perceptions, comme le bruit de gouttes d'eau ou de grains de sable qui s'entrechoquent, lesquelles, additionnées les unes aux autres, forment un bruit que nous percevons bien. Ces informations, captées par l'inconscient, peuvent diriger nos actes sans que nous nous en apercevions.

B. Mon inconscient influence mes décisions à mon insu

Ces perceptions inconscientes remettent en cause la liberté conçue comme libre-arbitre ou comme capacité à être la cause consciente de ses actes. Par exemple, Leibniz affirme que lorsque nous nous croyons libres de tourner à gauche ou à droite, cela relève de l'illusion, puisqu'en réalité des petites perceptions dont nous n'avons pas conscience nous incitent à choisir une direction plutôt qu'une autre, sans même que nous nous en apercevions. Dans cette perspective, je suis bien l'esclave de mon inconscient, car ce dernier dirige mes actes à mon insu.

[Transition] Cependant, cette définition de l'inconscient peut sembler réductrice. En effet, l'inconscient n'est pas seulement ce qui n'est pas perçu, il peut être aussi une entité distincte de la conscience, ayant un mode de fonctionnement propre, qu'il est possible de connaître. Dès lors, si je suis bien l'esclave de mon inconscient, ne puis-je pas m'en affranchir en prenant conscience de l'action qu'il exerce sur moi ?

2. Je peux m'affranchir de mon inconscient

▶ Le secret de fabrication

Il s'agit de montrer que l'inconscient – redéfini comme une entité distincte de la conscience ayant son propre mode de fonctionnement – n'est pas incompatible avec la liberté. En effet, il rend possible une forme de liberté, conçue comme un processus de libération, une prise de conscience des causes qui nous font agir en vue de moins les subir.

A. Certes, mon inconscient dirige mes pensées et mes actes

- Freud envisage l'inconscient comme une entité psychique distincte de la conscience. À côté de la partie consciente du sujet, qu'il appelle le « moi », il existe deux instances inconscientes : le « ça » correspond à l'ensemble des pulsions cherchant à être satisfaites. Celles-ci sont filtrées par le « surmoi », que Freud définit comme l'intériorisation par le sujet des interdits sociaux. C'est une instance de contrôle qui empêche les pulsions du ça non conformes aux normes sociales de pénétrer dans la conscience. Ainsi, « le moi n'est pas maître dans sa propre maison ».

- Cet inconscient dicte nos conduites. En effet, les pulsions censurées, que Freud nomme « les désirs refoulés », cherchent à s'exprimer de manière détournée, non seulement à travers les rêves, mais également par le biais de lapsus ou d'actes manqués. À travers ces manifestations, le ça contourne la censure du surmoi : il fait passer pour une chose acceptable – une simple erreur – un désir qui ne l'est pas. Ainsi, c'est bien mon inconscient qui s'exprime malgré moi. Freud développe ici une conception déterministe, selon laquelle nos actes conscients sont le résultat de processus inconscients.

DÉFINITION

Un acte manqué est un acte qui a manqué son objectif conscient. Par exemple, le fait de se tromper d'adresse peut être un acte manqué, dès lors que le sujet n'avait pas l'intention consciente de le faire.

B. Mais l'inconscient ne supprime pas totalement ma liberté

Même si certains de ses choix sont influencés par son inconscient, l'homme reste capable de faire des choix conscients, d'effectuer des délibérations, de trancher entre plusieurs actions, contrairement à l'esclave qui est dans une attitude de pure soumission. Par exemple, il est possible que l'inconscient influence la vie sentimentale d'une personne, sans pour autant influer sur ses choix politiques.

C. Je peux m'affranchir de la tutelle de l'inconscient

• En prenant conscience de nos pulsions inconscientes lors de la cure psychanalytique, nous pouvons devenir davantage maîtres de nous-mêmes.

• En effet, nous pouvons choisir, consciemment, d'assouvir ou de rejeter ces pulsions inconscientes : nous cessons donc d'en être les esclaves, puisque nous pouvons les soumettre à notre volonté.

DÉFINITION
La **psychanalyse** est une thérapie inventée par Freud, qui vise à aider le patient à découvrir ses désirs refoulés à l'origine de maladies psychiques. Les troubles cessent, du moins pour un temps, une fois la pulsion devenue consciente.

[Transition] Toutefois, cette conception pose un problème en termes de responsabilité : n'est-il pas impossible de juger une personne dès lors qu'elle n'est pas initialement libre ? Ne faut-il pas suspecter l'hypothèse de l'inconscient d'être une excuse que nous nous donnons pour fuir notre liberté ?

3. L'inconscient me permet de fuir l'angoisse de la liberté

▶ **Le secret de fabrication**

Il s'agit de mettre en doute l'existence de déterminismes inconscients pour montrer que c'est plutôt la conscience elle-même qui tente de nier sa propre liberté en se croyant esclave d'un inconscient.

A. Croire que je suis l'esclave de mon inconscient me rassure

• L'homme est doté d'une conscience libre, qui lui offre la possibilité de faire des choix : je suis donc le maître de ma vie, dont je suis totalement responsable. Tel est le fondement de l'existentialisme de Sartre.

• Or cette responsabilité est angoissante, puisque l'homme n'a alors plus d'excuse pour justifier ses échecs. C'est pourquoi il invente des stratagèmes pour se cacher sa liberté, comme l'existence d'un déterminisme inconscient. Dès lors, je ne suis pas l'esclave de mon inconscient mais j'aime le croire, car cela apaise mon angoisse devant ma liberté. Sartre appelle mauvaise foi ce mensonge fait à soi-même.

DÉFINITION
L'existentialisme est une conception philosophique qui nie l'existence d'une nature ou d'une essence humaine. Elle affirme que l'homme a une conscience libre et qu'il se définit lui-même en agissant.

B. Si je suis esclave, ce ne peut être que de moi-même

Pour Sartre, l'inconscient freudien est un leurre. Ce qui est inconscient chez l'homme n'est pas le produit d'une instance soumettant sa conscience, c'est bien plutôt ce que sa conscience a décidé de mettre de côté. Ce que nous choisissons d'oublier et de connaître est conscient.

Pour illustrer la mauvaise foi, Sartre prend l'exemple d'un homme qui n'a pas trouvé l'amour. Cet homme fait preuve de mauvaise foi s'il accuse les circonstances ou les autres de son échec. En réalité, lui seul est responsable : il ne tenait qu'à lui de se donner les moyens de trouver l'amour.

Conclusion

Si nous ne sommes pas les esclaves de notre inconscient, c'est moins parce que nous avons la capacité de nous en affranchir en le connaissant, que parce que nous nous rendons nous-mêmes esclaves de croyances fictives qui nous rassurent. La difficulté de réagir face au réchauffement climatique est sans doute l'exemple le plus actuel d'une stratégie d'évitement, par laquelle l'homme tente de se protéger d'une réalité qui l'effraie.

Schopenhauer, *Le Monde comme volonté et comme représentation*

EXPLICATION DE TEXTE

4 heures
20 points

INTÉRÊT DU SUJET • Attendre avec impatience une fête de famille et se réjouir soudain de ne pas pouvoir s'y rendre : cette joie inavouable est le signe de la satisfaction d'un désir dont on n'était pas conscient jusqu'à présent. Est-ce à dire que notre conscience ne saisit qu'une partie de nos volontés ?

Expliquez le texte suivant :

Souvent nous ne savons pas ce que nous souhaitons ou ce que nous craignons. Nous pouvons caresser un souhait pendant des années entières, sans nous l'avouer, sans même en prendre clairement conscience ; c'est que l'intellect n'en doit rien savoir, c'est qu'une révélation nous semble dangereuse pour notre amour-propre, pour la bonne opinion que nous tenons à avoir de nous-mêmes ; mais quand ce souhait vient à se réaliser, notre propre joie nous apprend, non sans nous causer une certaine confusion, que nous appelions cet événement de tous nos vœux ; tel est le cas de la mort d'un proche parent dont nous héritons.

Et quant à ce que nous craignons, nous ne le savons souvent pas, parce que nous n'avons pas le courage d'en prendre clairement conscience. Souvent même nous nous trompons entièrement sur le motif véritable de notre action ou de notre abstention, jusqu'à ce qu'un hasard nous dévoile le mystère. Nous apprenons alors que nous nous étions mépris sur le motif véritable, que nous n'osions pas nous l'avouer, parce qu'il ne répondait nullement à la bonne opinion que nous avons de nous-mêmes. Ainsi, nous nous abstenons d'une certaine action, pour des raisons purement morales à notre avis ; mais après coup nous apprenons que la peur seule nous retenait, puisque, une fois tout danger disparu, nous commettons cette action.

Arthur Schopenhauer, *Le Monde comme volonté et comme représentation*, 1818.

LES CLÉS DU SUJET

Repérer le thème et la thèse

• Schopenhauer examine dans ce texte le rapport entre la conscience et la volonté.

• Il démontre que notre volonté n'est pas au service d'une conscience toute-puissante qui lui donnerait des ordres : souvent, nous éprouvons des désirs et des craintes qui échappent à notre conscience ou ne lui parviennent qu'après coup.

Dégager la problématique

Problématique

- Nous avons tendance à croire que, quand nous désirons une chose ou quand nous la fuyons, nous sommes d'abord conscient de la chose, puis nous mettons en œuvre notre volonté pour l'obtenir ou la fuir. Mais connaissons-nous toujours les motifs de nos actions ?
- Et s'il arrive que nous ne prenions conscience de certains désirs qu'une fois qu'ils sont satisfaits, n'est-ce pas la preuve que notre conscience est subordonnée à notre volonté, et que nous ne connaissons ni nos désirs ni nos craintes ?

Repérer les étapes de l'argumentation

1. Nous ne savons pas ce que nous désirons (l. 1 à l. 9)

• Schopenhauer met en évidence la présence en nous de désirs inconscients et se demande pour quelles raisons ils n'accèdent pas à la conscience.

• Il développe une explication appuyée sur un exemple : ce qui nous empêche de reconnaître en nous ces désirs contraires à la morale, c'est notre amour-propre.

2. Nous ne savons pas ce que nous craignons (l. 10 à l. 20)

• De la même façon, certaines peurs inconscientes nous poussent à agir ou nous en empêchent sans que nous le sachions.

• Notre amour-propre nous aveugle. Il apparaît ainsi que notre volonté n'est pas au service de notre conscience.

15 CORRIGÉ GUIDÉ

Les titres en couleurs et les indications entre crochets servent à guider la lecture mais ne doivent pas figurer sur la copie.

Introduction

[Question abordée] Notre volonté est-elle au service de notre conscience ? *A priori*, on pourrait se représenter notre volonté comme la simple exécutante d'une conscience clairvoyante qui lui prescrit ce qu'il lui faut fuir ou poursuivre. [Thèse] C'est précisément cette subordination de la volonté à la conscience que récuse Schopenhauer dans ce texte. Il y a en nous, dit-il, des désirs inconscients et des peurs qui nous poussent à agir sans que nous le sachions : nous ne sommes donc pas identifiables à notre conscience. [Annonce du plan] Pour démontrer cela, Schopenhauer met d'abord en évidence la présence en nous de désirs inconscients et se demande pour quelles raisons ils n'accèdent pas à la conscience. Dans un second temps, il souligne l'existence en nous de peurs inconscientes qui nous retiennent d'agir sans que nous soyons capables de les reconnaître. Il apparaît alors que loin d'être au service de notre conscience, notre volonté peut la mystifier en lui cachant nos motifs d'action.

1. Nous ne savons pas ce que nous désirons

A. Le désir et la peur sont deux actes de notre volonté

• Dans un premier temps, Schopenhauer énonce une observation qui sera le point de départ de sa démonstration : « Souvent, dit-il, nous ne savons pas ce que nous souhaitons ou ce que nous craignons ». Cette observation peut sembler étonnante : que serait un désir que nous n'éprouverions pas comme tel ? Que serait une peur dont nous n'aurions pas conscience ?

• Le désir comme la peur sont des actes de notre volonté. Le désir nous porte vers certains objets, la peur nous pousse à en fuir d'autres, mais il nous semble bien en avoir conscience. Nous avons ainsi tendance à croire que quand nous désirons, nous avons conscience de ce désir, et que cette conscience va mettre en branle notre volonté dans le but de le satisfaire.

> **À NOTER**
> Schopenhauer se réfère à Augustin qui, dans *La Cité de Dieu*, définit le **désir** et la joie comme « la volonté en accord avec ce que nous voulons », et la **crainte** et la tristesse comme « la volonté en désaccord avec ce que nous ne voulons pas ».

B. Notre amour-propre nous empêche de prendre conscience de certains désirs

• Schopenhauer entreprend d'éclairer la première partie de cette observation : il nous est possible, dit-il, de vouloir une chose sans le savoir, c'est-à-dire sans que notre « intellect » – notre pouvoir de connaître – accède à ce désir.

> **À NOTER**
> Ce processus inconscient par lequel des désirs sont empêchés d'accéder à la conscience sera conceptualisé par Freud sous le nom de « refoulement ».

• Mais pour quelles raisons certains désirs échapperaient-ils à notre conscience ? Il propose alors une explication : si ces désirs nous échappent, c'est parce que notre conscience morale, ce juge intérieur qui blâme ou approuve nos conduites, nous empêche de les reconnaître en nous. Ces désirs apparaissent en effet contraires à « notre amour-propre », à « la bonne opinion que nous tenons à avoir de nous-mêmes », et c'est pour cette raison que nous refusons d'en prendre conscience. Notre intellect peut leur « refuser » l'accès à la conscience parce que nous nous jugerions immoraux.

C. Nous ne prenons conscience de ces désirs que par notre joie de les voir satisfaits

• Mais comment prouver l'existence en nous de ces désirs honteux inconsciemment refoulés ? S'ils ne nous sont pas conscients, si nous ne savons rien d'eux, existent-ils seulement ? Schopenhauer explique alors que nous éprouvons l'existence de tels désirs au moment où ceux-ci se réalisent : « notre propre joie nous apprend, non sans nous causer une certaine confusion, que nous appelions cet événement de tous nos vœux ». La preuve de l'existence de ces désirs serait ainsi le sentiment incontestable, la « joie », qui correspond à la satisfaction d'un de ces désirs.

• Par cette joie qui surprend notre intellect, nous réalisons *a posteriori* que nous désirions ce qui est advenu. Arthur Schopenhauer s'appuie sur un exemple : s'il nous semble choquant de désirer la mort d'un proche parent pour hériter de lui, il apparaît à la mort de ce proche que ce désir de mort était présent en nous. Comment expliquer, sans cela, la joie que nous éprouvons en recevant l'héritage ? Ainsi, c'est *a posteriori*, et par surprise, par ce signe de satisfaction qu'est la joie, que nous prenons conscience de certains désirs inavouables : nous faisons alors l'expérience troublante de l'indépendance de notre volonté à l'égard de notre conscience.

[Transition] Cette volonté qui nous pousse inconsciemment vers certains objets nous fait également reculer devant d'autres : de la même façon que nous ignorons certains désirs qui nous travaillent, nous ignorons, dit

Schopenhauer, que certaines craintes peuvent parfois être les vrais motifs de nos actions.

2. Nous ne savons pas ce que nous craignons

A. Nous croyons connaître les motifs de nos actions

• Schopenhauer examine alors un autre acte de notre volonté, à savoir la crainte, par laquelle nous manifestons un désaccord avec une chose que nous refusons : « Souvent… nous ne savons pas ce que nous craignons ». L'affirmation, là encore, peut surprendre : comment pourrions-nous craindre une chose sans le savoir ? Comment prouver l'existence en nous de ces peurs dont nous-mêmes ne savons rien, et comment établir qu'elles sont le motif inconscient de certaines de nos actions ?

• En réalité, de la même façon que notre désir inconscient ne pouvait nous apparaître qu'*a posteriori*, seul un « hasard », dit Schopenhauer, peut nous dévoiler le « mystère » de ces peurs inconscientes, en nous montrant que nous nous trompions sur « le motif véritable de notre action ». Notre lâcheté, dit-il, nous poussait à inventer d'autres motifs à notre action, afin de masquer cette peur. Mais pour quelles raisons ne voulons-nous pas prendre conscience de certaines peurs ?

> **▶ Le conseil de méthode**
> Vous devez veiller, dans votre commentaire de texte, à restituer la dynamique du raisonnement de l'auteur : son propos n'est pas une succession d'idées, mais une démonstration, dans laquelle les idées découlent les unes des autres. Vous pouvez donc formuler les questions qui se posent et le poussent à développer son argumentation.

B. L'amour-propre nous empêche de reconnaître que ce motif était la peur

• Là encore, ce serait notre amour-propre qui interdirait à certaines peurs d'affleurer à notre conscience parce qu'elles seraient jugées contraires à « la bonne opinion que nous avons de nous-mêmes ». Schopenhauer s'appuie alors sur un exemple qui éclaire ce « hasard » à l'occasion duquel il nous arrive de prendre conscience de nos peurs honteuses : « Ainsi, dit-il, nous nous abstenons d'une certaine action, pour des raisons purement morales à notre avis ; mais après coup nous apprenons que la peur seule nous retenait, puisque, une fois tout danger disparu, nous commettons cette action ». L'exemple n'est pas sans rappeler le discours de Glaucon qui, dans *La République* de Platon, explique que l'homme juste pense ne pas commettre l'injustice par vertu, jusqu'au moment où, ayant la possibilité de nuire aux autres sans être vu – il trouve par hasard un anneau qui le rend invisible –, il commet

S'ENTRAÎNER

l'injustice, faisant alors apparaître que ce n'était pas la morale, mais la peur qui l'empêchait d'agir.

• Comme la joie faisait apparaître *a posteriori* un désir inconscient, un hasard peut ainsi faire affleurer *a posteriori* à notre conscience une peur inavouable.

Conclusion

En définitive, Schopenhauer récuse dans ce texte la primauté de notre intellect sur notre volonté. Si notre volonté est capable de mystifier notre conscience en lui cachant les motifs de nos actions, alors c'est notre intellect qui lui est subordonné. Par conséquent, ce que nous sommes vraiment, notre essence, ce n'est pas tant notre conscience ou notre intellect que cette volonté dont il dira ailleurs qu'elle est, dans son rapport à la conscience, comme « l'aveugle vigoureux qui porte sur ses épaules le paralytique qui voit clair ».

2 AUTRES SUJETS POUR S'ENTRAÎNER

• L'existence d'un inconscient fait-elle obstacle à la connaissance de soi ?

• L'hypothèse de l'inconscient psychique revient-elle à admettre un autre moi en moi ?

▶ Retrouvez les corrigés sur annabac.com

16 La justice

Nietzsche, *Humain, trop humain*

EXPLICATION DE TEXTE

4 heures
20 points

INTÉRÊT DU SUJET • Si j'ai bien travaillé et que l'on me récompense, peut-on considérer que cela est juste ? Bien sûr, j'ai fait des efforts, mais je les ai faits parce que cela m'était possible. Alors, pourquoi me récompense-t-on pour avoir fait ce que je pouvais faire ?

Expliquez le texte suivant :

Celui qui est puni ne mérite pas la punition : on se sert de lui que comme d'un moyen d'intimidation pour empêcher à l'avenir certains actes ; celui que l'on récompense ne mérite pas davantage sa récompense : il ne pouvait en effet agir autrement qu'il n'a agi. Ainsi la récompense n'a d'autre sens que d'être un encouragement pour lui et pour les autres, elle a donc pour fin de fournir un motif à de futures actions ; on acclame celui qui est en train de courir sur la piste, non pas celui qui est au but. Ni la peine, ni la récompense ne sont choses qui reviennent à l'individu comme lui appartenant en propre ; elles lui sont données pour des raisons d'utilité, sans qu'il ait à y prétendre avec justice. Il faut dire « le sage ne récompense pas parce qu'on a bien agi » de la même manière que l'on a dit « le sage ne punit pas parce qu'on a mal agi, mais pour empêcher que l'on agisse mal ». Si peine et récompense disparaissaient, du même coup disparaîtraient les motifs les plus puissants qui détournent de certaines actions et poussent à certaines autres, l'intérêt de l'humanité en exige la perpétuation.

Friedrich Nietzsche, *Humain, trop humain*, 1878.

La connaissance de la doctrine de l'auteur n'est pas requise. Il faut et il suffit que l'explication rende compte, par la compréhension précise du texte, du problème dont il est question.

LES CLÉS DU SUJET

Repérer le thème et la thèse

• Nietzsche se demande ici ce qui justifie et ce que visent les récompenses et les peines. Ont-elles un quelconque rapport avec la justice ?

• Récompenses et punitions se donnent ordinairement pour des actes de justice : à chacun ce qui lui revient, tel est le principe central de la justice dite rétributive. Or, Nietzsche démontre dans ce texte qu'elles n'ont rien à voir avec la justice et s'ordonnent à une nécessité sociale.

Dégager la problématique

Problématique

- Quel est le but d'une sanction ? On pourrait penser que la sanction est un acte de justice, qui s'applique et s'adresse à l'individu qui la mérite.
- Mais en quoi est-il juste de faire du mal à celui qui a fait le mal ? La punition a-t-elle une utilité individuelle, ou purement sociale ?

Repérer les étapes de l'argumentation

1. Punition et récompense visent des conduites (l. 1 à l. 7)	Nietzsche réfute d'abord l'idée commune selon laquelle récompense et punition sont des actes de justice en ce qu'elles sont méritées par l'individu. En réalité, elles visent à produire des effets sur les actions futures d'un ensemble d'individus.
2. Punition et récompense ont une utilité (l. 8 à l. 16)	Nietzsche en déduit alors que les peines et les récompenses ne sont pas affaire de « justice » mais d'« utilité » : elles ont une motivation exclusivement sociale.

16 CORRIGÉ GUIDÉ

Les titres en couleur servent à guider la lecture et ne doivent en aucun cas figurer sur la copie.

Introduction

[Question abordée] Nietzsche interroge ici le principe de la justice rétributive, selon lequel il est juste de punir celui qui a mal agi et de récompenser celui qui a bien agi. Pourquoi punit-on ou récompense-t-on un individu ? Que visent les punitions et les récompenses, qu'est-ce qui les explique et quel est leur but ? On pourrait penser qu'on punit celui qui a mal agi parce qu'il est responsable de sa mauvaise action. En ce sens, il mérite d'être puni à hauteur de son acte en ce qu'il en est l'auteur : la sanction suppose ainsi qu'il est puni parce qu'il aurait pu agir autrement, et c'est en cela que la punition se donne pour un acte de justice. [Problématique] Mais celui qui a mal agi pouvait-il faire autrement ? Est-il si sûr que nous soyons comptables de nos bonnes ou mauvaises actions ? Et finalement, les peines et les récompenses ne visent-elles pas un autre but ? C'est précisément ce problème que soulève Nietzsche, en démontrant que loin d'être le moyen d'établir la justice, elles sont le moyen de préserver la société. [Annonce du plan] Dans un premier temps (l. 1-7), Nietzsche réfute l'idée commune selon laquelle récompense et punition sont des actes de justice. En réalité, elles visent à produire des effets sur les actions futures d'un ensemble d'individus. Dans un second temps (l. 8 à la fin), Nietzsche en déduit que punitions et récompenses ne sont pas affaire de justice mais de prévention et de conservation.

> **DÉFINITION**
> Selon la théorie de la justice rétributive, il est juste, c'est-à-dire équitable, de répondre à un acte réprouvé par une punition proportionnée, et à un acte valorisé par une récompense.

1. Punition et récompense visent des conduites

A. Je ne mérite ni punition ni récompense

- Dans un premier temps, Nietzsche s'interroge sur le sens de la punition et de la récompense. Qu'est-ce qui fonde l'idée selon laquelle il serait juste de punir celui qui a fait le mal, et de récompenser celui qui a fait le bien ? En réalité, ce qui fonde cette idée, c'est celle d'un « mérite » : au mal que j'ai fait répond en toute logique le mal que l'on me fait. Mais pourquoi mériterait-on une punition pour avoir fait le mal ? Ce qu'indique Nietzsche, c'est que l'idée même du mérite repose sur un présupposé. Si à mon acte doit répondre une punition, c'est que mon acte était voulu, et que je pouvais agir autrement.

S'ENTRAÎNER

• Ainsi, le raisonnement propre à la justice rétributive est le suivant : je suis libre, donc responsable de mes actes, donc susceptible d'être puni. Mais celui qui a agi, bien ou mal, était-il vraiment libre de le faire ? En réalité, « il ne pouvait, dit Nietzsche, agir autrement qu'il n'a agi ».

• Ce qui se trouve remis en cause, c'est précisément le point de départ de ce raisonnement, à savoir l'affirmation d'un libre arbitre, sur lequel reposerait l'idée même de ma responsabilité. Mais si je ne suis pas libre de mes actes, si je suis déterminé à agir, alors en quoi serais-je responsable de ces actes ?

À NOTER
La critique du libre arbitre, cette capacité à faire des choix sans y être déterminé par une chose extérieure à moi-même, est le point de départ de la démonstration.

B. Punir pour décourager des conduites, récompenser pour en encourager d'autres

• Si je ne suis pas responsable de mes actes, si j'en suis irresponsable ou, comme le dirait Nietzsche, innocent, alors les peines et les récompenses ne sont jamais méritées : je ne peux mériter une récompense que si j'ai voulu bien agir, et que j'étais libre de le faire. Mais alors, à quoi servent les punitions et les récompenses, et qui visent-elles, si elles ne s'adressent pas à l'individu ?

• En réalité, elles visent moins l'acte passé d'un individu que les actions futures d'un ensemble d'individus. Les punitions, dit Nietzsche, sont « un moyen d'intimidation pour empêcher à l'avenir certains actes » comme, à l'inverse, les récompenses sont « un encouragement pour lui et pour les autres ». L'effet voulu de la sanction et de la récompense déborde donc l'individu : par elles, on encourage l'individu à faire à nouveau le bien, et on le dissuade de faire à nouveau le mal, mais, à travers cet individu, on s'adresse à tous.

• Les peines et les récompenses sont alors exemplaires : en punissant cet individu, je cherche avant tout à indiquer aux autres ce qu'il ne faut pas faire, et ce qu'ils risquent au cas où ils le feraient. C'est en cela, d'après Nietzsche, que l'on « se sert de lui » : on trouve dans son acte l'occasion de produire un ensemble de conduites, par l'« encouragement » (récompense) ou l'« intimidation » (punition).

• Punition et récompense ont donc « pour fin de fournir un motif à de futures actions » ; elles cherchent à orienter nos conduites plus qu'à sanctionner un acte passé auquel, de toute façon, elles ne peuvent plus rien. Nietzsche fait alors intervenir une image : la preuve que la récompense encourage des conduites futures plus qu'elle ne couronne un acte passé, c'est qu'on « acclame celui qui est en train de courir sur la piste, non pas celui qui est au but ». En d'autres termes, la récompense encourage : or, il ne sert à rien d'encourager le coureur à la fin de sa course, on ne l'encourage que pendant sa course. De la même façon, on ne récompense pas un homme pour son acte passé, mais dans la perspective de ses actes futurs.

> **▶ Le conseil de méthode**
> Les transitions doivent rendre compte de la dynamique du texte. Nietzsche vient d'établir l'absurdité des récompenses et punitions du point de vue de l'individu : reste maintenant à savoir à quoi elles servent, en envisageant leur utilité sociale.

[Transition] Mais alors, si les récompenses et les punitions portent moins sur l'acte passé d'un individu qu'elles n'orientent les conduites d'un ensemble d'individus, peut-on encore dire qu'elles établissent une justice ? Et si punir celui qui a fait le mal n'a aucun sens, alors quel est le sens du système punition/récompense ?

2. Punition et récompense ont une utilité

A. Punition et récompense ne sont pas affaire de justice

- Dans un deuxième temps, Nietzsche se pose la question suivante : si punition et récompense n'ont aucun sens par rapport à l'individu, si elles n'ont de sens que par rapport aux actions futures d'un ensemble d'individus, alors peut-on les penser comme les instruments d'une justice ?
- La justice rétributive, qui entend rétribuer l'individu à hauteur de ses actes, est-elle vraiment une forme de justice ? Est-il juste qu'on me punisse ? Est-il juste qu'on me récompense ? Nietzsche répond d'emblée : punitions et récompenses sont données à l'individu « pour des raisons d'utilité, sans qu'il ait à y prétendre avec justice ». Ce qui est utile, c'est ce qui aide à satisfaire un besoin, et c'est donc la satisfaction d'un besoin que visent les peines et les récompenses. Elles sont donc instrumentales.
- Nietzsche souligne cette dimension instrumentale en précisant le sens de la question : pourquoi me punit-on ? On pourrait penser que cette question signifie « à cause de quoi me punit-on ? », auquel cas la justice rétributive répondrait : parce que tu as mal agi. Mais, comme l'a établi Nietzsche, cette réponse apparaît absurde dans la mesure où nous ne sommes pas responsables de nos actes. Cette question signifie donc : dans quel but me punit-on ? Nietzsche répond : « le sage ne punit pas parce qu'on a mal agi, mais pour empêcher que l'on agisse mal. », comme « le sage ne récompense pas parce qu'on a bien agi », mais pour encourager à bien agir. Ainsi, il n'est pas juste qu'on me punisse, mais cette punition est utile. Cependant, à quoi sont nécessaires les sanctions et les récompenses et à quoi servent-elles ?

B. C'est l'intérêt qui les motive

- Nietzsche a établi l'utilité des récompenses et des punitions en montrant qu'elles visent à produire des conduites, en en encourageant certaines et en dissuadant d'en entreprendre d'autres. Leur utilité est donc sociale : elles sont avant tout l'instrument par lequel se protège et se défend une société.
- Afin de souligner leur caractère nécessaire, Nietzsche se place dans l'hypothèse où peines et récompenses disparaîtraient : « du même coup disparaîtraient les motifs les plus puissants qui détournent de certaines actions, et poussent à certaines autres. » Autrement dit, le désir des récompenses et la crainte des punitions sont les véritables causes de nos actions. Les peines et les récompenses ont d'abord pour but de produire en nous un désir de récompense et une peur de la punition qui détermineront nos conduites ; les supprimer mettrait finalement en danger « l'humanité » elle-même, dans la mesure où ces conduites se trouveraient alors sans orientation, sans motif stable. Aucun système moral, aucun système juridique, ne saurait se passer des récompenses et des sanctions. Ce n'est donc pas une question de justice, mais de conservation et de survie de l'homme.

Conclusion

En définitive, celui qui a bien agi n'avait pas d'autre choix que de bien agir, celui qui a mal agi n'avait pas d'autre choix que de mal agir. Par conséquent, il est absurde de rétribuer leurs actes, par une peine ou une récompense. Du point de vue de leur acte passé et de leur individu, ces rétributions n'ont aucun sens. C'est seulement dans la perspective d'un ensemble de conduites futures que ces rétributions ont une utilité. En d'autres termes, il n'est pas juste qu'un individu soit récompensé d'avoir fait le bien. En revanche, qu'il soit récompensé est de la plus haute utilité, en ce sens que le désir de la récompense – et la crainte de la punition – sont nécessaires à la conservation de l'humanité. Ainsi, la critique de Nietzsche dévoile, sous ce qui se donne pour justice, le pur souci qu'a la société de se conserver.

4 AUTRES SUJETS POUR S'ENTRAÎNER

- Défendre ses droits, est-ce défendre ses intérêts ?
- Peut-on vouloir la justice au mépris du droit ?
- Explication d'un extrait des *Principes de la philosophie du droit*, de Hegel
- Explication d'un extrait de *Propos sur les pouvoirs*, d'Alain

▶ Retrouvez les corrigés sur annabac.com

17 Sujet zéro 2020

Y a-t-il de justes inégalités ?

DISSERTATION

4 heures
20 points

INTÉRÊT DU SUJET • Si les discriminations raciales nous paraissent injustes, il semble en revanche que nous acceptions plus facilement les inégalités sociales. De fait, il y a des riches et des pauvres, des puissants et des faibles. Mais est-ce vraiment juste ?

S'ENTRAÎNER

LES CLÉS DU SUJET

Définir les termes du sujet

Y a-t-il

Il s'agit de s'interroger sur la possibilité même de « justes inégalités » : on se demande donc si la justice est compatible ou non avec certaines inégalités, et si oui avec lesquelles.

Justes

• Ce qui est juste, c'est en un premier sens ce qui est légal, puisque la justice désigne d'abord l'institution garante de l'application des lois.

• Ce qui est juste désigne par ailleurs ce qui est conforme à la norme morale et politique, qui définit ce qui doit être. Cette norme peut être considérée comme une vertu propre à l'homme ou comme ce qui est conforme à l'ordre de la nature.

Inégalités

• L'inégalité désigne l'absence ou la rupture d'égalité. Du latin *aequalis* (de même niveau), l'égalité se distingue de l'identité : deux personnes non identiques, c'est-à-dire différentes, peuvent être reconnues de même niveau d'un certain point de vue.

• On distingue l'égalité mathématique, dont le principe est « à chacun la même chose », de l'égalité proportionnelle, ou équité, qui a pour principe « à chacun ce qui lui revient » selon ses besoins, mérites, etc.

• Le pluriel nous invite à examiner différents types d'inégalités : les inégalités naturelles (de talent, de taille etc.) se distinguent des inégalités sociales, inégalités scolaires, inégalités de droits, par exemple.

Dégager la problématique

Problématique

- Notre sentiment d'injustice naît souvent du constat d'une rupture d'égalité.
- Mais doit-on revendiquer l'égalité comme un principe absolu de justice, ou bien déterminer les conditions auxquelles certaines inégalités pourraient être considérées comme justes ?

Construire un plan

1. Les inégalités naturelles ne sont ni justes ni injustes	• Les inégalités naturelles sont en réalité des différences hiérarchisées socialement. • Mais, si toutes les inégalités sont historiques, peut-on dire qu'elles sont construites dans un souci de justice ?
2. Les inégalités sociales sont injustes	• Les inégalités sociales ne découlent ni de notre nature ni de nos mérites. • Dans cette perspective, à quelles conditions pourraient-elles être justes ?
3. Les inégalités ne sont justes qu'à certaines conditions	• Les inégalités ne sont justes qu'à condition d'être subordonnées à la volonté générale. • Les inégalités ne peuvent être justes que si l'égalité des chances est garantie.

17 CORRIGÉ GUIDÉ

Les titres en couleurs et les indications entre crochets servent à guider la lecture mais ne doivent en aucun cas figurer sur la copie.

Introduction

[Reformulation du sujet] Il s'agit de savoir si la justice est compatible ou non avec certains types d'inégalités. *A priori*, on pourrait penser que l'inégalité est nécessairement injuste : les discriminations heurtent notre aspiration à la justice en ce qu'elles hiérarchisent des différences naturelles. Pourtant, toutes les inégalités sont-elles injustes ? [Définition des termes du sujet] La justice désigne ce qui est conforme à la loi juridique, puisque la justice est l'institution garante de l'application des lois, mais c'est aussi une norme morale et politique. Du latin *aequalis* (de même niveau), l'égalité se distingue de l'identité, puisque deux personnes différentes peuvent être de même niveau selon un certain point de vue. Le pluriel nous invite ici à envisager divers types d'inégalités : les inégalités naturelles (de talent, de taille etc.) se distinguent des inégalités sociales, scolaires, ou encore de droits. [Problématique et plan] En quoi certaines inégalités pourraient-elles être justes ? Faut-il revendiquer l'égalité comme principe absolu de justice, ou bien déterminer les conditions auxquelles certaines inégalités peuvent être revendiquées comme justes ?

1. Les inégalités naturelles ne sont ni justes ni injustes

A. Les inégalités naturelles n'existent pas

• Dans un premier temps, on pourrait penser que toutes les inégalités naturelles sont injustes : nous naissons avec certaines qualités physiques ou intellectuelles et ces inégalités naturelles sont le fait du hasard, qui ne saurait être considéré comme un principe de justice.

• Mais est-il vraiment injuste qu'un homme naisse plus petit qu'un autre ? Cet homme n'est pas inégal aux autres, mais différent d'eux. De fait, selon Rousseau dans le *Discours sur l'origine et les fondements des inégalités parmi les hommes*, ces différences n'empêchent pas les hommes d'être égaux en tant qu'ils sont tous membres de l'espèce. La question de la justice ou de l'injustice des inégalités naturelles ne se pose donc pas.

> **À NOTER**
> La distinction identité/égalité/différence est un repère du programme. **Égal**, du latin *aequalis*, signifie « de même niveau ». Est **différent** ce qui se distingue d'une chose, ne lui est pas **identique** (du latin *idem*, « le même »).

B. Toutes les inégalités ont une origine historique

• S'il existe des inégalités, elles sont donc d'ordre politique. Les inégalités sociales ont une origine, comme l'indique le titre du discours de Rousseau, c'est-à-dire que, loin de découler de l'ordre naturel, elles résultent de l'histoire empirique des hommes.

• Or, ce qui a été ne correspond pas forcément à ce qui devrait être, c'est-à-dire que les inégalités ne sont pas forcément fondées. En distinguant l'origine et le fondement des inégalités, Rousseau indique ainsi que ce n'est pas parce que les inégalités sociales existent qu'elles sont justifiées et doivent persister. À l'état de nature, observe-t-il, nous étions tous égaux, puisque tous membres de la même espèce, et en même temps différents du point de vue de nos qualités. C'est bien la société qui crée les inégalités, en inscrivant ces différences naturelles dans une hiérarchie. Rousseau explique comment,

> **À NOTER**
> La distinction origine/fondement est un repère du programme. L'**origine** désigne le point de départ chronologique d'une chose, le **fondement** désigne sa raison d'être, et ce qui la justifie.

S'ENTRAÎNER

après l'apparition de l'idée de propriété, les hommes basculent dans un état social où la force n'est plus seulement une qualité naturelle mais ce qui explique la richesse, et son absence ce qui explique la pauvreté. C'est ainsi qu'avec la société naissent les premières inégalités.

[Transition] Dès lors, nous devenons inégaux du point de vue du droit, de la richesse ou du prestige. Mais ces inégalités construites par les hommes, qui nous inscrivent dans des hiérarchies obéissent-elles à un quelconque principe de justice ?

2. Les inégalités sociales sont injustes

A. Les inégalités sociales ne découlent pas de notre nature

- Les inégalités sociales existent : elles sont légales, c'est-à-dire conformes aux lois juridiques, mais sont-elles pour autant légitimes ? On pourrait penser que les inégalités découlent de notre nature qui nous pousserait à vouloir nous distinguer des autres. C'est ainsi que Mandeville, dans *La Fable des abeilles*, met l'existence des inégalités sur le compte d'une tendance humaine, l'orgueil, qui nous pousse à vouloir plus que les autres et à chercher à faire reconnaître notre supériorité. Le déploiement aveugle de la poursuite de nos intérêts privés concourrait cependant à la prospérité économique d'une société.

> À NOTER
> La distinction légal/légitime est un repère du programme. Ce qui est **légal** est conforme à la loi juridique, ce qui est **légitime** est conforme à la morale.

- Mais sommes-nous seulement motivés par notre intérêt égoïste, incapables, donc, de vouloir la justice ? C'est précisément cette définition de la nature humaine que rejette Rousseau, observant qu'à notre inclination naturelle à faire ce qui nous avantage s'oppose une tendance tout aussi naturelle à éprouver la souffrance des plus fragiles, qu'il appelle la pitié. Si nous sommes capables de vouloir la justice et la protection du plus faible, c'est parce que nous sommes tous capables d'éprouver la pitié, ce sentiment naturel qui défie la logique de l'intérêt personnel.

B. Les inégalités sociales ne sont pas équitables

- Mais si les inégalités ne sont pas légitimées par notre nature, ne le sont-elles pas par le fait que notre richesse ou notre prestige social sont liés à notre travail ? C'est ce qu'établit Locke dans le *Second traité du gouvernement civil* : le travail « fixe ma propriété », autrement dit légitime la propriété privée. S'il est juste que je prive les autres d'un champ, c'est que j'ai labouré et fait fructifier ce champ, ce que tout autre que moi aurait pu faire.

• Pourtant, ma richesse ou ma pauvreté sont-elles toujours proportionnelles à mon travail ou à ma paresse ? Si j'hérite de ce champ, est-ce toujours en vertu de ma responsabilité individuelle ? De fait, si la répartition des richesses ne se fait pas selon le travail personnel mais subsiste à travers les générations, il est difficile de justifier cette répartition par le principe de responsabilité individuelle. C'est ce que souligne Rousseau, en insistant sur l'idée selon laquelle la répartition des richesses doit obéir à un principe de justice, et non reposer sur le hasard des naissances.

[Transition] Mais quel pourrait être ce principe de justice ? À quelles conditions les inégalités sociales et économiques pourraient-elles devenir justes ?

S'ENTRAÎNER

3. Les inégalités ne sont justes qu'à certaines conditions

A. Les inégalités doivent être soumises à la volonté générale

• De fait, les inégalités de richesse existent. Mais toute inégalité n'est ni juste ni injuste en soi : la question est de savoir selon quelles modalités ces inégalités peuvent devenir justes. Dans *Du contrat social*, Rousseau démontre qu'elles peuvent devenir justes à condition de pouvoir être régulées par la communauté des citoyens. Alors seulement nous pouvons considérer qu'elles sont affranchies de la logique des intérêts particuliers, qu'elles obéissent à l'intérêt général et par conséquent qu'elles sont justes.

À NOTER
Dans *Du contrat social*, Rousseau remarque que si notre volonté particulière « tend par sa nature aux préférences », la volonté générale qui anime le citoyen « tend vers l'égalité ».

• Le droit de propriété revient donc à la communauté des citoyens, qui doit pouvoir décider du mode, de l'extension et de la forme de la propriété : « car l'État à l'égard de ses membres est maître de tous leurs biens par le contrat social, qui, dans l'État sert de base à tous les droits. » Dans ce cas seulement, les inégalités sociales, nées de l'idée de la propriété privée, ne sont pas incompatibles avec la justice : le recours à la loi semble être une procédure équitable en soi pour décider si une différence individuelle est juste ou non.

B. Les inégalités sociales doivent obéir à un principe de justice

• Mais comment faire pour freiner notre tendance à la préférence qui creuse sans cesse les inégalités ? Comment concilier inégalités économiques ou sociales et justice ? Dans sa *Théorie de la justice*, John Rawls développe le concept du voile d'ignorance : pour imaginer la société la plus juste possible, dit-il, chacun doit s'efforcer de penser la société

L'AUTEUR
John Rawls (1921-2002).
Rawls développe, dans le contexte des luttes pour les droits civiques aux États-Unis, une œuvre cherchant à concilier le principe des libertés individuelles avec celui d'une solidarité sociale.

en ignorant quelle position il occupera dans celle-ci, c'est-à-dire sa classe sociale, son genre, sa couleur de peau, etc. De cette façon, chacun de nous aura intérêt à réduire les inégalités, puisque nous pourrions éventuellement appartenir à la classe sociale la plus basse, être handicapé, etc.

• Rawls définit alors deux principes de justice : premièrement, chaque personne doit avoir un droit égal aux libertés les plus étendues compatibles avec les libertés des autres. Deuxièmement, « les inégalités sociales et économiques doivent être organisées de façon à ce que, à la fois, a) elles apportent aux plus désavantagés les meilleures perspectives (principe de différence) et b) elles soient attachées à des fonctions et à des positions ouvertes à tous, conformément à la juste égalité des chances ». Autrement dit, si les inégalités de droits ne sont jamais justes, seules peuvent l'être des inégalités sociales reposant sur une égalité des chances, qui ne doit pas être un principe mais une réalité.

Conclusion

En définitive, si nous ne sommes pas seulement animés par notre désir d'être supérieurs aux autres mais aussi réticents à l'égalité absolue de nos conditions, certaines inégalités pourraient nous apparaître justes. Mais elles ne pourraient l'être qu'à condition de se conformer à l'intérêt général et de ne pas prendre leur source dans le hasard des naissances, ce qui ne peut être garanti que par un ensemble de dispositifs sociaux qui établiraient dans les faits une stricte égalité des chances.

Descartes, *Lettre à Morus*

EXPLICATION DE TEXTE

4 heures
20 points

INTÉRÊT DU SUJET • Pythagore, philosophe et mathématicien de l'Antiquité, justifiait son végétarisme par le refus de manger ce qui était doué d'âme, celle-ci étant, selon lui, immortelle, et se réincarnant à travers les différents règnes. Mais qu'est-ce qui nous prouve que les animaux ont une âme ?

Expliquez le texte suivant :

De tous les arguments qui nous persuadent que les bêtes sont dénuées de pensée, le principal, à mon avis, est que bien que les unes soient plus parfaites que les autres dans une même espèce, tout de même[1] que chez les hommes, comme on peut voir chez les chevaux et chez les chiens, dont les uns apprennent beaucoup plus aisément que d'autres ce qu'on leur enseigne ; et bien que toutes nous signifient très facilement leurs impulsions naturelles, telles que la colère, la crainte, la faim, ou d'autres états semblables, par la voix ou par d'autres mouvements du corps, jamais cependant jusqu'à ce jour on n'a pu observer qu'aucun animal en soit venu à ce point de perfection d'user d'un véritable langage, c'est-à-dire d'exprimer soit par la voix, soit par les gestes quelque chose qui puisse se rapporter à la seule pensée et non à l'impulsion naturelle. Ce langage est en effet le seul signe certain d'une pensée latente[2] dans le corps ; tous les hommes en usent, même ceux qui sont stupides ou privés d'esprit, ceux auxquels manquent la langue et les organes de la voix, mais aucune bête ne peut en user ; c'est pourquoi il est permis de prendre le langage pour la vraie différence entre les hommes et les bêtes. Les autres arguments qui retirent la pensée aux bêtes, je les passe sous silence, pour être bref. Je voudrais cependant indiquer que je parle de la pensée, non de la vie ou de la sensibilité : je ne refuse la vie à aucun animal, car je crois qu'elle consiste dans la seule chaleur du cœur ; je ne lui refuse même pas la sensibilité, dans la mesure où elle dépend d'un organe corporel.

René Descartes, *Lettre à Morus*, 1649.

---

1. Ici, l'expression « tout de même » signifie « de même ».
2. Latent : qui ne se manifeste pas, mais est susceptible de le faire.

LES CLÉS DU SUJET

Repérer le thème et la thèse

- Dans ce texte, Descartes examine le rapport de l'être humain à l'animal : qu'est-ce qui nous distingue de ces autres vivants ?
- Il démontre ici que nous sommes essentiellement distincts des animaux et supérieurs à eux dans la mesure où ils ne pensent pas : la preuve, c'est qu'ils n'ont pas de langage, ce qui indique qu'ils sont dépourvus d'âme.

Dégager la problématique

Problématique

- On pourrait croire que les animaux sont capables de penser parce qu'ils s'expriment. Mais du fait qu'ils expriment leurs besoins, faut-il conclure qu'ils pensent ?
- Doit-on admettre, au contraire, qu'ils sont différents de nous par nature, n'ayant pas un véritable langage, seul indice d'une pensée, et donc de la présence d'une âme ?

Repérer les étapes de l'argumentation

1. Les animaux ont des degrés de perfection divers (l. 1 à l. 12)	Descartes développe d'abord un argument visant à établir que les animaux ne sont pas doués de pensée : s'ils se distinguent par des degrés de « perfection » divers et s'ils communiquent immédiatement des besoins, les animaux, dit-il, n'ont pourtant pas de langage.
2. Les animaux n'ont pas de langage (l. 12 à l. 18)	Ainsi, s'ils peuvent apprendre certaines choses, ils sont séparés de nous par une différence essentielle. Car le langage, fait de signes qui introduisent une médiation entre nous et la réalité, est la marque de la pensée : lui seul indique que sous un corps il y a une âme.
3. Les animaux seraient des vivants sans âme (l. 19 à l. 22)	Enfin, Descartes précise que la spécificité de l'animal vis-à-vis d'une plante ou d'une machine tiendrait simplement à son corps.

18 CORRIGÉ GUIDÉ

Les titres en couleurs et les indications entre crochets servent à guider la lecture mais ne doivent pas figurer sur la copie.

Introduction

[Question abordée] Dans cet extrait de la *Lettre à Morus*, Descartes envisage la question de notre rapport à l'animal : avons-nous tous les droits sur les animaux ? [Problématique] *A priori*, on pourrait penser que si nous sommes fondés à les dominer, c'est parce que nous nous distinguons d'eux par la pensée. Mais les animaux ne sont-ils pas expressifs, et en ce sens est-il légitime de les réduire à leur existence corporelle ? [Thèse] C'est précisément pour répondre à cette objection que Descartes développe ici une réflexion visant à établir que la différence entre l'être humain et l'animal est de nature, et non de degré : la spécificité de l'homme tient, dit-il, à ce qu'il est doté d'une âme, ce dont atteste l'existence en lui d'un langage. [Annonce du plan] Pour démontrer cela, Descartes repousse d'abord une première objection : si les animaux peuvent apprendre certaines choses, cela ne fait pas d'eux des êtres doués de pensée. Descartes explique alors pourquoi, s'ils communiquent, les animaux n'ont pas de langage. Enfin, il précise que la spécificité de l'animal vis-à-vis d'une plante ou d'une machine tiendrait simplement à son corps.

> ▶ **Le conseil de méthode**
>
> Vous devez, dès l'introduction, mettre en évidence la (ou les) distinction(s) centrale(s) du texte : pour démontrer sa thèse, Descartes distingue ici la communication animale du langage.

1. Les animaux ont des degrés de perfection divers

A. Certains peuvent apprendre

- Le texte s'ouvre sur ce qui pourrait apparaître comme une concession accordée au discours qui entend relever une ressemblance entre l'homme et l'animal : certes, dit Descartes, certains animaux sont capables d'apprendre. Il prend alors l'exemple de deux animaux domestiques : certains chiens, certains chevaux montrent en effet des aptitudes à l'apprentissage.
- Pourtant, cette hiérarchie des individus et de leurs aptitudes au sein des espèces indique-t-elle que certains animaux sont proches des humains ? Autrement dit, ce constat permet-il d'établir le fait qu'il n'y a qu'une différence de degré entre l'être humain et l'animal, et non une différence de nature ? De

fait, on pourrait être tenté, à partir de ce constat, d'évoquer des capacités intellectuelles et une acquisition de connaissances chez cet animal capable de se perfectionner. Mais jusqu'où va cette perfection ?

B. Ils sont capables d'exprimer certaines choses

La deuxième idée développée par Descartes, qui pourrait apparaître comme une nouvelle concession accordée à ce discours, va en réalité lui permettre de répondre à cette question par la négative : ce qui prouve que les animaux ne pensent pas, c'est qu'ils n'ont pas de langage. Certes, dit-il, les animaux « nous signifient très facilement leurs impulsions naturelles ». Descartes donne des exemples de ces « impulsions naturelles » : la « colère », la « crainte », la « faim » sont des exemples de ces passions et besoins qui, tous, ont pour origine la nature de l'animal, c'est-à-dire son corps, et ce qui le porte à survivre.

[Transition] Pourtant, suffit-il que les animaux expriment des besoins et des passions pour que l'on puisse dire qu'ils parlent, et, parlant, qu'ils pensent ?

2. Les animaux n'ont pas de langage

A. Le langage est le signe de la pensée

Descartes s'oppose à cette possibilité de la pensée chez les animaux, en définissant le langage. Le langage, dit-il, ne se réduit pas à l'émission de sons ou de gestes : il se définit précisément par ce à quoi renvoient ces sons et gestes. Le langage est ainsi une médiation par laquelle un signe renvoie à de l'intériorité. Or, les voix et gestes de l'animal ne manifestent pas une « pensée », mais une « impulsion naturelle ». En somme, exprimer quelque chose, ce n'est pas s'exprimer : l'animal ne fait qu'exprimer, par des voix et des gestes qui pourraient nous confondre, les besoins de son corps.

B. Tous les hommes sont doués de langage

- En revanche, le langage est une propriété humaine, si bien qu'aucun homme ne peut être dit hors langage. Pourtant, n'y a-t-il pas des fous, des hommes « stupides » et des muets, qui pourraient être considérés comme sans langage ? Descartes désamorce l'objection : le langage ne se réduit pas à la voix, et s'identifie si peu avec elle qu'un muet a un langage en ce sens qu'il exprime ses pensées par des gestes. De même, si le fou ou l'homme stupide raisonnent mal, ce qu'ils disent renvoie pourtant à autre chose qu'à leur corps.

• Ainsi, de l'homme à l'animal, il y a ce fossé qui sépare par essence l'animal le plus évolué de l'homme le moins évolué que serait le fou ou l'homme stupide. Entre eux, il n'y a pas de différence de degré, mais bien de nature, si bien que le langage est « la vraie différence entre les hommes et les bêtes ».

[Transition] Mais alors, les animaux ne sont-ils rien de plus que des machines, vouées à répéter les mêmes gestes et les mêmes cris par une nécessité interne ?

À NOTER
Selon Descartes, les êtres vivants naturels sont comparables, par leur fonctionnement, aux machines artificielles. Sa théorie du vivant pose que celui-ci est explicable selon les lois rationnelles, nécessaires et universelles de la mécanique.

3. Les animaux seraient des vivants sans âme

A. La pensée est l'activité de l'âme

Descartes apporte une précision : bien sûr, il s'agit de « retirer la pensée aux bêtes ». En réalité, si ce qu'elles expriment relève du seul corps – et donc de la seule nature – alors le fait qu'elles ne disposent pas du langage conçu comme manifestation d'une intériorité distincte du corps prouve qu'elles ne pensent pas, et qu'elles n'ont donc pas d'âme, puisque la pensée est l'activité de l'âme. Pourtant, les animaux sont-ils de simples objets ?

DÉFINITION
Pour Aristote au contraire, l'**âme** désigne la vie, et chaque type d'âme (nutritive, sensitive, intellective) destine les vivants à certains buts (se nourrir, sentir, penser).

B. Les animaux sont des corps

• Descartes devance l'objection selon laquelle cette conception ne reconnaîtrait pas la spécificité de l'animal par rapport à de simples objets inanimés. Refuser la pensée aux animaux, dit-il, n'implique pourtant pas de leur refuser la « vie » ni même la « sensibilité ». Les animaux sont en ce sens des vivants sensibles. Mais il définit alors ce qu'il entend par « vie » et « sensibilité » : la vie est la « chaleur du cœur ».

• Autrement dit, la vie est ici définie comme un phénomène organique, propre au corps. La sensibilité se voit également rapportée au corps : selon l'auteur, elle « dépend d'un organe corporel ». Ainsi, l'animal est bien un vivant sensible, en ce qu'il a un corps. Mais ni cette vie ni cette sensibilité n'auraient d'autre source que le corps : elles n'indiqueraient pas la présence d'une âme.

Conclusion

Descartes répond dans ce texte à certaines objections à l'égard de la théorie mécaniste par laquelle il entend expliquer le vivant : de fait, si l'être humain comme l'animal disposent d'un corps naturel dont le fonctionnement ne diffère pas de celui de corps artificiels, s'ils sont, en ce sens, des vivants, il existe entre eux une différence essentielle. Doué d'un langage qui atteste de la présence de sa pensée, qui elle-même manifeste en lui la présence d'une âme, l'être humain est bien radicalement différent des animaux. Pour Descartes, le rapport de l'être humain à l'animal se trouve déterminé par le fossé qui se dessine entre eux : Descartes considère l'animal comme une machine vivante dont l'être humain est dès lors fondé à se servir.

2 AUTRES SUJETS POUR S'ENTRAÎNER

- Les mots nous éloignent-ils des choses ?
- Explication d'un extrait des *Éléments de loi*, de Hobbes

▶ Retrouvez les corrigés sur annabac.com

Discuter, est-ce renoncer à la violence ?

DISSERTATION

4 heures
20 points

INTÉRÊT DU SUJET • Avoir une discussion franche permet de désamorcer certains conflits : mieux vaut, comme on dit, « mettre les problèmes sur la table ». Cela veut-il dire pour autant qu'on a renoncé à toute forme de violence ?

LES CLÉS DU SUJET

Définir les termes du sujet

Discuter

• Parler avec quelqu'un, échanger des idées, des arguments, des points de vue différents. À première vue c'est donc entrer dans une relation constructive.

• Mais cela peut manifester un désaccord : discuter signifie alors mettre en question (« discuter un ordre »), entrer en controverse ou en polémique, négocier, débattre.

Renoncer à la violence

• La violence est d'abord l'usage de la force physique ou la menace d'en faire usage. Mais elle peut aussi se manifester dans les mots quand la discussion tourne à la dispute.

• Renoncer à la violence suppose qu'on ait d'abord eu la tentation de l'utiliser : il s'agirait donc d'abandonner cette solution et de régler nos conflits de façon plus civilisée.

Dégager la problématique

Problématique

- Certes, l'usage des mots représente un progrès par rapport à l'emploi de la force physique : il est d'ailleurs propre à l'homme civilisé.
- Mais cela signifie-t-il que nous ayons totalement écarté la violence ? N'y a-t-il pas dans la discussion une violence résiduelle ?

Construire un plan

1. La parole permet de dépasser la violence	• Renoncer à la violence au profit du droit est le propre de l'homme civilisé. • L'usage de la parole a une grande part dans ce renoncement à la violence.
2. La discussion n'annihile pas le conflit	• Malgré sa forme courtoise, la discussion reste l'expression d'un rapport de force. • Elle peut même n'être qu'une phase dans l'escalade de la violence.
3. Il faut exclure la violence de la discussion	• Il faut distinguer le dialogue de la discussion et promouvoir la tolérance. • Les institutions démocratiques permettent un débat excluant par principe la violence.

19 CORRIGÉ GUIDÉ

Les titres en couleurs et les indications entre crochets servent à guider la lecture mais ne doivent en aucun cas figurer sur la copie.

Introduction

[Reformulation du sujet] On dit souvent qu'une discussion franche permet d'aplanir les conflits et de les dépasser : plutôt que d'en venir aux mains, mieux vaut se mettre autour d'une table et s'expliquer. Mais discuter, est-ce renoncer à la violence ? [Définition des termes du sujet] La violence, c'est-à-dire l'usage de la force ou la menace d'y recourir, est une tentation à laquelle l'être civilisé s'oblige à renoncer sous le règne du droit. Mais faire usage des mots plutôt que des coups n'implique pas l'absence de conflit : discuter n'est pas converser, mais débattre, défendre son point de vue, négocier, et même parfois s'opposer, comme lorsqu'on discute un ordre. [Problématique] Si la parole est une alternative à la violence, il n'y a jamais loin de la discussion à la dispute. La discussion permet-elle d'éviter durablement la violence, ou bien n'est-elle qu'une mise à l'écart provisoire de celle-ci, voire une manière plus insidieuse de l'exercer ? [Annonce du plan] On verra d'abord l'importance de la parole dans le passage de la sauvagerie à la civilisation, pour constater ensuite que la discussion n'annihile jamais tout à fait le conflit. On s'interrogera enfin sur les possibilités de dépasser cette violence résiduelle.

1. La parole permet de dépasser la violence

A. La violence est une tendance naturelle

• La tentation de recourir à la violence est naturelle dans les situations de conflit. User de la force est une manière brutale mais efficace de se débarrasser de l'autre lorsqu'il constitue un obstacle. Dans une situation où les hommes ne seraient pas tenus en respect par les lois et l'État, leurs relations dégénéreraient probablement en une « guerre de chacun contre chacun », comme le dit Hobbes dans le *Léviathan*.

• Nous avons, selon Freud, des pulsions d'agression auxquelles il faut renoncer car elles sont incompatibles avec la vie en société. Le « travail de la culture » consiste à inhiber ces tendances violentes, en les canalisant à défaut de pouvoir les supprimer. Le droit et la morale sont en première ligne, mais aussi l'éducation ou le langage, qui font de nous des êtres plus raffinés.

B. Discuter permet de régler les conflits

• La parole nous libère de nos émotions les plus sauvages. Mettre des mots sur les sentiments est un moyen d'apaiser leur violence, ce que savent bien les écrivains. Hegel dit, dans l'*Esthétique*, qu'en nommant les passions, on les extériorise et on les objective : ainsi mises à distance, elles ne sont plus simplement éprouvées mais analysées, ce qui conduit à leur dépassement.

• Le manque de communication alimente les conflits. Une discussion franche apaise les tensions qui peuvent s'accumuler dans un couple, dans une relation amicale ou sur le lieu de travail. Discuter consiste à renouer un dialogue, permet d'exprimer son point de vue, d'échanger et de parvenir à une solution négociée et raisonnable : la voie du compromis peut alors l'emporter sur l'escalade de la violence.

> **DÉFINITION**
> Un **compromis** est un accord auquel parviennent des parties en conflit, au terme d'une négociation où chacune accepte de faire des concessions.

[Transition] L'usage de la parole s'oppose à celui de la violence. Pour autant, la discussion ne continue-t-elle pas de manifester le conflit d'une autre manière ?

S'ENTRAÎNER

2. La discussion n'annihile pas le conflit

A. Discuter n'exclut pas de s'affronter

> **▶ Le conseil de méthode**
> Pour illustrer votre propos, appuyez-vous sur des situations concrètes.

• Accepter la discussion ne signifie pas qu'on a renoncé à la violence, mais qu'on en fait usage en dernier recours. Lorsque la police tente de négocier avec un preneur d'otage, ce n'est pas parce qu'elle s'interdit de donner l'assaut, mais pour chercher une voie de règlement moins dangereuse. Il en va de même, sur la scène internationale, des pourparlers qu'on entreprend pour éviter d'entrer en guerre : en cas d'échec, ce sont les armes qui parlent.

• Les discussions diplomatiques, pourtant si courtoises en apparence, dissimulent mal la violence des relations internationales. On les utilise moins pour servir la paix que pour servir ses intérêts, au besoin en menaçant ou en prenant des engagements non suivis d'effets. Comme le dit Machiavel, il faut être tantôt « lion » (puissant et cruel), tantôt « renard » (rusé et menteur), donc user de la violence ou de la discussion selon l'efficacité qu'on peut en espérer.

B. La discussion est un rapport de force

> **▶ Le secret de fabrication**
> Réfléchissez aux expressions courantes dans lesquelles on trouve le verbe « discuter ».

• Toute discussion dénote un conflit : « discuter un ordre » ou dire qu'une idée est « discutable », c'est s'y opposer. La discussion n'est jamais loin de la dispute, comme dans les polémiques (du grec *pólemos,* « combat », « guerre ») des plateaux télévisés où s'échangent des *punchlines* ou déjà dans l'art des joutes verbales que les Grecs nommaient éristique. Le sophiste Gorgias louait le discours qui peut « droguer l'âme et l'ensorceler » et le qualifiait de « tyran » très puissant.

> **DÉFINITION**
> Du grec *éris*, « combat », « querelle », l'**éristique** est l'art de la controverse.

• Le langage est une arme pour séduire ou tromper, mais aussi pour blesser ou contraindre. Même si insultes et menaces n'ont pas formellement leur place dans une discussion, l'effort pour dominer l'interlocuteur confère aux mots une violence insidieuse. Dans *Ce que parler veut dire*, Bourdieu montre que des rapports de force et des conflits de classe déterminent la manière de s'adresser à quelqu'un au cours d'une discussion.

[Transition] La discussion n'exclut pas le recours à la force et contient même une violence insidieuse. Comment arriver à discuter de façon résolument pacifique ?

3. Il faut exclure la violence de la discussion

A. Il faut dialoguer plutôt que discuter

• Contrairement à la discussion, le dialogue philosophique n'est pas une controverse où l'on cherche à avoir raison contre l'autre. Dans les œuvres de Platon, le personnage de Socrate met en application la méthode dialectique : un échange sincère et honnête de questions et de réponses, où les interlocuteurs recherchent ensemble la vérité.

• Dialoguer implique aussi de savoir s'écouter réciproquement plutôt que d'imposer son point de vue. Mais il faut, pour cela, arriver à se prescrire une certaine tolérance, donc réfréner comme le dit Ricœur « l'impulsion à imposer à autrui nos propres convictions » : il nous faut comprendre que l'autre a le droit d'exister et d'adhérer librement à des valeurs différentes des nôtres. Cette suspension du conflit débouche sur une sorte de « clairière » où se manifeste une « convivialité » dans le désaccord.

B. Il faut encadrer le débat

• On doit aussi donner des règles à la discussion de façon que la violence ne puisse s'y manifester. Dans un procès, par exemple, le conflit est transposé sur le plan de la parole dans un contexte qui exclut les passions (procédures strictement réglées, sérénité, lenteur). Le juge prononce la parole de justice en se référant à une loi commune, seule à même de briser le cycle infini de la vengeance.

• De même, la démocratie institue la discussion pour surmonter la violence. Dans ses *Essais sur le politique*, Lefort parle d'un régime qui reconnaît par principe « la légitimité d'un débat sur le légitime et l'illégitime », et qui suppose que « nul n'occupe la place du grand juge ». C'est le débat permanent, mais pas le conflit, car l'existence d'un espace public offre à chacun la possibilité de s'exprimer par voie de presse ou par un engagement associatif ou politique, en acceptant que les autres le fassent aussi.

Conclusion

Parce qu'elle est une formalisation de la pensée et des sentiments dans les mots, la discussion représente au minimum un effort pour dépasser la violence. Elle ne signifie cependant pas toujours qu'on y ait renoncé de façon définitive, ni même de façon durable. Renoncer à la violence n'est pas simplement abandonner l'idée de se donner physiquement des coups : c'est une exigence morale, qu'on s'impose par la tolérance dans le dialogue, et un projet politique, qu'on s'efforce de mettre en place dans le débat démocratique.

La liberté est-elle menacée par l'égalité ?

DISSERTATION

4 heures
20 points

INTÉRÊT DU SUJET • « Liberté, égalité, fraternité » : la devise républicaine place en son cœur une égalité qui semble pourtant s'accommoder des inégalités sociales. De fait, il s'agit de l'égalité « en droits » des citoyens. Mais en quoi revendiquer l'égalité de richesses porterait-il atteinte à la liberté ?

LES CLÉS DU SUJET

Définir les termes du sujet

Égalité

• Du latin *aequalis*, qui signifie « du même niveau », l'égalité est un terme mathématique qui désigne un rapport d'équivalence entre deux termes.
• On distingue l'égalité mathématique, dont le principe est « à chacun la même chose » de l'égalité proportionnelle, ou équité, qui a, elle, pour principe « à chacun ce qui lui revient » selon ses besoins, mérites, etc.
• On distingue encore l'égalité « en droits » ou égalité civile de l'égalité sociale ou égalité de richesses.

Menacer

Une menace, c'est ce qui peut nuire à une chose, ou la détruire.

Liberté

• L'étymologie de la liberté indique qu'elle est d'abord pensée de façon politique : *liber*, en latin, désigne celui qui n'est pas esclave, c'est-à-dire le citoyen.
• Elle désigne également le pouvoir psychologique de se déterminer par soi-même, qu'il s'agisse du libre arbitre (capacité à faire un choix parmi plusieurs possibles) ou de l'autonomie (pouvoir de déterminer par soi-même son propre principe d'action).

Dégager la problématique

Problématique

- Notre liberté semble être liée à notre égalité devant la loi : mais revendiquer l'égalité à tout point de vue, n'est-ce pas ruiner la liberté ?
- Pourtant, que vaut la liberté en droits d'un homme pauvre ? En ce sens, n'est-ce pas l'inégalité sociale qui menace la liberté ?

Construire un plan

1. L'égalitarisme menace la liberté	La revendication d'égalité menace la liberté dans la mesure où elle bride les aspirations individuelles et produit une uniformité qui étouffe nos différences essentielles ou nous livre à la servitude.
2. L'égalité des droits conditionne nos libertés	Pourtant, l'égalité devant la loi rend possible l'exercice de la liberté individuelle dans le cadre de la vie sociale. Ne sommes-nous pas en principe égaux « en droits » ?
3. Les inégalités sociales menacent la liberté	L'inégalité sociale est dangereuse pour la liberté, celle-ci ne pouvant se réduire sans dommages à une liberté de principe.

S'ENTRAÎNER

20 CORRIGÉ GUIDÉ

Les titres en couleur servent à guider la lecture et ne doivent en aucun cas figurer sur la copie.

Introduction

[Reformulation du sujet] Il s'agit de savoir si l'égalité peut nous empêcher d'être libres. Selon la *Déclaration des droits de l'homme et du citoyen* de 1789, « les hommes naissent et demeurent libres et égaux en droits » : mais alors, en quoi la revendication d'égalité pourrait-elle s'opposer à notre aspiration à la liberté ? [Définition des termes du sujet] Une menace, c'est ce qui peut nuire à une chose ou la détruire. La liberté peut s'entendre en un sens psychologique comme le pouvoir de faire des choix, ou en un sens politique :

liber désigne en latin le statut de l'homme libre, qui n'est pas esclave ni prisonnier. L'égalité est un terme mathématique qui désigne un rapport d'équivalence entre deux éléments, mais aussi un principe politique selon lequel les individus peuvent se prévaloir des mêmes droits ou des mêmes moyens d'existence. De fait, l'égalité dont il est question dans la *Déclaration* n'est pas l'égalité de richesse, mais l'égalité des citoyens devant la loi. [Problématique et annonce du plan] Revendiquer la fin des inégalités de richesse ne serait-il pas faire obstacle aux libertés individuelles ? Pourtant, on peut se demander si la liberté d'un homme qui ne possède pas de quoi survivre est seulement possible. En quoi, dès lors, la revendication d'égalité s'opposerait-elle à notre aspiration à la liberté ?

1. L'égalitarisme menace la liberté

A. L'égalité est un artifice qui menace notre liberté naturelle

• Dans un premier temps, on pourrait penser que, si l'égalité peut nuire à la liberté, c'est dans la mesure où nous sommes naturellement inégaux. C'est ce que soutient Calliclès dans le *Gorgias* de Platon : si la liberté désigne la capacité à assouvir ses passions et désirs, et à tout mettre en œuvre pour cela, alors les natures fortes capables d'obtenir beaucoup se distinguent des natures faibles vouées à l'infériorité naturelle. C'est par un artifice que celles-ci, constatant l'inégalité naturelle, vont faire de l'égalité une valeur, car « ce qui plaît aux faibles, c'est d'avoir l'air d'être égaux à de tels hommes, alors qu'ils leur sont inférieurs. »

> **À NOTER**
> La distinction identité/égalité/différence est un repère du programme. L'**identité**, du latin *idem*, qui signifie le même, correspond à l'absence de différences, quand **égal** signifie « du même niveau ».

• D'où leur invention des lois, qui, en instaurant une égalité factice, brident la liberté des plus forts : « avec nos formules magiques et nos tours de passe-passe, dit Calliclès, nous en faisons des esclaves, en leur répétant qu'il faut être égal aux autres et que l'égalité est ce qui est beau et juste ». L'identification de la justice à l'égalité produit, par la contrainte des lois, une uniformité artificielle des hommes, devenus tous identiques.

B. L'égalité est une passion qui porte à la servitude

• De fait, la revendication d'égalité peut apparaître comme une volonté de limiter la liberté de l'individu. Dans *De la démocratie en Amérique*, Tocqueville fait de la « passion de l'égalité » le vice possible d'une démocratie qui tend alors à l'uniformisation, à la tyrannie de la majorité, et dégénère en un despotisme doux : « il se rencontre aussi dans le cœur humain un goût dépravé pour l'égalité, qui porte les faibles à vouloir attirer les forts à leur niveau, et qui réduit les hommes à préférer l'égalité dans la servitude à l'inégalité dans la liberté. ».

L'AUTEUR
Alexis de Tocqueville (1805-1859).

Tocqueville est une figure du libéralisme politique, courant de pensée politique selon lequel l'État doit se limiter à assurer notre sécurité et garantir nos libertés individuelles.

• En effet, l'individu démocratique, dit-il, est animé par ces deux passions dominantes que sont l'égalité et le bien-être. Or, c'est l'État qui, dans une société démocratique, assure l'extension de l'égalité des conditions, c'est-à-dire des statuts, dans le domaine politique encadré par les lois. L'État peut alors écarter les prérogatives individuelles et étendre sans cesse les règles qui encadrent la vie sociale, avec l'aval d'un individu préférant de ce fait l'égalité à sa liberté. La tradition libérale verra ainsi dans une égalité qui ne serait pas seulement « de droits », c'est-à-dire pas seulement égalité devant la loi, une menace pour la liberté des individus.

[Transition] Pourtant, la liberté est-elle seulement possible en société si elle n'est pas définie par la loi ? Or, la loi n'est-elle pas une règle face à laquelle nous devons être égaux ?

2. L'égalité des droits conditionne nos libertés

▶ **Le conseil de méthode**

La deuxième partie se fonde ici sur un deuxième sens du terme d'égalité. Celle-ci ne désigne pas seulement l'égalité devant la loi, mais aussi l'égalité sociale. Selon le sens retenu, la réponse à la question s'inverse.

A. L'égalité doit accompagner la liberté

• De fait, la « passion de l'égalité », dont Tocqueville pointe les risques, correspond pour lui à une aspiration devenue indépendante de l'aspiration à la liberté. Autrement dit, c'est quand le souci de l'égalité l'emporte sur celui de la liberté que l'égalité est une menace.

• Si la démocratie (du grec *demos*, le peuple, et *kratos*, le pouvoir) repose sur ce qu'il appelle l'égalité des « conditions » – elle n'admet pas de privilèges puisque le peuple est souverain –, tous les individus sont égaux, par leur participation à l'élaboration des lois et par leur obéissance aux mêmes lois. Ainsi, nous ne pouvons jouir d'aucune liberté sans l'égalité des droits – ou égalité des conditions.

B. L'égalité des droits rend possible l'exercice des libertés

C'est bien cette liberté « en droits » que proclame la *Déclaration des droits de l'homme et du citoyen*, à savoir une liberté rendue possible par la loi, qui limite la poursuite des intérêts personnels et garantit en principe à tous les mêmes droits. Dans cette mesure, on peut dire que loin de menacer la liberté, l'égalité civile, liée à la citoyenneté, la rend possible, en contenant les inégalités naturelles de force et en nous préservant des abus d'un pouvoir qui se placerait au-dessus des lois.

[Transition] Mais que vaut la liberté civile d'un homme pauvre ? Être libre « en droits », est-ce vraiment être libre ?

3. Les inégalités sociales menacent la liberté

A. Une liberté sans égalité réelle n'est qu'une liberté de principe

• On peut cependant s'interroger sur la primauté accordée à la liberté individuelle sur l'égalité, ramenée à une égalité des conditions ou des droits. Dans ses *Manuscrits de 1857-1858 (Grundrisse)*, Marx voit dans l'équation liberté/égalité le cœur de la démocratie bourgeoise et de l'idéologie des droits de l'homme. Il identifie ce lien à une représentation idéalisée de la circulation des marchandises et de l'argent, qui serait la base réelle de ces démocraties. La réciprocité de l'égalité et de la liberté, tenues pour des droits universels, définirait en réalité l'individu du marché, individu indéterminé porteur de cet universel qu'est le pouvoir d'achat.

> **À NOTER**
> La *Déclaration des droits de l'homme et du citoyen* de 1789 fait de la liberté et de l'égalité les premières qualités inaliénables de l'homme et adjoint à la liberté conçue comme droit naturel, dans l'article 2, la propriété.

• Ces qualités que l'idéologie bourgeoise donne pour essence de l'homme sont en réalité, dit Marx, indispensables au fonctionnement du marché. Mais que devient la libre volonté de l'ouvrier plié aux contraintes du capital, et forcé de se vendre à celui-ci ? Liberté et égalité, dit Marx, sont en réalité le langage qui masque l'exploitation : car que vaut le droit d'être libre quand on se vend au capital, et que vaut le droit fondamental d'être propriétaire quand on ne peut pas l'être, en réalité ?

B. Pour ne pas nuire à notre liberté, les inégalités sociales doivent être régulées

• C'est bien parce que les lois peuvent être les outils des plus riches pour obliger les plus pauvres à respecter leur personne et leurs biens, en échange de leur protection – par l'État –, que Rousseau, dans *Du contrat social*, explique que le droit de propriété revient à la communauté des citoyens. Celle-ci doit pouvoir décider du mode, de l'extension et de la forme de la propriété : « car l'État, dit-il, à l'égard de ses membres est maître de tous leurs biens par le contrat social, qui, dans l'État sert de base à tous les droits ». Alors seulement, dit-il, les inégalités sociales, nées de l'idée de la propriété privée, ne nous empêcheront pas d'être libres.

À NOTER
Dans *Du contrat social*, Rousseau remarque que si nos volontés particulières veulent la préférence, la « volonté générale » qui anime le citoyen veut toujours l'égalité.

• En somme, si les différences de richesses existent, elles doivent reposer sur un principe de justice et pouvoir être régulées par la communauté des citoyens : à cette seule condition, nous pourrons considérer que la liberté n'est pas le privilège de quelques-uns.

Conclusion

[Synthèse] En définitive, on peut se demander à qui la revendication égalitariste peut apparaître menaçante : de fait, l'égalité des droits est bien la condition d'exercice des libertés individuelles, et, au-delà, une véritable liberté peut difficilement penser indépendamment d'une réflexion portant sur les inégalités sociales. [Ouverture] Reste à établir quelle structure politique est la mieux à même de nous garantir cet accès à une liberté commune, en nous préservant des abus de pouvoir.

4 AUTRES SUJETS POUR S'ENTRAÎNER

- Être libre, est-ce ne rencontrer aucun obstacle ?
- Explication d'un extrait de *De la démocratie en Amérique*, de Tocqueville
- Explication d'un extrait de *La Religion dans les limites de la simple raison*, de Kant
- Explication d'un extrait du *Traité théologico-politique*, de Spinoza

▶ Retrouvez les corrigés sur annabac.com

S'ENTRAÎNER

Peut-on être libre sans s'imposer une discipline ?

DISSERTATION

4 heures
20 points

INTÉRÊT DU SUJET • L'apprentissage d'un instrument de musique suppose que l'on s'impose à soi-même une discipline. Sans travail régulier, nous risquons d'éprouver l'impression douloureuse de ne pas réussir à faire ce que nous voulons faire. Est-ce donc la discipline qui nous rend libre ?

LES CLÉS DU SUJET

Définir les termes du sujet

Peut-on… sans…

Le sujet présuppose une compatibilité de la liberté et de la discipline : la question est plus précisément de savoir si le fait de s'imposer une discipline est nécessaire à la liberté.

Être libre

• La liberté peut se définir au sens psychologique comme un pouvoir intérieur de se déterminer par soi-même, indépendamment de toute contrainte. On distingue cependant le **libre arbitre**, simple capacité à faire des choix sans y être contraint, de l'autonomie, du grec *auto* (soi-même) et *nomos* (la loi), comprise comme le pouvoir de déterminer par soi-même ses propres règles d'action.

• Mais la liberté se définit à l'origine en un **sens politique** : *liber*, en latin, désigne le statut de l'homme libre, c'est-à-dire du citoyen, défini par son pouvoir de participer à l'élaboration des lois.

S'imposer une discipline

La discipline désigne à la fois une règle de conduite et l'obéissance à cette règle. Elle se définit comme un ordre construit contre le désordre de la spontanéité, des pulsions, des passions. S'imposer une discipline renvoie donc à l'idée d'un travail sur soi, d'un effort visant à mettre en ordre et à maîtriser une spontanéité naturelle.

Dégager la problématique

Problématique

Le problème tient ici à la contradiction apparente entre la liberté et une discipline associée à la contrainte et à l'ordre.

Pourtant, est-il seulement possible d'être libre et maître de soi en s'abandonnant au désordre de nos penchants, à nos passions ?

Construire un plan

1. On peut être libre en dehors de toute discipline	La discipline, qui implique un ordre et une mesure, ne pourrait que limiter voire anéantir notre liberté de pensée comme spontanéité créatrice.
2. L'absence de discipline ruine la liberté	Pourtant, une liberté sans règles est-elle seulement possible dès lors que l'absence de mesure et de limites nous livre aux errements de nos passions ?
3. Être libre suppose une discipline de soi	Le fait de s'imposer à soi-même une discipline est bien la condition de possibilité de notre liberté : être libre, c'est se soucier de soi.

21 CORRIGÉ GUIDÉ

Les titres en couleurs et les indications entre crochets servent à guider la lecture mais ne doivent pas figurer sur la copie.

Introduction

[Reformulation du sujet] Est-il possible de penser la liberté comme pur désordre ou spontanéité ? *A priori*, on pourrait penser qu'être libre, c'est précisément échapper à toute règle et à toute mesure : pourtant, n'est-ce pas se soumettre alors aux diverses passions qui nous agitent ? [Définition des termes du sujet] La liberté, du latin *liber* qui désigne le statut de l'homme libre, c'est-à-dire du citoyen, se définit en un sens politique mais aussi psychologique : elle correspond au pouvoir intérieur de se déterminer par soi-même, indépendamment de toute contrainte. La discipline désigne à la fois une règle de conduite et l'obéissance à cette règle. S'imposer une discipline renvoie donc à l'idée d'un travail sur soi, d'un effort visant à mettre en ordre et à maîtriser une spontanéité naturelle. [Problématique] La question est de savoir s'il est seulement possible d'être libre en s'abandonnant à nos penchants. Peut-on être maître de soi en se soumettant au désordre de nos pulsions, ou faut-il au contraire leur imposer un ordre ? En ce sens, la discipline est-elle l'obstacle ou la condition même de notre liberté ?

1. On peut être libre en dehors de toute discipline

A. La liberté est une spontanéité

• Dans un premier temps, on pourrait penser qu'il est possible d'être libre en dehors de toute discipline : comment penser la discipline comme une condition de la liberté dès lors que la discipline désigne un ordre, des règles, et l'obéissance à des règles qui semblent aller à rebours de notre spontanéité ? Si s'imposer une discipline signifie se conformer à des règles et obéir à ces règles, alors cela semble faire obstacle à notre créativité, en inscrivant nos actions dans une répétition.

• Dans *La Crise de la culture*, Hannah Arendt définit ainsi la liberté comme un pouvoir d'agir, c'est-à-dire d'introduire une rupture dans l'ordre d'une succession : l'homme est un « commenceur », dit-elle, en ce qu'il est capable d'échapper à la mécanique d'une causalité ou d'une discipline, par la création de nouvelles actions dans le domaine de la vie individuelle comme dans le champ politique. L'être discipliné, en ce sens, n'est-il pas avant tout l'animal, rivé à la répétition de ses actions par les impératifs de sa vie biologique ?

B. Être libre, c'est épouser le désordre de la vie

• Pourtant, agir spontanément, est-ce nécessairement agir en dehors de toute règle que l'on s'imposerait à soi-même ? L'action créatrice n'exige-t-elle pas un effort pour se détacher de la vie répétitive propre à l'animal, et en ce sens une discipline de soi ? Mais que serait alors la vie indisciplinée ? Vivre sans discipline pourrait signifier exercer notre puissance sans souci de l'ordre et de la mesure : la liberté consisterait en un abandon, un relâchement par lequel nous laisserions libre cours à nos désirs et passions.

• Le désordre n'est-il pas le mouvement même de la vie ? C'est ce que soutient Calliclès dans le *Gorgias* de Platon : mener une vie tempérante, se soucier de l'ordre et de la mesure, c'est, dit-il, « vivre comme une pierre ». Autrement dit, bien vivre, c'est s'affranchir de tout cadre prédéterminé et déployer librement sa puissance.

À NOTER
La seule règle de vie, dit Calliclès, est celle de la liberté : « Le luxe, l'intempérance et la liberté, quand ils sont soutenus par la force, constituent la vertu et le bonheur. »

[Transition] Pourtant, que vaut cette liberté sans mesure et sans règles ? Une liberté pensée comme absence d'obligation et de règles ne nous expose-t-elle pas en réalité à de la contrainte ?

DÉFINITIONS
L'obligation désigne le devoir, défini par la loi morale ou juridique ; la **contrainte** est ce qui fait obstacle à notre volonté.

2. L'absence de discipline ruine la liberté

A. L'absence de mesure nous fait souffrir

• Il est en effet nécessaire d'envisager les conséquences d'une telle définition de la liberté : si être libre c'est se détacher de tout souci d'ordre et de mesure, si la liberté est licence, c'est-à-dire pouvoir de faire ce que nous voulons, nous devons alors nous représenter la vie libre comme une vie en proie aux passions. Or, comment l'homme, esclave de ses passions et éternellement insatisfait, pourrait-il être dit libre ?

• Dans le *Gorgias*, Socrate, qui s'adresse à Calliclès, oppose la souffrance de cette « vie déréglée » à la « vie d'ordre » en illustrant chacune de ces situations par une image. D'un côté, un homme possède des tonneaux remplis de nourriture : il est « l'homme tempérant » qui combat l'illimitation du désir. De l'autre, un homme n'a que des tonneaux fêlés car il refuse toute discipline et ne soucie pas de lui-même : soumis à ses passions, il est voué à souffrir à cause de ses excès.

B. L'homme sans discipline est un homme soumis

La vie sans discipline nous apparaît alors comme la vie apparemment facile mais essentiellement souffrante de l'homme irréfléchi qui, fuyant l'ordre et les limites de la réalité, se trouve ballotté au gré de ses passions ou du hasard. « Ces hommes, dit Sénèque dans la *Lettre à Lucilius*, qui s'élancent de projets en projets ou qui même, sans élan spontané, s'y laissent pousser comme par le hasard, comment auraient-ils un sort fixe et durable, eux, flottants et mobiles ? Peu de gens, soit au-dehors soit au-dedans d'eux-mêmes, s'ordonnent selon les plans de la raison : la multitude, comme ces objets qui suivent le courant des fleuves, ne marche pas, mais est entraînée. » De fait, comment croire que ces hommes affairés, si peu maîtres d'eux-mêmes, vivent en hommes libres ?

L'AUTEUR
Sénèque
(vers 4 av. J.-C. – 65 ap. J.-C.).

Sénèque est un représentant du stoïcisme, courant philosophique selon lequel l'homme est libre en ce qu'il peut maîtriser sa vie passionnelle et adhérer à son destin.

[Transition] Si la liberté suppose l'affranchissement vis-à-vis d'une discipline imposée de l'extérieur, elle ne peut pas pour autant être pensée en dehors de toute règle. Dès lors, c'est *en soi* qu'il faudrait trouver une forme de discipline.

3. Être libre suppose une discipline de soi

A. Seul l'homme maître de lui-même est libre

> **▶ Le conseil de méthode**
> La troisième partie n'est pas une synthèse au sens où l'on répondrait « peut-être » : après avoir exposé les inconvénients d'une liberté sans discipline, on montre ici en quoi la discipline est ce sans quoi il n'y a pas de liberté.

• Il apparaît alors que la liberté n'est pas seulement compatible avec la discipline de soi, mais se trouve conditionnée par l'effort que nous faisons pour nous soucier de nous-mêmes. En ce sens, la vraie liberté n'est pas licence mais autonomie (du grec, *auto*, soi-même, et *nomos*, la loi). Mais comment se donner à soi-même ses propres règles d'action ? Comment résister au flux des passions qui s'offrent à nous ?

• Pour les stoïciens, notre liberté consiste d'abord en un pouvoir d'agir sur nos désirs : la raison particulière à l'âme humaine consiste en effet dans l'« assentiment » qui se trouve, disent-ils, entre nos représentations et ce qu'ils appellent la « tendance ». L'âme doit donner son assentiment, son accord, pour que la tendance liée à une certaine représentation se réalise, sans quoi nous ne pouvons pas agir. Autrement dit, nous avons toujours le choix de former en nous une passion : il est possible d'agir sur notre jugement, pour ne plus être exposé à une souffrance qui n'est pas naturelle, puisqu'elle est liée à une adhésion immédiate et irréfléchie à une impression venue du dehors. Le stoïcisme, en ce sens, correspond à une éthique de l'autonomie rationnelle : le souverain bien repose sur un accord avec soi-même rendu possible par le contrôle de l'âme par la raison.

B. L'homme libre se soucie de lui-même

• La liberté n'est donc pas ce qui doit se plier à la discipline, mais au contraire ce à quoi nous ne pouvons accéder que par une discipline permanente visant à nous rendre maître de nous-mêmes. Devenir libre suppose avant tout un effort sur soi, effort qui s'oppose au laisser-aller de celui qui s'asservit à son ignorance et à ses passions. C'est en ce sens qu'il faut entendre la formule « Connais-toi toi-même », précepte delphique réinvesti par Socrate : la connaissance de soi est étroitement liée, pour Socrate, au fait de se soucier de soi, c'est-à-dire de se préoccuper de son âme, de ne pas la livrer aux errances des désirs et des vices.

• La liberté s'obtient ainsi au prix de cette conversion à soi qui nécessite la rigueur et la force d'âme de celui qui a su prendre sa mesure, afin de s'améliorer. Comme le rappelle Michel Foucault dans *L'Herméneutique du sujet*, le souci de soi, loin de désigner une simple attitude de conscience, est pensé par l'Antiquité grecque comme un exercice permanent, « une occupation réglée, un travail avec ses procédés et ses objectifs », par lequel l'âme se ressaisit en sortant de l'éparpillement propre à la vie affairée.

Conclusion

Ainsi, une liberté sans discipline est difficilement pensable, dans la mesure où la vie indisciplinée ne saurait apparaître comme une bonne vie : c'est tout l'enjeu de la philosophie morale que de répondre à la question : « Que faire ? ». Or, répondre à cette question passe non seulement par la mesure de ce qu'il nous est possible de faire, mais aussi par l'effort sans cesse renouvelé pour trouver en soi de quoi régler nos actions afin de résister, en se formant soi-même, à ce qui nous éloigne de nous.

S'ENTRAÎNER

3 AUTRES SUJETS POUR S'ENTRAÎNER

- Suffit-il d'avoir le choix pour être libre ?
- Explication d'un extrait de *De la concorde*, d'Anselme
- Explication d'un extrait du *Traité des sensations*, de Condillac

▶ Retrouvez les corrigés sur annabac.com

22 Centres étrangers • Juin 2021

Arendt, *Du mensonge en politique*

EXPLICATION DE TEXTE

4 heures
20 points

INTÉRÊT DU SUJET • Nous avons tendance à condamner le mensonge. Mais n'est-il pas aussi une marque du pouvoir que nous avons de ne pas être entièrement soumis à la réalité, et donc une façon d'expérimenter notre liberté ?

Expliquez le texte suivant :

Un des traits marquants de l'action humaine est qu'elle entreprend toujours du nouveau, ce qui ne signifie pas qu'elle puisse alors partir de rien, créer à partir du néant. On ne peut faire place à une action nouvelle qu'à partir du déplacement ou de la destruction de ce qui préexistait et de la modification de l'état de choses existant. Ces transformations ne sont possibles que du fait que nous possédons la faculté de nous écarter par la pensée de notre environnement et d'*imaginer* que les choses pourraient être différentes de ce qu'elles sont en réalité. Autrement dit, la négation délibérée de la réalité – la capacité de mentir –, et la possibilité de modifier les faits – celle d'agir – sont intimement liées ; elles procèdent l'une et l'autre de la même source : l'imagination. Car il ne va pas de soi que nous soyons capables de *dire* : « le soleil brille », à l'instant même où il pleut (certaines lésions cérébrales entraînent la perte de cette faculté) ; ce fait indique plutôt que, tout en étant parfaitement aptes à appréhender le monde par les sens et le raisonnement, nous ne sommes pas insérés, rattachés à lui, de la façon dont une partie est inséparable du tout. Nous sommes *libres* de changer le monde et d'y introduire de la nouveauté. Sans cette liberté mentale de reconnaître ou de nier l'existence, de dire « oui » ou « non » – en exprimant notre approbation ou notre désaccord non seulement en face d'une proposition ou d'une déclaration, mais face aux réalités telles qu'elles nous sont données, sans contestation possible, par nos organes de perception et de connaissance – il n'y aurait aucune possibilité d'action.

Hannah Arendt, *Du mensonge en politique*, 1972.

LES CLÉS DU SUJET

Repérer le thème et la thèse

• Dans ce texte, Arendt s'interroge sur ce qui rend possible la liberté humaine.

• Elle démontre que la liberté de l'homme résulte de sa capacité à s'affranchir de l'emprise de la réalité par son imagination. Cette faculté rend possibles ces expériences concrètes de la liberté que sont l'action et le mensonge.

Dégager la problématique

Problématique

- On pourrait penser que l'homme est libre parce que doté d'une raison, faculté qui lui permet de connaître le monde. Mais ne pouvons-nous pas faire une expérience plus concrète de notre liberté ?
- La liberté humaine provient-elle du pouvoir de connaître le monde, ou bien de le changer, en particulier grâce à notre imagination ?

Repérer les étapes de l'argumentation

1. Agir, c'est modifier le réel (l. 1 à 8)	• Arendt définit d'abord le pouvoir d'agir propre à l'homme comme un pouvoir créateur. Mais l'homme crée-t-il à partir de rien ? • Elle met en évidence le fait qu'une création est en soi une transformation du réel, qui suppose une mise à distance de celui-ci par l'imagination.
2. L'imagination nous libère de la réalité (l. 8 à 17)	• Dans un deuxième temps, Arendt définit l'imagination comme la capacité que nous avons de nous libérer du réel. • Ce qui conditionne notre pouvoir d'agir mais aussi de mentir, c'est la même capacité libératrice.
3. L'imagination fait de nous des hommes libres (l. 18 à 23)	• De là, Arendt conclut que c'est cette faculté qui nous rend libres, parce qu'elle nous permet de changer le monde. • *A contrario*, si nous adhérions pleinement à la réalité, nous lui serions entièrement soumis.

22 CORRIGÉ GUIDÉ

Les titres en couleurs et les indications entre crochets servent à guider la lecture mais ne doivent en aucun cas figurer sur la copie.

Introduction

[Question abordée] Dans cet extrait de *Du mensonge en politique*, Arendt se demande ce qui fait de l'homme un être libre. Nous pourrions croire que l'homme est libre parce que doté d'une raison qui lui permet de connaître la réalité. Mais n'est-il pas possible de faire de notre liberté une expérience plus concrète ? [Thèse] Arendt démontre ici que la liberté de l'homme résulte avant tout de sa capacité à s'affranchir de l'emprise de la réalité par son imagination, qui lui permet d'agir et de mentir.

[Problématique et annonce du plan] Pour démontrer cela, Arendt définit d'abord le pouvoir d'agir propre à l'homme comme un pouvoir créateur. Mais l'homme crée-t-il à partir de rien ? Elle met alors en évidence le fait que toute création suppose une mise à distance du réel par l'imagination (l. 1 à 8). Mais cette dernière n'est-elle pas qu'une faculté fantaisiste sans implication pratique ? Dans un deuxième temps, Arendt définit l'imagination comme ce qui conditionne notre pouvoir d'agir mais aussi de mentir (l. 8 à 17). De là, elle conclut que c'est cette faculté qui nous rend libres (l. 18 à 23).

1. Agir, c'est modifier le réel

A. Le pouvoir d'agir propre à l'homme est un pouvoir créateur

- Arendt ouvre sa démonstration en montrant que si l'homme « agit », c'est dans la mesure où il introduit du « nouveau » dans le monde : il modifie la réalité. De fait, alors que dans la nature tout se répète puisque tout phénomène produit toujours le même effet (le monde naturel est régi par les lois nécessaires que sont les lois physiques), les hommes ont la capacité de créer des actions qui n'ont jamais eu lieu.

> **À NOTER**
> Arendt explique qu'il n'existe pas d'action dans la nature : « l'action, pour être libre, doit être d'une part libre de motif et d'autre part de son but visé comme effet prévisible. »

- Mais en quel sens entendre cette création ? Pour l'homme, créer, ce n'est pas faire surgir quelque chose « à partir du néant », comme le ferait un démiurge. Agir, précise-t-elle, ce n'est pas rompre avec la réalité, mais la transformer.

B. Créer, c'est transformer le réel et le mettre à distance

• Mais d'où vient ce pouvoir de transformation propre à l'homme ? Il n'est possible, dit Arendt, qu'en vertu de la faculté qu'a l'homme de « s'écarter par la pensée de son environnement ». Bien sûr, l'homme est inscrit dans la réalité, mais il a le pouvoir de ne pas y être entièrement immergé, dans la mesure où il peut « imaginer que les choses pourraient être différentes de ce qu'elles sont en réalité ».

> ▶ **Le conseil de méthode**
> Votre commentaire de texte doit être ponctué des définitions des mots importants du texte, comme ici le terme d'imagination. C'est par cet effort d'analyse que vous éviterez la paraphrase.

• Autrement dit, si l'homme est capable d'action, c'est parce qu'il est doué d'imagination. Il s'agit de cette faculté intellectuelle qui nous rapporte à l'avenir et par laquelle nous pouvons produire par notre esprit l'idée ou l'image d'une chose qui n'est pas là ou qui n'existe pas encore. De fait, imaginer, c'est partir du réel pour envisager l'une de ses modifications possibles.

[Transition] Mais en quoi l'imagination nous permettrait-elle de transformer la réalité ? N'est-elle pas cette faculté fantaisiste, qui nous permet tout au plus de nous extraire un moment du réel ?

2. L'imagination nous libère de la réalité

A. L'imagination nous permet d'agir et de mentir

• Arendt met alors en évidence le caractère libérateur de cette faculté. Elle établit une analogie entre l'action et le mensonge : tous deux procèdent de l'imagination en tant que pouvoir de « négation délibérée de la réalité ». En effet, de la même façon que je ne peux agir que si j'envisage que la réalité pourrait être différente de ce qu'elle est, je ne peux mentir qu'à condition de pouvoir nier la réalité telle qu'elle est.

• La nier, ce n'est pas délirer en refusant de voir ce qui est en face de nous. C'est refuser d'admettre que ce réel n'est pas susceptible d'être modifié. L'imagination est donc la « source » de l'action comme du mensonge, c'est-à-dire leur condition de possibilité.

B. Un exemple de mensonge

• Arendt s'appuie alors sur un exemple de parole non conforme à la réalité. « Que nous soyons capables de *dire* “le soleil brille” à l'instant même où il pleut » n'est pas une défaillance de notre part, comme nous avons tendance à le croire quand nous envisageons le mensonge dans une perspective morale, mais un pouvoir. C'est ce qu'Arendt souligne encore en mentionnant l'existence de « lésions cérébrales » qui entraîneraient la perte de cette faculté de dissocier ce que nous disons et ce qui correspond à la réalité.

• Si nous n'étions pas capables de former dans notre esprit l'idée que le soleil brille alors que ce n'est pas le cas, nous serions rivés à la réalité. Par conséquent, c'est bien notre imagination qui desserre les liens que « les sens et le raisonnement » tissent entre la réalité et nous. C'est bien en cela que, loin d'être seulement cette puissance « maîtresse d'erreur et de fausseté » qu'évoquait Pascal, notre imagination rend notre liberté possible.

L'AUTEUR
Blaise Pascal (1623-1662).

Mathématicien, philosophe et théologien, Pascal développe une critique de l'imagination, « cette superbe puissance ennemie de la raison qui se plaît à la contrôler et à la dominer ».

[Transition] Mais en quoi ce pouvoir d'agir et de mentir que l'imagination nous donne serait-il une bonne chose pour nous ? Imaginer, ce n'est pas connaître, or n'est-ce pas la connaissance qui nous libère ?

3. L'imagination fait de nous des hommes libres

A. Nous avons le pouvoir de changer le monde

• Finalement, Arendt précise la portée de cette faculté qu'est l'imagination en faisant une hypothèse : si nous étions dépourvus d'imagination, que se passerait-il ? « Sans cette liberté mentale de reconnaître ou de nier l'existence », nous serions incapables de changer le monde. En d'autres termes, si nous pouvons, par l'imagination, nous détacher de la réalité, cette distance correspond finalement à un pouvoir de choisir.

• Celui qui agit dans le domaine politique manifeste ainsi cette capacité : alors que la nature est faite de lois qui nous échappent, puisqu'elles sont nécessaires, le monde des hommes est contingent, tissé de lois juridiques que nous pouvons changer. Notre imagination nous projette dans l'avenir et nous fait entrevoir que ce qui est pourrait être différent. De la même façon, celui qui ment fait l'expérience de ce pouvoir : il peut choisir de travestir la réalité.

DÉFINITIONS
Ce qui est **nécessaire** ne peut pas être autrement, ne peut pas ne pas se produire. Ce qui est **contingent** (du latin *contingentia*, ce qui arrive, hasard) aurait pu ne pas être ou être autrement.

B. Sans l'imagination, nous serions soumis à la réalité

- Capables d'envisager que le monde pourrait être différent et capables d'envisager ce qu'il pourrait être, nous acquérons par là la possibilité de changer le monde. Sans l'imagination, nous serions seulement tributaires de ce que nos sens ou notre raison nous disent de la réalité. Autrement dit, nous ne pourrions que constater l'état du monde tel qu'il est, et nous efforcer de le connaître, « par nos organes de perception et de connaissance ». Mais ce rapport à la réalité resterait alors empreint d'une forme de passivité : il serait « sans contestation possible », puisque nous ne choisissons pas le monde tel qu'il est.
- Ainsi, c'est bien notre imagination qui nous projette dans le possible, et de ce fait, nous permet d'agir, c'est-à-dire d'introduire une rupture dans le cours du monde. C'est bien dans l'action que nous expérimentons notre liberté.

Conclusion

En définitive, Arendt démontre ici que la liberté n'est pas un simple attribut de la volonté, mais ce dont nous faisons l'expérience concrète à travers nos actions. Et cette expérience n'est rendue possible que par l'existence en nous de l'imagination, cette faculté qui nous permet de nous défaire de l'emprise de la réalité, d'envisager un changement et d'y œuvrer.

S'ENTRAÎNER

2 AUTRES SUJETS POUR S'ENTRAÎNER

- Peut-on avoir peur de la liberté ?
- Explication d'un extrait d'*Essai sur les données immédiates de la conscience*, de Bergson

▶ Retrouvez les corrigés sur annabac.com

La nature est-elle injuste ?

DISSERTATION

4 heures
20 points

INTÉRÊT DU SUJET • Si un élève obtient de bonnes notes dans une discipline sans paraître fournir d'effort particulier, d'autres auront tendance à penser que « la nature est injuste ». De fait, il semble que nous n'ayons pas tous les mêmes aptitudes. Mais si la nature nous a fait différents, peut-on dire pour autant qu'elle est injuste ?

LES CLÉS DU SUJET

Définir les termes du sujet

Nature

- La nature d'une chose désigne son essence, ce qui la définit.
- En un second sens, le monde de la nature s'oppose à celui de l'artifice et désigne le monde non-produit par l'homme. Ce qui est issu de la nature s'oppose ainsi à ce qui provient de la technique.
- La nature peut être identifiée à une puissance créatrice, s'engendrant et se renouvelant sans cesse.
- Elle désigne encore le monde physique régi par des lois identifiées par le discours scientifique.

Injuste

- La justice peut se définir comme la conformité à la loi juridique. Elle désigne également une norme morale et politique qui ne s'appuie pas sur ce qui est, mais sur ce qui doit être. Pour être juste, une loi doit ainsi être conforme à cette norme qu'elle vise comme son idéal.
- Cette norme peut être considérée comme établie par une vertu propre à l'homme ou découlant d'un ordre de la nature.

Dégager la problématique

Problématique

- Il nous arrive d'éprouver un sentiment d'injustice en constatant qu'il existe entre nous des inégalités naturelles, auxquelles nous ne pouvons rien.
- Mais si nous sommes naturellement différents, ces inégalités sont-elles vraiment produites par la nature ? La nature est-elle cette puissance aveugle que nous sommes fondés à blâmer, ou bien ce reproche est-il infondé ?

Construire un plan

1. La nature est injuste	• Peut-on trouver une quelconque forme de justice dans le monde naturel ? • Il s'agira d'abord de démontrer que les inégalités sociales découlent de l'injustice propre à la nature.
2. Ce n'est jamais la nature qui est injuste	• Mais est-ce vraiment la nature qui produit les inégalités et les injustices ? • Il conviendra alors de démontrer que l'injustice est en réalité une création sociale.
3. La nature peut incarner une norme de justice	• Mais la nature ne peut-elle être pour nous une règle de justice ? • Nous verrons enfin comment la nature peut apparaître comme une norme de la bonne vie.

23 CORRIGÉ GUIDÉ

Les titres en couleurs et les indications entre crochets servent à guider la lecture mais ne doivent en aucun cas figurer sur la copie.

Introduction

[Reformulation du sujet] Il s'agit de savoir si nous pouvons légitimement reprocher à la nature son injustice. De fait, il nous arrive, face aux inégalités physiques ou intellectuelles que nous constatons, de blâmer la nature, qui n'aurait pas distribué équitablement les biens ou qualités. Mais ce reproche est-il fondé ? [Définition des termes du sujet] La nature désigne à la fois l'essence d'une chose et l'ensemble du monde non créé par l'homme. Elle peut alors être considérée comme une puissance d'engendrement ou comme le monde physique réglé par des lois. Ce qui est juste peut désigner ou bien ce qui est conforme à la loi juridique, ou bien ce qui correspond à cette norme morale et politique qu'est la justice. En tant que norme, la justice définit non pas ce qui est, mais ce qui doit être. En tant que vertu, elle correspond à une forme d'impartialité et de capacité à agir selon l'équité ou l'égalité.

[Problématique et annonce du plan] La nature est-elle cette puissance aveugle qui ne connaît que le hasard et l'arbitraire, ou bien lui reprocher son injustice est-il infondé ? Et ne peut-on pas aller jusqu'à admettre qu'il y a, dans l'ordre naturel, une forme de justice ?

1. La nature est injuste

A. L'injustice règne dans la nature

- Dans un premier temps, on pourrait penser que la nature est injuste, dans la mesure où il nous semble qu'elle distribue les dons et qualités de façon inégale. De fait, un sentiment d'injustice peut naître du simple constat des inégalités naturelles, doublé d'un sentiment d'impuissance, puisque face à cette répartition inégale des biens, nous ne pouvons rien, comme nous ne pouvons rien face à la violence d'un orage.

- Nous naissons avec certaines qualités physiques ou intellectuelles, et ceci est le fruit du hasard qui ne saurait être considéré comme un principe de justice : la nature nous aurait inégalement dotés, mais surtout de manière inéquitable, puisqu'il apparaît que l'homme le plus vertueux n'est pas nécessairement le plus beau. De fait, la nature semble nous inscrire de façon arbitraire dans une hiérarchie.

B. Les inégalités naturelles justifient les inégalités sociales

- C'est précisément cette nature conçue comme une puissance d'engendrement aveugle aux mérites qu'évoque Calliclès dans le *Gorgias* de Platon, affirmant que paradoxalement, cette injustice apparente est la justice selon la nature. Autrement dit, si la nature nous semble injuste, c'est parce que nous assimilons la justice à l'égalité. Mais cette définition de la justice est un artifice humain : la seule justice, c'est en réalité l'ordre de la nature, qui veut l'inégalité, et ce qui vaut pour les animaux doit valoir pour les hommes.

> **CITATION**
> « La justice consiste en ce que le meilleur ait plus que le moins bon et le plus fort plus que le moins fort. Partout il en est ainsi, c'est ce que la nature enseigne, chez toutes les espèces animales, chez toutes les races humaines et dans toutes les cités ! Si le plus fort domine le moins fort et s'il est supérieur à lui, c'est là le signe que c'est juste. »
> (Calliclès dans le *Gorgias*, Platon).

• On peut ainsi penser que les inégalités sociales sont justes parce que conformes à cette loi de la nature productrice d'inégalités de laquelle nous dépendons comme l'ensemble du monde naturel. Dans *La Fable des abeilles*, Bernard Mandeville dépeint une nature humaine en proie aux deux passions fondamentales que sont l'« amour de soi » (qui nous pousse à nous avantager) et l'« amour-propre » (qui naît de la comparaison avec les autres et nous incite à rivaliser avec eux, voire à les détruire). S'il y a des inégalités sociales, selon Mandeville, c'est parce que l'homme aspire naturellement à l'injustice, en vertu de ces deux passions qui le poussent à rechercher le luxe. Or le luxe implique une hiérarchie sociale, faite de pauvres qui doivent rester pauvres et continuer à travailler, et de riches qui entretiennent la pauvreté des autres pour profiter du luxe.

L'AUTEUR

Bernard Mandeville (1670-1733). Mandeville est un écrivain néerlandais puis anglais, qui soutient l'idée que le vice individuel, qui conduit à la recherche des richesses, produit, en libérant les appétits, une opulence supposée ruisseler du haut en bas de la société.

[Transition] Pourtant, peut-on vraiment justifier les inégalités sociales en s'appuyant sur une loi de nature ? Et tout d'abord, si un homme naît plus petit qu'un autre, peut-on vraiment mettre cela sur le compte d'une injustice de la part de la nature ?

2. Ce n'est jamais la nature qui est injuste

A. La nature nous fait différents et non inégaux

• De fait, justifier l'injustice sociale par celle qui règne dans la nature pourrait reposer sur une confusion, portant sur l'origine de l'injustice. Comment la nature pourrait-elle être injuste ? La nature produit de la diversité, des êtres différents, mais ne crée aucune hiérarchie entre eux, ni aucun critère selon lequel l'un pourrait se dire supérieur ou inférieur à l'autre.

DÉFINITION

Deux choses **différentes** sont deux choses qui se distinguent, qui ne sont pas identiques (du latin *idem*, qui signifie « le même »). Deux choses **inégales** (du latin *aequalis*, qui signifie « de même niveau ») sont inscrites dans une hiérarchie.

• Dans le *Discours sur l'origine et les fondements de l'inégalité parmi les hommes*, Rousseau récuse ainsi l'existence d'une loi de nature susceptible de justifier les inégalités sociales, en montrant qu'à l'état de nature, l'injustice n'existe pas et que les hommes vivent dans une relative innocence. S'il existe naturellement des

À NOTER

L'**état de nature** est une fiction par laquelle certains philosophes politiques entendent identifier ce qui, en nous, est naturel ou produit par la société, afin de savoir quelle organisation politique nous convient.

différences entre nous, il n'existe, par nature, aucune inégalité, la nature nous ayant tous faits égaux en tant qu'hommes, c'est-à-dire de même niveau du point de vue de l'espèce.

B. L'inégalité est une création sociale

• Dès lors que les inégalités naturelles n'existent pas, il apparaît que c'est la société qui crée les inégalités et fait donc naître l'injustice, en valorisant arbitrairement ces différences naturelles et en les inscrivant dans une hiérarchie.

• Il est donc impossible de justifier les inégalités sociales par une loi de nature qui nous ferait inégaux, dans la mesure où l'inégalité n'a jamais aucun fondement naturel. Autrement dit, les injustices sociales ne sont pas comparables à des orages violents : face à elles, nous pouvons donc agir.

DÉFINITIONS
L'**origine** désigne le point de départ chronologique d'une chose, le **fondement** désigne ce qui la justifie.

[Transition] Si la nature n'est en soi ni juste ni injuste, nous ne sommes pas fondés à nous réclamer de son injustice pour légitimer les inégalités sociales. Mais ne peut-on pas cependant trouver dans la nature un principe de justice ?

3. La nature peut incarner une norme de justice

A. La nature humaine nous incline à la justice

• À ce point du raisonnement, la question porte sur la définition de la nature humaine. N'est-il pas vrai, comme le soutient Mandeville, que la nature réclame à travers nous l'injustice, puisqu'elle nous a pétris d'« amour-propre » ? Mais, selon Rousseau, l'amour-propre, qui nous porte à rivaliser avec nos semblables, naît déjà d'une comparaison avec les autres. En société, je me compare aux autres, puis je compare ce que j'ai à ce qu'ils ont. L'amour-propre n'est donc qu'une création sociale, le fruit d'un cœur perverti. Et ce qui prouve que l'amour-propre n'a rien de naturel, autrement dit que l'intérêt n'est pas notre seul principe d'action, c'est que nous sommes capables d'éprouver la pitié, ce sentiment qui repose sur une identification au plus faible dont nous ressentons alors la souffrance.

• Sentiment naturel et universel, la pitié défie la logique de l'intérêt et ébranle une conception anthropologique selon laquelle l'homme serait essentiellement injuste. Notre nature est ainsi faite, dit Rousseau, qu'à l'« amour de soi », principe d'action visant à conserver notre vie, s'ajoute ce sentiment tout aussi naturel et puissant qu'est la « pitié », qui nous pousse à désirer la justice. C'est ainsi que notre nature peut incarner une norme de justice.

B. La fidélité à la nature peut être une norme de la bonne vie

• S'il est absurde de qualifier le monde naturel de juste ou d'injuste, celui-ci peut par conséquent prétendre incarner une norme sur laquelle régler nos vies. Ainsi, Épicure nous appelle, dans la *Lettre à Ménécée*, à ne cultiver que nos désirs naturels, c'est-à-dire ceux que la nature nous donne les moyens de satisfaire facilement.

• Que la nature soit la référence de notre vie, c'est l'idée que porte au plus haut point le cynisme, en opposant d'abord la nature à l'opinion, au préjugé, aux fausses valeurs et aux conventions par lesquelles nous nous éloignons de notre liberté et de l'essence de notre vie. Tel est le sens de l'anecdote rapportée par Diogène Laërce à propos de Diogène de Sinope : « Il affirmait opposer à la fortune son assurance, à la loi sa nature, à la douleur sa raison. Dans le Cranéion, à une heure où il faisait soleil, Alexandre le rencontrant lui dit : « Demande-moi ce que tu veux, tu l'auras. » Il lui répondit : « Ôte-toi de mon soleil ! ». » De fait, la puissance d'un empereur n'est rien au regard du soleil, la loi n'est rien au regard de la nature. Car c'est la nature qui libère et la coutume qui asservit.

> À NOTER
> Le **cynisme** (de *kûon*, qui en grec signifie « chien ») est une philosophie née en Grèce antique et fondée sur la revendication de la nature comme norme de vie. En se dépouillant des artifices sociaux, le cynique fait de sa vie une manifestation de la vérité : ses actes et ses paroles montrent ce qu'est la vie en son essence.

• La nature apparaît alors comme la norme suprême de la bonne vie. Diogène, dit l'oracle de Delphes, « toute sa vie falsifiera la monnaie », c'est-à-dire dévaluera ce qui repose sur la loi et la coutume, au profit de ce qui découle de la nature. Comme le dira Plutarque, il s'agit pour les cyniques d'« ensauvager la vie » en remettant en cause l'ensemble des conventions sociales. Mais cet ensauvagement va de pair avec un extrême rigorisme moral, porté par le souci de ne jamais s'écarter de cette seule vie juste possible qu'est la vie selon la nature.

Conclusion

En définitive, il n'est pas seulement vain, mais aussi absurde de blâmer la nature pour son injustice. La nature n'est ni juste ni injuste, et, si elle produit de la diversité, seuls les hommes sont responsables de l'inégalité et de l'injustice. Il nous revient alors de retrouver la nature non comme la norme des injustices sociales, mais comme la norme de nos vies, et de nous soucier de ce que notre nature humaine exige, pour vivre selon la justice.

S'ENTRAÎNER

24 La raison

Faut-il préférer la raison à l'imagination ?

DISSERTATION

4 heures
20 points

INTÉRÊT DU SUJET • On associe souvent l'imagination à la rêverie. Préférer l'imagination à la raison semble conduire à une vie plus heureuse, affranchie des bornes étroites du réel. Mais ce bonheur semble incompatible avec la vérité.

LES CLÉS DU SUJET

Analyser les termes du sujet

La raison

La raison est la faculté de distinguer le vrai et le faux, associée à la recherche de la vérité, ainsi qu'à la tentative de prouver chaque proposition que l'on tient pour vraie.

L'imagination

L'imagination est la capacité à former des images qui peuvent s'affranchir de toute correspondance à la réalité.

Préférer

Ce verbe suppose une rivalité entre ces deux facultés. Cela implique de définir un critère qui permette de les comparer.

Dégager la problématique

Problématique

- La raison et l'imagination sont deux façons d'appréhender le réel qui semblent contradictoires. Dès lors, faut-il privilégier la volonté de connaître le réel ou bien un rapport plus libre à la réalité ?
- Mais l'existence d'un critère qui permette de comparer raison et imagination pose un problème : est-ce en fonction de l'idéal de vérité ? de la recherche du bonheur ?

Construire un plan

1. Le primat de la raison sur l'imagination	• Montrez que la raison est la faculté la plus adaptée pour atteindre la vérité. • Faites des recherches sur le personnage de Don Quichotte. La raison est-elle également la faculté la plus adaptée pour atteindre le bonheur ?
2. Faut-il toujours se méfier de l'imagination ?	• L'imagination conduit-elle nécessairement à l'erreur ? au malheur ? • Prenez l'exemple de la pratique artistique pour montrer en quoi l'imagination est une faculté importante.
3. Raison et imagination : deux facultés complémentaires	• Comment se construisent les théories scientifiques : raison et imagination s'opposent-elles nécessairement ? • Montrez en quoi raison et imagination peuvent être complémentaires.

24 CORRIGÉ GUIDÉ

Les titres en couleurs et les indications entre crochets servent à guider la lecture mais ne doivent en aucun cas figurer sur la copie.

Introduction

[Accroche] Voltaire attribue à Malebranche une formule comprise comme une critique de l'imagination : l'imagination serait « la folle du logis », qui empêche l'homme d'user correctement de sa raison. Il s'agirait donc d'apprendre à préférer la raison, malgré notre penchant naturel à fabriquer des images. [Problématique] Pourtant, peut-on se contenter de cette définition négative de l'imagination et s'en tenir à une défense, aussi bien théorique que pratique, de la raison ? [Annonce du plan] Nous montrerons tout d'abord que la raison permet d'atteindre la vérité et le bonheur plus facilement que l'imagination. Ensuite, nous réviserons cette conception négative de l'imagination pour en montrer la dimension créative. Nous montrerons enfin la complémentarité de la raison et de l'imagination.

1. Le primat de la raison sur l'imagination

> **▶ Le secret de fabrication**
>
> Le sujet présuppose que l'on puisse comparer raison et imagination. Les deux notions doivent donc avoir des points communs, mais aussi des différences, pour que l'on puisse préférer l'une ou l'autre.

A. Deux facultés différentes

• Raison et imagination sont toutes les deux des facultés de l'esprit. Autrement dit, elles renvoient à des capacités intellectuelles qui permettent au sujet d'appréhender le réel. Elles ne sont pas les seules facultés de l'esprit : la sensibilité, la mémoire sont d'autres facultés qui nous permettent de nous rapporter au monde.

• Mais raison et imagination se distinguent sur deux aspects. Premièrement, la raison semble attachée à connaître le réel tel qu'il est, tandis que l'imagination semble plutôt s'affranchir des bornes étroites du réel pour fabriquer de nouvelles images. Par exemple, c'est par la raison que je chercherais à connaître la composition chimique de l'or, mais par l'imagination que je pourrais imaginer une ville entièrement faite d'or. Deuxièmement, la raison implique de suivre des règles strictes qui permettent à la pensée de rester dans le vrai, quand l'imagination implique une forme de liberté. Dès lors, quel rapport au réel est préférable ?

B. La supériorité de la raison

• Traditionnellement, on considère que la raison est une faculté maîtresse en ce qu'elle permet d'accéder à la vérité et au bonheur. À l'inverse, l'imagination serait dangereuse en ce qu'elle conduirait à l'illusion. Le personnage de Don Quichotte, prenant des moulins pour des géants à force de lire des romans de chevalerie, témoigne des dangers de l'imagination.

À NOTER
Dans *Mensonge romantique et vérité romanesque*, René Girard s'appuie sur le personnage de Don Quichotte pour montrer que notre désir est toujours influencé par les autres, ici par la lecture des romans de chevalerie. L'imagination nous trouble en ce qu'elle modifie nos désirs.

• Sénèque montre que le jugement droit, permis par la raison, nous conduit au bonheur. Au contraire, l'imagination nous fait donner de la valeur à ce qui n'en a pas. Dès lors, elle fait notre malheur : nous craignons ou espérons des biens sans importance pour notre bonheur. La connaissance de la vérité par la raison permet donc d'éviter des maux illusoires. La raison doit discipliner les autres facultés, suspectées de pousser l'homme à l'excès.

[Transition] Le primat accordé à la raison repose sur une conception négative de l'imagination, comprise comme fantaisie qui nous éloigne du réel. Pourtant, on peut concevoir l'imagination de façon plus positive.

2. Faut-il toujours se méfier de l'imagination ?

> **▶ Le conseil de méthode**
> On peut maintenant renverser la hiérarchie entre raison et imagination. Selon la définition donnée aux termes du sujet, on peut envisager d'autres réponses possibles à la question posée.

A. Les effets positifs de l'imagination

- Dans ses *Pensées*, Pascal approfondit l'opposition entre la raison et l'imagination. Certes l'imagination, « superbe puissance ennemie de la raison », peut conduire l'homme à l'erreur. Qu'on place une planche entre les deux tours de Notre-Dame, même le philosophe le plus raisonnable, sachant que la planche est suffisamment solide, aura peur d'y marcher, car il imaginera les conséquences de sa chute. Mais cette faculté a aussi des effets qui ont de la valeur.

- D'abord, l'imagination conduirait plus facilement au bonheur que la raison : « Elle ne peut rendre sages les fous, mais elle les rend heureux, à l'envi de la raison, qui ne peut rendre ses amis que misérables ». La lucidité conduirait au malheur, là où l'imagination associée à la folie pourrait nous rendre malgré tout heureux.

- Elle est aussi pour Pascal au fondement de l'ordre social. Pascal prend l'exemple des costumes des magistrats et des symboles utilisés au tribunal, qui impressionnent l'imagination des hommes de telle sorte qu'ils accordent une valeur plus grande à la justice. Ainsi, sans nier le fait que l'imagination peut nous détourner de la vérité, il souligne ses avantages, qu'il convient de prendre en considération.

B. Art et imagination

- L'imagination revêt également une dimension créatrice. Contrairement à la raison, elle semble nous éloigner du réel. Mais cet écart ne doit pas toujours être associé à l'illusion, il peut aussi être fécond. Le cas de l'artiste est ainsi révélateur : par son imagination, il donne à voir de nouvelles formes expressives qui peuvent émouvoir le spectateur. Ainsi, pour Baudelaire, l'imagination est la « reine des facultés » : elle permet de créer un monde nouveau qui ne se limite pas à la nature.

- Baudelaire va plus loin, ne réservant pas l'usage de l'imagination à l'artiste. Tout homme doit savoir faire preuve d'imagination. Le diplomate doit imaginer les traités à venir, sans s'en tenir à ce que la raison lui dicte. Même le scientifique en a besoin pour formuler de nouvelles théories et inventer de nouveaux concepts, de telle sorte que « l'imagination est la reine du vrai ».

[Transition] Ne vaut-il pas mieux valoriser l'imagination plutôt que la raison ?

S'ENTRAÎNER

3. Raison et imagination : deux facultés complémentaires

▶ Le secret de fabrication

On peut terminer le devoir en remettant en cause le présupposé du sujet : y a-t-il un sens à vouloir préférer la raison ou l'imagination ? N'est-il pas plus intéressant de saisir leur complémentarité ?

A. Revoir les définitions de la raison et de l'imagination

- L'analyse précédente nous montre qu'il peut être stérile de chercher à établir une hiérarchie entre raison et imagination, au lieu d'en montrer la complémentarité. Ainsi, par exemple, l'imagination permet de formuler des hypothèses qui pourront par la suite être vérifiées par la raison dans le cadre d'une démarche expérimentale.
- L'imagination ne nous éloigne pas nécessairement du réel. Elle peut aussi être comprise comme un moyen d'accéder au réel et de l'envisager sous des rapports variés. De même, la raison n'est pas simplement l'application de règles formelles strictes : elle implique imagination et inventivité.

B. Un dialogue créateur

- Bachelard insiste sur l'ambiguïté de l'imagination. Les productions de l'imagination sont des obstacles épistémologiques. Mais l'imagination est une étape nécessaire de la formation du savoir, car elle implique un effort permanent du savant pour s'en déprendre.
- Préférer la raison à l'imagination ne signifie donc pas rejeter l'imagination comme une faculté inutile voire nuisible. Cela implique bien plutôt d'en saisir la spécificité, sans confondre les domaines d'application des deux facultés. L'imagination a bien une force créatrice dans laquelle la raison doit puiser, sans se laisser porter par ses séductions.

Conclusion

Préférer la raison à l'imagination ne doit pas conduire à sacrifier l'une de ces deux facultés au profit de l'autre. Tout au contraire, il convient de cerner leur spécificité pour faire de leur différence une tension créatrice : l'imagination permet à la raison de se dépasser, quand la raison discipline l'imagination. Cette thèse implique de dépasser l'opposition entre art et science, dans la mesure où toutes nos facultés concourent à la créativité de l'esprit.

Montaigne, *Essais*

EXPLICATION DE TEXTE

4 heures
20 points

INTÉRÊT DU SUJET • Une araignée qui tisse sa toile se montre beaucoup plus habile que le meilleur des artisans. Ne doit-on pas y voir le signe qu'il existe une certaine intelligence animale, et que la raison n'est pas l'exclusivité de l'homme ?

Expliquez le texte suivant :

Pourquoi l'araignée épaissit-elle sa toile en un endroit et la fait-elle plus lâche en un autre, se sert-elle à cette heure de cette sorte-ci de nœud, bientôt après de celle-là, si elle n'a pas et réflexion et pensée et conclusion ? Nous reconnaissons assez bien, dans la plupart de leurs ouvrages, combien les animaux ont de supériorité sur nous et combien notre technique est faible pour les imiter. Nous voyons toutefois, dans nos œuvres, plus grossières, les facultés que nous employons pour les produire, et que notre âme se sert alors de toutes ses forces ; pourquoi n'en pensons-nous pas autant à leur sujet ? Pourquoi attribuons-nous à je ne sais quel penchant inné et servile les ouvrages qui surpassent tout ce que nous pouvons faire naturellement et par procédés inventés ? En cela, sans y penser, nous leur donnons un très grand avantage sur nous, en admettant comme un fait que Nature, avec une douceur maternelle, les accompagne et les guide pour ainsi dire par la main dans toutes les actions et les agréments de leur vie tandis qu'elle nous abandonne au hasard et au sort et nous oblige à chercher par nos techniques les choses nécessaires à la préservation de notre vie et qu'elle nous refuse en même temps les moyens de pouvoir arriver, par quelque apprentissage et quelque effort de l'esprit, à l'habileté naturelle des bêtes, de manière que leur stupidité animale surpasse dans toutes les choses utiles et agréables tout ce dont est capable notre divine intelligence.

Montaigne, *Essais*, 1580.

LES CLÉS DU SUJET

Repérer le thème et la thèse

• Qu'est-ce qui sépare le monde humain du règne animal ? Cette opposition paraît douteuse à Montaigne, qui conçoit à l'inverse une continuité dans la nature.

• Pour Montaigne, « l'habileté naturelle des bêtes » témoigne de leur intelligence : la raison n'est donc pas comme on le croit le propre de l'homme.

Dégager la problématique

Problématique

- L'homme se croit le détenteur exclusif de la faculté de raisonner, mais comment expliquer dans ce cas les signes évidents d'une intelligence animale ?
- Si l'on tient à comparer les aptitudes de l'homme et de l'animal, est-il bien certain que la comparaison sera à notre avantage ?

Repérer les étapes de l'argumentation

1. Le propre de l'homme ? (l. 1 à 4)	• L'exemple de départ conduit à un questionnement philosophique sur une éventuelle intelligence animale. • Montaigne s'oppose à une tradition fortement ancrée qui oppose l'homme et l'animal.
2. Le scepticisme de Montaigne (l. 4 à 11)	• L'opposition de l'instinct et de la conscience conduit à des contradictions. • Le but de l'auteur est moralisant : il s'agit de remettre en question l'orgueil humain.
3. Une conception continuiste de la nature (l. 11 à 21)	• La nature n'est pas une mère qui favorise certains de ses enfants et se montre cruelle avec les autres. • Il y a une continuité dans la nature : les êtres vivants possèdent les mêmes facultés mais à divers degrés.

25 CORRIGÉ GUIDÉ

Les titres en couleurs et les indications entre crochets servent à guider la lecture mais ne doivent en aucun cas figurer sur la copie.

Introduction

[Question abordée] Cet extrait des *Essais* invite à une réflexion sur ce qui sépare le monde humain du règne animal. [Thèse] On évoque la raison, faculté de distinguer le vrai du faux et le bien du mal, mais Montaigne montre qu'elle n'est pas l'exclusivité de l'homme. [Problématique] Si c'était le cas, comment expliquer les nombreux signes d'une intelligence animale d'une part, et nos propres imperfections d'autre part ? [Annonce du plan] L'auteur part d'un exemple pour introduire à ce questionnement (l. 1-4), puis montre que la distinction de l'instinct et de la conscience conduit à des contradictions (l. 4-11). Il conclut de façon ironique sur notre perception de la « Nature » en nous invitant à plus de modestie (l. 11-21).

1. Le propre de l'homme ?

A. Un exemple qui donne à réfléchir

- Le texte s'ouvre par une question qui plonge le lecteur dans le doute. Si une araignée ne tisse pas partout sa toile de la même manière, il y a peut-être des raisons à cela. La question « pourquoi ? » renvoie à une éventuelle finalité : l'araignée a-t-elle des intentions que nous n'apercevons pas ?
- En partant d'un exemple qui fait signe vers une intelligence animale, Montaigne relègue au second plan l'opposition conceptuelle humanité/animalité et montre sa préférence pour les situations concrètes. De nombreux exemples similaires existent dans la nature : l'oiseau choisit soigneusement le lieu où faire son nid, le cheval reconnaît la colère dans l'aboiement du chien, etc. Les animaux seraient-ils mieux réglés et finalement plus rationnels que nous, qui errons souvent en nous réglant sur l'imagination ou la coutume ?

B. Une tradition puissamment ancrée

- La « réflexion », la « pensée » et la « conclusion » constituent le raisonnement : on formule des propositions, on les relie et on en déduit de nouvelles propositions, comme dans un syllogisme. De telles opérations mentales sont considérées comme le propre de l'homme : dans le *Traité de l'âme*, Aristote affirme que seul l'humain est doué du *logos* (terme grec signifiant

> **DÉFINITION**
> Un **syllogisme** est un raisonnement dans lequel, deux propositions étant posées, une troisième s'en déduit nécessairement.

« raison » et « discours ») et possède une « âme intellective ». L'animal, qui en reste au stade des émotions, n'a qu'une « âme sensitive ».

• Le dogme chrétien va dans le même sens : l'homme est à l'image de Dieu et les animaux lui sont soumis. Certes, Thomas d'Aquin concède dans sa *Somme théologique* que l'animal possède une forme de conscience. Ainsi, la brebis voit le loup et s'enfuit : telle est la tendance (« penchant ») que la nature lui a donnée à sa naissance (« inné ») et à laquelle elle ne peut qu'obéir (« servile »). Le jugement humain, lui, « n'est pas l'effet d'un instinct naturel, mais un acte de la raison », ce qui permet à l'homme de diversifier son action en exerçant son libre arbitre.

[Transition] Montaigne s'attaque à une idée puissamment ancrée en estimant qu'il n'y aucun motif valable pour refuser aux animaux la capacité de raisonner. Quels arguments emploie-t-il à l'appui de cette thèse ?

2. Le scepticisme de Montaigne

A. Instinct et intelligence

• Nous admettons la « supériorité » des animaux dans certaines opérations techniques. On en a même conclu, Aristote le premier, que l'art ne faisait qu'« imiter » la nature avec plus ou moins de réussite. L'araignée pourrait en apprendre au tisserand le plus averti, suggère Marx dans *Le Capital* (1867). Mais il ajoute aussitôt que le plus mauvais des tisserands joint à ses opérations la conscience de ce qu'il fait, alors que l'araignée suit son instinct.

• Mais si nous décelons en nous-mêmes l'emploi des « forces » et « facultés » de notre âme, au nom de quoi les refuser à des animaux plus habiles que nous ? La logique voudrait au contraire qu'on les leur attribue à un plus haut degré. Le scepticisme de Montaigne s'abat sur l'opposition entre instinct et intelligence et se prolonge dans de nouvelles questions : nous n'avons de fait aucune certitude sur ce qui se passe dans la tête des bêtes, et partant aucun droit de décréter qu'elles agissent comme des automates.

> **DÉFINITION**
> Le **scepticisme** est une école philosophique qui estime que la certitude nous est inaccessible.

B. Un message moralisant

• L'auteur n'idéalise pas la vie animale, mais veut remettre l'humain à sa place. Les jugements dépréciatifs sur les animaux trahissent une « maladie naturelle et originelle » nommée orgueil. C'est aussi pour « dégonfler les prétentions de la raison humaine » qu'un autre sceptique, Hume, évoque la « raison des animaux » dans l'*Enquête sur l'entendement humain* (1758).

CITATION
« J'en rabats beaucoup de notre présomption et me démets volontiers de cette royauté imaginaire qu'on nous donne sur les autres créatures. »
(Montaigne, *Essais*)

• Selon Montaigne, c'est précisément parce que nous nous ressemblons que nous tenons tellement à nous différencier de ceux qui devraient être nos « confrères et compagnons ». Les ressorts de l'anthropocentrisme et de l'ethnocentrisme sont les mêmes : la conviction d'incarner ce qu'il y a de plus parfait conduit à mépriser ce qu'on ne comprend pas.

[Transition] Montaigne révèle les contradictions de l'opinion dominante touchant la supériorité supposée de l'homme sur l'animal. En poursuivant sur un ton ironique, il nous suggère de penser autrement la nature.

3. Une conception continuiste de la nature

A. Une mère tendre et cruelle ?

• Montaigne évoque un lieu commun de la pensée antique personnifiant la « Nature » comme une mère injuste à l'égard de l'homme et pleine de « douceur » pour ses autres enfants, plus généreusement pourvus et guidés leur vie durant par la voix infaillible de l'instinct. Lucrèce par exemple proteste contre le traitement de faveur accordé aux animaux, à qui tout est donné, tandis que les hommes n'ont reçu que des maux en partage.

• Cette plainte traverse aussi le mythe de Prométhée, qui présente l'homme comme naturellement démuni mais détenteur du feu dérobé aux dieux, symbole d'ingéniosité et de technique. Mais cette idée a quelque chose de tragique car « l'habileté naturelle des bêtes » nous reste inaccessible en dépit de notre « intelligence » et de nos efforts. Elle est surtout absurde, puisque la plus grande perfection est associée à la « stupidité », tandis qu'un attribut « divin » donne lieu à des productions imparfaites.

B. Une continuité naturelle entre l'homme et l'animal

• Montaigne suggère qu'il y a dans la nature une continuité. Les animaux et l'homme jouissent des mêmes facultés mais à des degrés divers : la sensation nous soumet au plaisir et à la douleur, la prudence nous fait rechercher « les choses utiles et agréables », le langage nous permet de communiquer. Il en va de même de la raison, ni entièrement possédée par nous, ni entièrement inconnue par eux, comme le disait Plutarque dans *Que les animaux usent de raison*. Montaigne renchérit : « il y a plus de différence de tel homme à tel homme que de tel homme à telle bête. » Les différences touchent plus les individus que les espèces.

> CITATION
> « Nous vivons, et eux et nous sous un même toit et nous respirons le même air : il y a entre nous, sauf le plus et le moins, une perpétuelle ressemblance. » (Montaigne, *Essais*)

• Dans une *Lettre à Newcastle* de 1646, Descartes juge cette phrase cruelle et fausse. Il soutient que seuls les hommes, mais tous les hommes, sont doués de raison. Pour lui, la perfection observée dans les actions des animaux confirme qu'ils sont assimilables à des « machines » bien réglées.

Conclusion

Ce texte empreint de scepticisme ironise sur la fierté que certains trouvent à être venus au monde dans le corps d'un humain plutôt que de tout autre animal. Tout en dénonçant de façon fort classique l'orgueil humain, Montaigne fait preuve d'une belle audace en suggérant une continuité naturelle qui inspire aujourd'hui les défenseurs de la cause animale.

2 AUTRES SUJETS POUR S'ENTRAÎNER

• Explication d'un extrait de *Dimensions de la conscience historique*, d'Aron

• Explication d'un extrait de *Pensées et vues générales ou récapitulation*, de Bacon

▶ Retrouvez les corrigés sur annabac.com

La religion peut-elle s'en tenir aux limites de la simple raison ?

DISSERTATION

4 heures
20 points

INTÉRÊT DU SUJET • On associe souvent la religion aux actes d'intolérance et de violence dont elle a été la cause dans les siècles passés. Ce faisant, condamne-t-on sans appel la foi religieuse ?

LES CLÉS DU SUJET

Définir les termes du sujet

La religion

La religion désigne un ensemble de croyances et de rites qui se rapporte à une ou plusieurs entités supérieures. Tantôt on la valorise en insistant sur la volonté individuelle de donner du sens à sa vie par la foi, tantôt on en critique les dérives superstitieuses.

Peut-elle s'en tenir

- La formule implique un danger inhérent à la croyance ou la pratique religieuses. Celles-ci impliqueraient un risque d'excès à canaliser.
- Il faudrait donc définir un domaine à l'intérieur duquel la religion serait valable, et à l'extérieur duquel elle perdrait sa légitimité.

Aux limites de la simple raison

- Le critère proposé ici pour établir une limite à la religion est la raison.
- La raison désigne la faculté de bien juger, ou de distinguer le vrai du faux et le bien du mal.

Dégager la problématique

Problématique

- D'un côté, l'histoire des religions montre qu'elles tendent souvent à la superstition ou au fanatisme. Il faudrait donc borner la pratique religieuse.
- De l'autre, quelle est la spécificité de la religion si elle s'en tient aux limites que lui donne extérieurement la raison ?

Construire un plan

1. Un sujet riche en présupposés	• Faites des recherches sur l'ouvrage de Kant, *La Religion dans les limites de la simple raison*. Quelle est la thèse de Kant ? • Pourquoi vouloir imposer des limites à la religion ? Appuyez-vous sur des exemples.
2. La religion : un phénomène ambigu	• Comparez les aspects négatifs et les aspects positifs de la religion. • Peut-on condamner purement et simplement la religion ?
3. La raison : juge de la religion ?	• Pourquoi la raison peut-elle être un bon critère pour poser des limites au phénomène religieux ? • Quel peut être l'avenir d'une religion qui s'en tiendrait aux limites de la simple raison ?

26 CORRIGÉ GUIDÉ

Les titres en couleurs et les indications entre crochets servent à guider la lecture mais ne doivent en aucun cas figurer sur la copie.

Introduction

[Accroche] Le nom de Dieu est souvent invoqué pour justifier des actions violentes : meurtres, attentats, conversions forcées, etc. Ce même nom sert ensuite à défendre la paix et la non-violence. [Problématique] L'histoire des religions conduit à se demander si la religion ne doit pas être limitée pour rester un phénomène sensé et ne pas devenir l'expression de la folie des hommes. Mais alors, comment limiter la religion ? Cette tentative de limitation ne devient-elle pas une volonté de la faire disparaître ? [Annonce du plan] D'abord, on relèvera que le sujet repose sur une conception péjorative de la religion, toujours dérivant vers la superstition et la violence. Puis on montrera la nécessité d'une limitation de la religion par la raison, en s'interrogeant enfin sur la possibilité de limiter la religion sans en nier la valeur.

1. Un sujet riche en présupposés

> **▶ Le secret de fabrication**
> Dégager les présupposés d'un sujet permet de comprendre le problème. Attention : aucune référence philosophique n'est attendue. On peut faire ce sujet sans savoir que sa formulation reprend le titre d'un ouvrage de Kant.

A. La référence à Kant

• La formulation du sujet reprend le titre d'un ouvrage de Kant : *La Religion dans les limites de la simple raison*. Kant y distingue, dans les religions, ce qui est compatible avec la raison de ce qui ne l'est pas. Il recherche donc le noyau commun de croyances et de pratiques susceptibles d'être acceptées par tous au nom de la raison, par-delà la variété des religions.

• Cela conduit Kant à critiquer certaines pratiques qui relèveraient davantage de la superstition que de la religion. Par exemple, la piété ne saurait être légitimement que le respect de la loi morale. Elle ne peut conduire à la soumission de l'homme ou au désaveu de ses capacités rationnelles.

• La raison se présente donc comme un ensemble d'exigences que la religion doit respecter pour être valable d'un point de vue moral et pour tous, sous peine de dériver vers des pratiques superstitieuses.

B. Les excès de la religion

• Si la religion doit être limitée, c'est qu'elle a tendance à dépasser les limites. Celles-ci correspondraient aux frontières hors desquelles la religion ne serait plus valable.

• Tout d'abord, les différentes religions conduisent l'individu à croire des propositions qui sont discutables aux yeux de la raison. Si la foi, comprise comme simple volonté de faire le bien, est compatible avec la raison, elle devient douteuse quand il s'agit de croire des choses qui paraissent contradictoires.

• Ensuite, l'histoire des religions comprend des épisodes violents, comme les guerres de religion ou les croisades, qui semblent disqualifier la religion. Celle-ci ne serait rien d'autre qu'un fanatisme superstitieux, contraire à l'idéal de paix entre les hommes.

[Transition] Deux questions se posent : la religion tend-elle véritablement à dépasser ses limites ? La raison est-elle le bon moyen de donner des limites à la religion ?

2. La religion : un phénomène ambigu

A. Pour le meilleur et pour le pire

• Certes, la religion a un lourd passé. Nul ne peut nier qu'elle a donné lieu à des pratiques intolérantes et violentes. Celui qui croit en la vérité d'une révélation a du mal à accepter que « la pluralité [soit] la loi de la terre », selon une formule d'Arendt. La religion prend dès lors l'apparence d'une menace pour ceux qui ne croient pas ou pour ceux qui croient autre chose.

• Néanmoins, la religion peut conduire l'individu sur d'autres chemins. Les appels à la paix, à l'accueil de l'autre ou à la non-violence sont nombreux dans les textes religieux. Et de fait, la plupart des croyants cherchent simplement à vivre leur foi discrètement, sans nuire aux autres.

• S'il semble impossible de nier les dangers de la religion, il paraît difficile de la réduire à ses manifestations les plus violentes. Le croyant est pris entre deux exigences : la défense de ses convictions et la nécessité de vivre avec d'autres, qui n'ont pas les mêmes convictions.

> À NOTER
> On parle ici du **problème théologico-politique** : comment concilier croyance religieuse et vie en communauté ? Comment articuler religion et politique ?

B. La nécessité d'une limitation

• Il convient donc de tracer une limite nette entre ce à quoi peut conduire la religion et ce à quoi ne doit pas conduire la religion. On passe dès lors d'une question religieuse à une question politique. La religion doit ainsi se tenir à deux règles essentielles : le refus de la violence et le respect de la liberté de penser.

• C'est ce que montre Spinoza dans son *Traité théologico-politique* : « Chacun peut dire et enseigner ce qu'il pense sans danger pour la paix, à la condition de laisser au souverain décider quant aux actions. » La loi règle les actions et condamne la violence, mais elle ne peut réduire la liberté de penser.

[Transition] Quel est le lien entre, d'une part, la nécessité de concilier diversité des religions et vie en commun et, d'autre part, la notion de raison ?

3. La raison : juge de la religion ?

A. Raison et universalité

• La raison paraît le bon critère pour limiter la religion, dans la mesure où elle renvoie à la recherche de l'universel. La raison implique des principes (en particulier celui de non-contradiction) que tous peuvent reprendre à leur compte. Chacun peut ainsi admettre la vérité des mathématiques, car la validité des propositions ne repose que sur la faculté de distinguer le vrai et le faux. À l'inverse, la religion repose sur une expérience qui n'est pas toujours partageable. Celui qui est touché par un texte sacré ou par un modèle ne peut pas communiquer cette expérience singulière.

• Spinoza associe liberté religieuse et raison : abandonner haine, colère, ruse, et ne pas chercher à imposer ses croyances aux autres, c'est user de sa raison. La raison permet d'éviter que la religion ne devienne superstition et fanatisme.

B. Un risque ou une chance pour la religion ?

• Mais si la religion doit s'adapter aux exigences de la raison, ne court-elle pas le risque de perdre ce qui fait sa spécificité ? Si le croyant ne doit pas chercher à faire valoir ses convictions, s'il doit interroger ses pratiques pour voir ce qui, en elles, est ou non rationnel, ne devient-il pas un homme comme un autre, qui veut simplement faire le bien ? On passe d'une croyance religieuse à une attitude morale.

• Kant parle de « religion morale » : « Chacun doit faire tout ce qui dépend de lui pour devenir meilleur. » Il faudrait évaluer l'ensemble des religions positives à partir de ce principe moral pour savoir ce qui, en elles, a de la valeur. C'est un risque pour la religion, car elle est ainsi invitée à une remise en cause d'elle-même.

Conclusion

La religion doit être limitée par la raison. Son histoire suffit à montrer les dangers de la religion. Cette limitation permet la paix et garantit la liberté de penser. Cela ne signifie pas pour autant que tout soit mauvais dans la religion. Cette limitation n'est pas nécessairement imposée de l'extérieur aux croyants, elle peut être une exigence interne à leur foi.

Weil, *Attente de Dieu*

EXPLICATION DE TEXTE

4 heures
20 points

INTÉRÊT DU SUJET • Pour adopter une religion, il faut d'abord la connaître. Pour le croyant, sa religion a un sens profond et intime. La croyance suppose avant tout des raisons de croire. Mais tant qu'on demeure extérieur à cette religion, peut-on réussir à la connaître ?

Expliquez le texte suivant :

La comparaison des religions n'est possible dans une certaine mesure que par la vertu miraculeuse de la sympathie. On peut dans une certaine mesure connaître les hommes si en même temps qu'on les observe du dehors on transporte en eux pour un temps sa propre âme à force de sympathie. De même l'étude de différentes religions ne conduit à une connaissance que si on se transporte pour un temps, par la foi, au centre même de celle qu'on étudie. Par la foi au sens le plus fort du mot.

C'est ce qui n'arrive presque jamais. Car les uns n'ont aucune foi ; les autres ont foi exclusivement dans une religion et n'accordent aux autres que l'espèce d'attention qu'on accorde à des coquillages de forme étrange. D'autres encore se croient capables d'impartialité parce qu'ils ont une vague religiosité qu'ils tournent indifféremment n'importe où. Il faut au contraire avoir accordé toute son attention, toute sa foi, tout son amour à une religion particulière pour pouvoir penser à chaque autre religion avec le plus haut degré d'attention, de foi et d'amour qu'elle comporte. De même ce sont ceux qui sont capables d'amitié, non les autres, qui peuvent aussi s'intéresser de tout leur cœur au sort d'un inconnu.

Simone Weil, *Attente de Dieu*, © Librairie Arthème Fayard, 1966.

La connaissance de la doctrine de l'auteur n'est pas requise. Il faut et il suffit que l'explication rende compte, par la compréhension précise du texte, du problème dont il est question.

LES CLÉS DU SUJET

Repérer le thème et la thèse

• Dans ce texte, Simone Weil s'intéresse aux moyens de comparer les religions. Une telle comparaison semble nécessaire pour chacun, qu'il s'agisse de l'historien des religions ou de la simple personne qui s'interroge sur la valeur des différentes religions.

• D'emblée, un problème apparaît : suffit-il d'observer les caractéristiques extérieures d'une religion pour en saisir l'essentiel ou doit-on au contraire faire preuve de « sympathie » ?

Dégager la problématique

Problématique

- Faut-il adhérer à une croyance religieuse pour la connaître véritablement, ou faut-il la saisir avec un certain recul, comme on cherche à connaître n'importe quel objet ?
- Il s'agit alors de s'interroger sur la religion elle-même : est-elle d'abord une expérience subjective, ou bien plutôt un ensemble objectif de croyances et de rites ?

Repérer les étapes de l'argumentation

1. La sympathie (l. 1 à 7)	• Comment la sympathie est-elle définie dans le premier paragraphe ? Pourquoi permet-elle de connaître une religion ? • En quoi cette connaissance implique-t-elle la foi ?
2. Comment connaître une religion ? (l. 8 à 17)	• Distinguez les différents cas où la connaissance de la religion est impossible. • Montrez en quoi la thèse de Simone Weil peut paraître paradoxale en la rapportant à la façon dont on définit habituellement une connaissance impartiale.

27 CORRIGÉ GUIDÉ

Les titres en couleurs et les indications entre crochets servent à guider la lecture mais ne doivent en aucun cas figurer sur la copie.

Introduction

[Accroche] Comparer les différentes religions paraît nécessaire à celui qui veut en connaître la valeur et éventuellement adhérer à l'une d'elles.

[Problématique] Mais à quelles conditions une telle comparaison est-elle possible ? Suffit-il d'observer les caractéristiques extérieures d'une religion pour en saisir l'essentiel ? [Annonce du plan] Dans un premier temps, Simone Weil montre que toute comparaison entre différentes religions implique un effort de sympathie. Dans un second temps, cela la conduit à affirmer que tout le monde ne peut pas connaître la religion.

1. La sympathie

A. Une thèse paradoxale

• Simone Weil s'interroge sur les conditions de possibilité d'une comparaison des religions entre elles : qu'est-ce qui permet de comparer les différentes religions ? On pourrait attendre ici un éloge de l'objectivité : il faudrait être extérieur aux religions pour pouvoir les comparer. Or, pour Simone Weil, c'est la sympathie qui permet la comparaison entre les religions.

> **▶ Le conseil de méthode**
> Pour montrer les enjeux d'un texte, on peut comparer les affirmations de l'auteur à l'opinion commune. Dirait-on tout à fait la même chose ? Pourquoi ? Cela permet de mettre en valeur l'originalité de l'auteur.

• Cette affirmation semble paradoxale : habituellement, on considère qu'un effort d'impartialité permet une connaissance objective. Au contraire, la sympathie semble introduire un préjugé favorable quant à l'objet à connaître, si bien qu'il devient impossible de le connaître faute d'impartialité.

B. Qu'est-ce que la sympathie ?

• Le terme « sympathie » vient du grec *syn pathos* (« souffrir avec »). Simone Weil distingue deux points de vue possibles sur les hommes : soit « on les observe du dehors », soit on fait preuve de sympathie, c'est-à-dire « on transporte en eux pour un temps sa propre âme ». La priorité est donnée à ce second point de vue : il faut apprendre à ressentir ce que les autres ressentent.

> **DÉFINITION**
> La **sympathie** est une notion souvent reprise par les philosophes. Hume propose de fonder la morale sur la sympathie : meilleur moyen de saisir ce que ressent autrui, la sympathie permet de me mettre à la place de l'autre et de penser le bien et le mal.

• La sympathie implique une forme de déplacement de soi à l'autre : il s'agit de sentir ce que ressent l'autre, de se mettre littéralement à sa place. Ainsi, Simone Weil définit la religion comme une expérience intime du sujet. Connaître la religion à partir de croyances et de rites extérieurs, ce n'est pas connaître la religion dans ce qu'elle a d'essentiel.

C. De la sympathie à la foi

• La sympathie est permise « par la foi », « par la foi au sens le plus fort ». Le mot « foi » signifie d'abord la confiance en quelque chose ou en quelqu'un. Il désigne par suite la croyance religieuse : le fait d'avoir confiance en un texte, en une figure marquante, le fait de s'engager à les suivre.

• Ainsi, il faudrait avoir la foi pour connaître et comparer les différentes religions. Seul un esprit religieux pourrait connaître véritablement une religion, quelle qu'elle soit. Cela pose problème, dans la mesure où c'est souvent celui qui n'a pas encore la foi qui voudrait comparer les différentes religions.

[Transition] Pourtant, Simone Weil montre qu'une telle connaissance « n'arrive presque jamais ». La foi ne suffit-elle pas à connaître la religion ?

> ▶ **Le secret de fabrication**
> On trouve souvent les transitions dans le texte lui-même : l'auteur insiste sur un problème qui le conduit à préciser sa pensée.

S'ENTRAÎNER

2. Comment connaître une religion ?

A. « Celui qui croyait au ciel, celui qui n'y croyait pas »

• Simone Weil montre qu'une comparaison véritable entre les différentes religions est presque impossible. Elle exclut d'abord ceux qui n'ont pas la foi. Seule la foi permet une sympathie authentique à l'égard de ceux qui ont la foi.

> **À NOTER**
> Ce titre reprend un vers d'Aragon dans le poème « La Rose et le Réséda ». Tout le poème repose sur une comparaison entre celui qui a la foi et celui qui ne l'a pas pour montrer que tous deux s'engagent de la même façon dans la résistance.

• Mais elle exclut aussi ceux qui « ont foi exclusivement dans une religion ». Cette affirmation est étonnante, car on considère que la foi est toujours exclusive : on est juif, chrétien ou musulman, mais pas les trois en même temps. Ce sur quoi insiste Simone Weil, c'est l'idée selon laquelle celui qui adhère dogmatiquement à une religion ne verra dans celle des autres qu'un objet exotique, étrange, mais ne saura pas véritablement faire preuve de sympathie.

B. Critique de la « vague religiosité »

• Il faudrait donc, pour pouvoir comparer les religions, avoir la foi non pas en une religion particulière, mais en plusieurs, c'est-à-dire saisir ce qu'elles ont de commun (la croyance en un Dieu, en la nécessité de faire le bien). On passe de la religion à la religiosité.

> **DÉFINITION**
> La **religiosité** est une disposition à la religion, une tendance à croire ou à s'intéresser aux différentes religions. Elle ne signifie pas pour autant une adhésion à une religion particulière.

• Or Simone Weil rejette également la religiosité, qui ne permet pas de connaître une religion dans ce qu'elle a de véritable. L'argument sur lequel elle s'appuie consiste à montrer que l'incapacité à choisir une religion n'est pas synonyme d'impartialité. Elle vaut plutôt comme un manque d'engagement.

C. Qui peut donc connaître une religion ?

• Le fait d'avoir écarté plusieurs points de vue possibles nous permet finalement d'établir qui peut faire preuve de sympathie à l'égard des religions : c'est celui qui s'est pleinement engagé dans une religion qui peut penser à une autre religion. Ainsi, paradoxalement, seul un authentique musulman peut par exemple comprendre la valeur de l'expérience d'un authentique chrétien.

• La foi est rapportée ici à une notion étonnante : l'attention. Cette faculté consiste à être capable de porter toute sa pensée sur un point précis. On peut être plus ou moins attentif. Ce qui permet la sympathie, c'est cette capacité de suspendre sa propre pensée pour comprendre pleinement un autre objet. La comparaison avec l'amitié est significative : seul celui qui sait suspendre un instant la recherche de son propre intérêt peut s'ouvrir aux autres.

Conclusion

Comme la religion se définit essentiellement par une disposition subjective, une connaissance objective, extérieure, de la religion ne sert à rien pour comprendre le phénomène religieux. Seule la sympathie permet de saisir ce qu'est vraiment une religion et de comparer les différentes religions entre elles. Simone Weil s'oppose ainsi à une réduction sociologique de la religion, qui ferait de cette dernière une somme de croyances dogmatiques et de rites susceptibles d'être connus indépendamment d'un effort de l'individu pour en saisir la vérité intrinsèque.

3 AUTRES SUJETS POUR S'ENTRAÎNER

- Les croyances témoignent-elles d'une faiblesse de la raison ?
- La science peut-elle faire disparaître la religion ?
- Explication d'un extrait de l'*Essai sur l'entendement humain*, de Locke

▶ Retrouvez les corrigés sur annabac.com

Descartes, *Règles pour la direction de l'esprit*

EXPLICATION DE TEXTE

4 heures
20 points

INTÉRÊT DU SUJET • Si 1 + 1 = 2, ce n'est pas parce que nous l'avons constaté en comptant des objets, mais parce qu'il en a été décidé ainsi. Les mathématiques sont des sciences certaines, puisque leurs résultats ne dépendent pas de l'expérience. Mais faut-il renoncer à des sciences moins certaines ?

Expliquez le texte suivant :

On voit clairement pourquoi l'arithmétique et la géométrie sont beaucoup plus certaines que les autres sciences : c'est que seules elles traitent d'un objet assez pur et simple pour n'admettre absolument rien que l'expérience ait rendu incertain, et qu'elles consistent tout entières en une suite de conséquences déduites par raisonnement. Elles sont donc les plus faciles et les plus claires de toutes, et leur objet est tel que nous le désirons, puisque, sauf par inattention, il semble impossible à l'homme d'y commettre des erreurs. Et cependant il ne faut pas s'étonner si spontanément beaucoup d'esprits s'appliquent plutôt à d'autres études ou à la philosophie : cela vient, en effet, de ce que chacun se donne plus hardiment la liberté d'affirmer des choses par divination dans une question obscure que dans une question évidente, et qu'il est bien plus facile de faire des conjectures sur une question quelconque que de parvenir à la vérité même sur une question, si facile qu'elle soit.

De tout cela on doit conclure, non pas, en vérité, qu'il ne faut apprendre que l'arithmétique et la géométrie, mais seulement que ceux qui cherchent le droit chemin de la vérité ne doivent s'occuper d'aucun objet, dont ils ne puissent avoir une certitude égale à celle des démonstrations de l'arithmétique et de la géométrie.

René Descartes, *Règles pour la direction de l'esprit*, 1628.

La connaissance de la doctrine de l'auteur n'est pas requise. Il faut et il suffit que l'explication rende compte, par la compréhension précise du texte, du problème dont il est question.

LES CLÉS DU SUJET

Repérer le thème et la thèse

• Descartes se demande si toutes les sciences peuvent prétendre au même degré de certitude et si elles sont d'égale valeur.

• Il démontre que les mathématiques sont les sciences les plus certaines, et qu'elles doivent à ce titre servir de modèle à toutes les autres connaissances.

Dégager la problématique

Problématique

- Toutes les sciences semblent avoir ceci de commun qu'elles visent la vérité : pourtant, peuvent-elles toutes prétendre au même degré de certitude ?
- Doit-on admettre que toutes se valent, ou peut-on établir une hiérarchie des sciences ? Mais comment une science incertaine pourrait-elle être une science ?

Repérer les étapes de l'argumentation

1. Les mathématiques sont les sciences les plus certaines (l. 1 à l. 8)

Descartes expose la supériorité des mathématiques sur les autres sciences : procédant par déduction, pures de tout recours à l'expérience, les mathématiques disposent du plus haut degré de certitude.

2. Les mathématiques ne sont pas les sciences qui séduisent le plus (l. 8 à l. 14)

Il s'interroge ensuite sur l'attrait que peuvent exercer d'autres types de connaissances, comme la philosophie. Si nous nous tournons vers ces connaissances inférieures, c'est parce que nous aimons croire plutôt que savoir.

3. Les mathématiques, modèle de toute science (l. 15 à l. 19)

Descartes écarte alors une conclusion possible de son raisonnement : nous ne devons pas nous détourner de ces connaissances mais faire des mathématiques leur modèle.

28 CORRIGÉ GUIDÉ

Les titres en couleurs servent à guider la lecture et ne doivent en aucun cas figurer sur la copie.

Introduction

[Question abordée] Descartes se demande dans ce texte si toutes les sciences peuvent prétendre au même degré de certitude. *A priori*, toute science vise la vérité, mais ont-elles toutes la même rigueur ? Les mathématiques se définissent à la fois par leur objet, à savoir des nombres (arithmétique) et des figures (géométrie), et par leur méthode (elles sont un système déductif et n'ont donc pas de rapport avec l'expérience). Sciences formelles, qui ont pour objet des rapports (entre des nombres ou des figures), elles ne sont pas susceptibles d'être remises en cause par de nouvelles expériences. [Problématique] Mais leur statut particulier au sein de nos connaissances doit-il nous amener à rejeter les autres sciences, ou faut-il au contraire faire des mathématiques un modèle de connaissance ? [Annonce du plan] Dans un premier temps, Descartes expose la supériorité des mathématiques sur les autres sciences : procédant par déduction, pures de tout recours à l'expérience, les mathématiques disposent du plus haut degré de certitude. Dans un deuxième temps, il s'interroge sur l'attrait que peuvent exercer d'autres types de connaissances et, enfin, il écarte une conclusion possible de son raisonnement, en expliquant le rôle que doivent jouer les mathématiques dans toute recherche de la vérité.

> DÉFINITION
> La **déduction** est un raisonnement logique qui part de propositions générales tenues pour vraies (les prémisses), pour s'appliquer à un cas particulier. Le syllogisme est un type de déduction.

S'ENTRAÎNER

1. Les mathématiques sont les sciences les plus certaines

A. Elles doivent leur certitude à leur objet et à leur méthode

• Descartes amorce sa démonstration en affirmant la supériorité des mathématiques sur les autres sciences du point de vue de la certitude. Elles tiennent cette supériorité à la fois de leur objet, dit-il, et de leur méthode. En effet, les deux branches des mathématiques, à savoir l'arithmétique et la géométrie, ont des objets qui leur sont propres, à savoir les nombres pour la première, et les figures pour la seconde. L'objet des mathématiques, d'après Descartes, est « pur et simple », en ce sens qu'il est indépendant de l'expérience : les mathématiques construisent elles-mêmes leur objet, et le considèrent donc indépendamment de la question de son existence.

• En effet, les mathématiques raisonnent sur les rapports entre les choses, et non sur les choses elles-mêmes. Ainsi, leurs vérités sont des vérités abstraites et non des vérités empiriques marquées par leur caractère « incertain ». Par ailleurs, leur méthode est également pure de tout rapport à l'expérience sensible : il s'agit d'une « suite de conséquences déduites par raisonnement », dit l'auteur. En d'autres termes, les mathématiques sont un système purement déductif : elles n'admettent qu'un résultat est vrai que s'il découle logiquement de prémisses qui sont elles-mêmes préalablement tenues pour vraies.

À NOTER
Par exemple, en géométrie, on raisonne sur le carré en soi, c'est-à-dire sur les propriétés de tout carré, et non sur tel carré particulier. Or, le carré en soi n'existe pas dans l'expérience : c'est une abstraction de l'esprit.

B. Les mathématiques sont donc des sciences faciles

• C'est en raison de leur objet et de leur méthode que les mathématiques sont, dit Descartes, « les plus faciles et les plus claires » de toutes les sciences. Il ne s'agit pas, pour lui, de dire que les mathématiques ne demanderaient aucun effort : en réalité, elles peuvent être dites « faciles » dans la mesure où le fait qu'elles soient indépendantes de l'expérience sensible et fondées sur un raisonnement déductif garantit leur objectivité.

• Par conséquent, l'erreur en mathématiques ne tient jamais à la nature de leur objet ou de leur méthode : la possibilité de l'erreur repose seulement sur notre « inattention », c'est-à-dire sur une défaillance momentanée de notre esprit, à laquelle il est possible de remédier.

[Transition] Pourtant, si les mathématiques sont les sciences les plus certaines, qu'est-ce qui peut expliquer l'attrait que d'autres sciences, moins certaines, exercent sur nous ?

2. Les mathématiques ne sont pas les sciences qui séduisent le plus

A. On pourrait croire que l'infériorité des autres sciences nous détournerait de ces sciences

• Il pourrait découler de cette supériorité des mathématiques que les hommes se détournent de toutes les autres sciences, jugées inférieures. Or, il apparaît que ce n'est pas le cas. « Spontanément », observe Descartes, c'est-à-dire sans que cela résulte d'une réflexion, mais au contraire comme par une sorte de réflexe ou d'attrait immédiat, « beaucoup d'esprits s'appliquent plutôt à d'autres études ou à la philosophie ».

• Mais qu'est-ce qui peut expliquer que nous préférions *a priori* nous tourner vers des disciplines moins certaines que les mathématiques ?

B. On préfère croire plutôt que savoir

> **▶ Le conseil de méthode**
> La distinction entre *croire* et *savoir* est un repère qui fait partie de votre programme de philosophie et que vous devez être capable de mobiliser ici, même si ces termes n'apparaissent pas explicitement. N'oubliez pas que l'évaluation de votre copie repose, pour une bonne part, sur vos connaissances de cours.

- D'après Descartes, les hommes aiment « affirmer des choses par divination dans des questions obscures », et « faire des conjectures sur une question quelconque ». Or, la « divination » et les « conjectures » ne sont précisément pas des voies d'accès à une vérité objective. Les mathématiques, on l'a vu, excluent tout recours à la subjectivité et n'admettent pour vrai que ce qui résulte de la déduction. Mais pour quelles raisons les hommes préfèreraient-ils croire plutôt que savoir ? Pourquoi préfèrent-ils tenir une chose pour vraie de façon subjective en mobilisant leur imagination, plutôt que de façon objective en mobilisant leur raison ? En réalité, dit Descartes, ce serait par goût de la facilité (volonté de se dispenser d'efforts) et par goût pour une « liberté », qui ne consisterait qu'à faire ce que bon leur semble, que les hommes se tourneraient vers d'autres sciences.
- Si les mathématiques sont des sciences « faciles » dans la mesure où chacun d'entre nous peut y découvrir une vérité objective, elles supposent pourtant un effort, puisque notre rationalité doit s'y appliquer avec rigueur pour « parvenir à la vérité ». Au contraire, deviner, prédire, faire des hypothèses, affirmer sans prouver, croire et faire croire ne supposent aucun effort.

[Transition] S'il n'y a que les mathématiques qui soient certaines, et si toutes les autres sciences ne nous séduisent qu'en raison de notre goût pour la facilité et de nos dispositions pour la croyance, que nous faut-il faire ? Faut-il se détourner de toutes ces sciences et ne se consacrer qu'aux mathématiques ?

3. Les mathématiques, modèle de toute science

A. Il ne faut pas faire que des mathématiques

On pourrait penser que la démonstration de Descartes vise à établir « qu'il ne faut apprendre que l'arithmétique et la géométrie ». Après tout, puisque les mathématiques sont les sciences les plus certaines, puisqu'aucune autre science ne peut prétendre à leur degré de certitude, ne faut-il pas en tirer les conséquences en se détournant de toutes ces sciences pour ne se consacrer qu'aux mathématiques ?

S'ENTRAÎNER

B. Il faut prendre les mathématiques pour modèle

Descartes écarte d'emblée ce qui pourrait apparaître comme le but de sa démonstration : ceci ne doit pas nous détourner des autres sciences, mais nous indiquer comment nous devons nous rapporter à elles. Les mathématiques, en ce sens, ne doivent pas jeter le discrédit sur les autres sciences, mais au contraire leur servir de référence et de modèle. Autrement dit, « ceux qui cherchent le droit chemin de la vérité », c'est-à-dire ceux qui sont mûs par une volonté de savoir, et non par un désir de croyance lié à un refus de l'effort, « ne doivent s'occuper d'aucun objet dont ils ne puissent avoir une certitude égale à celle des démonstrations de l'arithmétique et de la géométrie ». Il s'agit ici, en quelque sorte, de l'exposition d'un programme de vérité : il faut, dit Descartes, aspirer au degré de certitude propre aux mathématiques. Or, la certitude des mathématiques étant liée à leur objet et à leur méthode, il est nécessaire de laisser de côté tout objet qui ne pourrait être simple et qui ne pourrait pas se prêter à cette méthode. Ce que nous offrent avant tout les mathématiques, c'est donc un modèle de raisonnement valable pour toute recherche scientifique.

Conclusion

En définitive, en établissant le rôle que doivent jouer les mathématiques dans toute recherche scientifique, en donnant la méthode mathématique pour modèle de toute science, Descartes développe dans ce texte un programme de vérité : étendre la méthode des mathématiques à l'ensemble des sciences, c'est précisément le projet de la *mathesis universalis* (mathématique universelle) cartésienne, conçue comme une science générale de l'ordre qui permettrait une connaissance achevée et totale.

À NOTER

La *mathesis universalis* désigne le projet conçu par Descartes de transposer la méthode mathématique à l'ensemble de nos connaissances, afin de leur permettre d'accéder à la rigueur des mathématiques.

3 AUTRES SUJETS POUR S'ENTRAÎNER

- Suffit-il d'observer pour connaître ?
- Explication d'un extrait du *Nouvel Esprit*, de Bachelard
- Explication d'un extrait de l'*Enquête sur l'entendement humain*, de Hume

▶ Retrouvez les corrigés sur annabac.com

Doit-on attendre de la technique qu'elle mette fin au travail ?

DISSERTATION

4 heures
20 points

INTÉRÊT DU SUJET • Le développement de la robotique et de l'automatisation, en faisant disparaître certains métiers et en en créant d'autres, nous amène à repenser la place du travail dans nos vies : mais est-il souhaitable de travailler moins, et sommes-nous amenés à penser que le travail, à terme, disparaîtra ?

LES CLÉS DU SUJET

Définir les termes du sujet

Doit-on attendre de

Cette expression peut signifier « avons-nous raison de croire cela », « sommes-nous obligés de souhaiter cela », ou encore « est-il souhaitable, est-il bon d'espérer cela ».

La technique

La technique est l'ensemble des moyens, intellectuels ou matériels, inventés par l'homme pour parvenir à une certaine fin. Son développement est marqué par une autonomisation croissante : de l'outil, qui dépend de la main de l'homme, au robot programmé pour s'adapter à son environnement, notre rapport à la technique se trouve bouleversé.

Qu'elle mette fin au travail

Du latin *tripalium* (« instrument de torture à trois pals »), le travail définit toute activité de transformation de la nature ayant pour but la satisfaction de nos besoins, activité par laquelle nous modifions notre propre nature. Un travail au sens d'emploi n'est donc qu'une forme possible du travail, définie par la rémunération. « Mettre fin au travail » signifierait le faire disparaître de notre vie.

Dégager la problématique

Problématique	Certes, les progrès techniques, marqués par l'autonomisation croissante des machines, nous laissent espérer une vie affranchie du travail.
	Mais une telle vie est-elle vraiment souhaitable, ou doit-on redouter la fin du travail ?

Construire un plan

1. La technique doit mettre fin au travail	La technique facilite notre travail ; en ce sens, nous pouvons espérer que ses progrès nous affranchissent un jour de cette activité nécessaire et pénible.
2. Le progrès technique ne réduit pas le travail	Le développement technique ne fait pas reculer le travail dans nos vies, mais semble s'accompagner d'une transformation du travail comme de nous-mêmes. Nous ne sommes donc pas fondés à espérer que le travail disparaisse de nos vies.
3. On doit se préparer à la disparition du travail	Nous ne devons pas attendre de la technique qu'elle mette fin au travail, mais plutôt réorganiser nos vies pour qu'elle puisse nous en dispenser.

29 CORRIGÉ GUIDÉ

Les titres en couleurs et les indications entre crochets servent à guider la lecture mais ne doivent pas figurer sur la copie.

Introduction

[Reformulation du sujet] On pourrait penser que l'autonomisation croissante de la technique tend à réduire la place du travail dans nos vies, les machines se substituant à nos efforts. Le progrès technique doit-il nous laisser entrevoir la possibilité d'une vie sans travail ? [Définition des termes du sujet] La technique est l'ensemble des moyens artificiels – intellectuels ou matériels – mis en œuvre pour atteindre une fin, ces moyens faisant l'objet d'une évolution permanente. Le travail peut désigner toute activité de transformation de la nature ayant pour but la satisfaction de nos besoins, ou encore l'emploi, c'est-à-dire cette forme de travail définie par sa rémunération. [Problématique et annonce du plan] La question est de savoir si nous pouvons envisager la technique comme la promesse d'une vie libérée du travail : le développement technique a-t-il ce sens ? Mais à supposer qu'il soit possible que ce progrès nous affranchisse du travail, cela serait-il souhaitable ? Faut-il vouloir la fin du travail, ou au contraire la redouter ?

1. La technique doit mettre fin au travail

> ▶ **Le secret de fabrication**
> La première partie développe ici l'hypothèse de réponse qui pourrait paraître évidente (le développement technique viserait essentiellement à nous soulager du travail), mais rien ne vous oblige à partir de cette hypothèse.

A. La technique facilite notre travail

• Dans un premier temps, on peut envisager le développement des techniques comme un progrès dans la mesure où il nous permet d'entrevoir à terme une vie sans travail. La technique n'est-elle pas l'ensemble des moyens artificiels permettant à l'homme de satisfaire plus facilement ses besoins ?

• En ce sens, on peut penser que le développement technique tend naturellement vers une disparition progressive du travail : de l'outil, « organe artificiel », dit Bergson, qui nous aide et prolonge notre corps, au robot qui nous remplace, il y a l'écart entre l'objet technique qui facilite notre travail et celui qui y met un terme.

B. Nous pouvons espérer que le progrès technique nous dispense d'un travail pénible

• C'est ainsi que la technique peut être pensée comme ce qui libère l'homme non seulement de sa nature animale – c'est bien par la technique que l'homme transforme la nature extérieure et la sienne, accédant ainsi à son humanité, explique Marx dans *Le Capital* –, mais aussi d'un travail le rivant aux nécessités de sa vie biologique.

• Le chapitre consacré au machinisme dans *Le Capital* rappelle ainsi ce rêve très ancien lié au progrès technique et dont la révolution industrielle est encore une fois porteuse : rêve d'une réduction voire d'une disparition du temps de travail, de l'extension corrélative du temps libre, et de la réorganisation de la vie autour d'activités librement choisies.

L'AUTEUR
Karl Marx (1818-1883).

Philosophe, économiste, il est un théoricien du communisme et un matérialiste. Pour lui, c'est la façon dont une société organise sa subsistance qui produit la hiérarchie sociale, l'idéologie, et les institutions propres à cette société.

[Transition] Pourtant, force est de constater que le développement technique n'a pas relativisé l'importance du travail à nos yeux et ne l'a pas fait reculer dans nos vies. Il s'accompagne même paradoxalement de la peur croissante de perdre son emploi. Pour quelles raisons ?

2. Le progrès technique ne réduit pas le travail

A. Le développement technique crée des besoins nouveaux

Le progrès technique pourrait nous soulager du travail et pourtant il l'intensifie : c'est précisément ce paradoxe qu'évoque Henri Bergson, en soulignant dans *L'Évolution créatrice* que la technique est proprement humaine en ce qu'elle libère l'homme du cercle de ses besoins, mais crée en lui des besoins artificiels : « Pour chaque besoin qu'il satisfait, [l'outil] crée un besoin nouveau, et ainsi, au lieu de fermer, comme l'instinct, le cercle d'action où l'animal va se mouvoir automatiquement, il ouvre à cette activité un champ indéfini où il la pousse de plus en plus loin et la fait de plus en plus libre ». S'il travaille pour satisfaire ses besoins, l'homme est aussi l'être technicien qui s'invente sans cesse de nouveaux besoins, repoussant indéfiniment l'horizon d'une satisfaction de ses besoins et d'une fin du travail.

B. Le progrès technique ne fait pas disparaître le travail mais en modifie la nature

- Sous sa forme moderne, le travail apparaît précisément comme une activité dont la fin n'est plus la satisfaction des besoins naturels.

- Marx observe que la hausse de la productivité rendue possible à la fois par l'essor du machinisme et la division du travail n'a pas pour conséquence une réduction du temps de travail, mais une transformation de la nature du travail. Plus simple, répétitif, fragmenté en tâches distinctes, le travail moderne ou productif change de forme sans pour autant changer de volume, en raison de la fin qui lui est assignée : d'une activité faite pour satisfaire nos besoins, il devient un moyen de réaliser du profit. Dès lors, la question est bien de savoir comment mettre fin à un travail devenu aliénant.

> **DÉFINITION**
> La **division du travail** est une organisation du travail décomposant son processus en tâches, s'accompagnant d'une spécialisation et ayant pour but la hausse de la productivité.

[Transition] Mais comment peut-on espérer mettre la technique au service de la fin du travail ? Faut-il désespérer de la technique ou continuer à voir dans son développement une condition de notre libération ?

3. On doit se préparer à la disparition du travail

A. Le risque d'une société de travailleurs sans travail

• Dans la *Condition de l'homme moderne*, Hannah Arendt envisage les conséquences possibles de l'automatisation en soulignant le risque que pourrait représenter pour nous la fin du travail. « C'est, dit-elle, une société de travailleurs que l'on va délivrer des chaînes du travail, et cette société ne sait plus rien des activités plus hautes et plus enrichissantes pour lesquelles il vaudrait la peine de gagner cette liberté. [...] Ce que nous avons devant nous, c'est la perspective d'une société de travailleurs sans travail, c'est-à-dire privés de la seule activité qui leur reste. On ne peut rien imaginer de pire. »

L'AUTEUR
Hannah Arendt (1906-1975).

Philosophe politique, elle consacre l'essentiel de son œuvre à interroger notre modernité, marquée par la confusion du domaine public (activité politique) avec le domaine privé (consommation, production).

• En d'autres termes, les hommes modernes dont les vies ont été centrées sur un travail théoriquement glorifié pourraient-ils devenir autre chose, sans travail, que des hommes vides et désœuvrés ?

B. Il faut dissocier nos vies du travail

• L'avertissement d'Arendt ne vise pas à établir la nécessité d'un maintien du travail en dépit du progrès technique qui tend à le raréfier, mais au contraire à ouvrir une réflexion plus large concernant notre vie. Comment résoudre la contradiction d'une époque qui est à la fois celle de la glorification du travail et celle où il devient techniquement possible de s'en passer ?

• Hannah Arendt montre que loin d'être une activité essentielle à l'homme, le travail n'est qu'une activité qui s'est imposée historiquement au détriment d'activités plus nobles. Elle distingue en particulier le travail, activité laborieuse et vitale visant à fabriquer une chose en ayant pour but la satisfaction d'un besoin (*poiésis*, activité servile qui nous inscrit dans un cycle de production et de consommation), de l'action (*praxis*, expression libre de notre singularité qui peut avoir lieu dans le domaine de l'art, ou de la politique, et par laquelle nous créons des « œuvres » défiant le temps).

DÉFINITIONS
Chez Aristote, la ***poiésis*** désigne l'activité qui n'est que le moyen d'atteindre une fin ayant plus de valeur qu'elle ; la ***praxis***, l'activité qui a une valeur en soi, indépendante de l'objet extérieur qu'elle permet d'obtenir.

• Si le progrès technique nous permet d'entrevoir la fin du travail, cette fin ne sera souhaitable pour nous que dans la mesure où nous serons devenus capables de dissocier nos vies du travail, en redécouvrant la valeur des

S'ENTRAÎNER

activités libres que les Grecs appelaient *skholé*, activités créatrices auxquelles il vaut la peine de consacrer nos vies.

Conclusion

En définitive, on ne doit pas attendre de la technique qu'elle élimine le travail de nos vies, mais plutôt œuvrer à la fin du travail en modifiant notre rapport à l'ensemble de nos activités. Si la technique rend possible la fin du travail, cette fin n'est désirable qu'à condition de réformer nos vies et nos identités : de travailleurs, nous pourrons alors devenir les hommes créateurs que nous sommes capables d'être.

2 AUTRES SUJETS POUR S'ENTRAÎNER

- Y a-t-il plus à craindre qu'à espérer de la technique ?
- La technique ne sert-elle qu'à nous rendre maîtres de la nature ?

▶ Retrouvez les corrigés sur annabac.com

Simondon, *Du mode d'existence des objets techniques*

EXPLICATION DE TEXTE

4 heures
20 points

INTÉRÊT DU SUJET • Dans *Les Temps modernes*, Charlot se fait littéralement « manger » par une machine. Faut-il craindre que les machines automatisent toute notre vie et nous ôtent tout pouvoir de penser et de nous rebeller ?

Expliquez le texte suivant :

Or, en fait, l'automatisme est un assez bas degré de perfection technique. Pour rendre une machine automatique, il faut sacrifier bien des possibilités de fonctionnement, bien des usages possibles. L'automatisme, et son utilisation sous forme d'organisation industrielle que l'on nomme *automation*, possède une signification économique ou sociale plus qu'une signification technique. Le véritable perfectionnement des machines, celui dont on peut dire qu'il élève le degré de technicité, correspond non pas à un accroissement de l'automatisme, mais au contraire au fait que le fonctionnement d'une machine recèle une certaine marge d'indétermination. C'est cette marge qui permet à la machine d'être sensible à une information extérieure. C'est par cette sensibilité des machines à de l'information qu'un ensemble technique peut se réaliser, bien plus que par une augmentation de l'automatisme. Une machine purement automatique, complètement fermée sur elle-même, dans un fonctionnement prédéterminé, ne pourrait donner que des résultats sommaires. La machine qui est douée d'une haute technicité est une machine ouverte, et l'ensemble des machines ouvertes suppose l'homme comme organisateur permanent, comme interprète vivant des machines les unes par rapport aux autres. Loin d'être le surveillant d'une troupe d'esclaves, l'homme est l'organisateur permanent d'une société des objets techniques qui ont besoin de lui comme les musiciens ont besoin du chef d'orchestre.

Gilbert Simondon, *Du mode d'existence des objets techniques*,
© Aubier, Flammarion, 1958.

La connaissance de la doctrine de l'auteur n'est pas requise. Il faut et il suffit que l'explication rende compte, par la compréhension précise du texte, du problème dont il est question.

LES CLÉS DU SUJET

Repérer le thème et la thèse

- Quel est le critère du perfectionnement des machines ?
- Pour Simondon, une machine perfectionnée possède une marge d'indétermination, ce qui lui permet d'être sensible aux informations extérieures. Ce n'est donc pas l'automation qui caractérise une technique évoluée, mais bien plutôt sa plasticité.

Dégager la problématique

Problématique

- On a tendance à croire que le progrès des machines se caractérise par un développement de l'automation qui finira par déposséder l'homme de tout rôle dans l'univers technique.
- Ne serait-ce pas plutôt un fonctionnement intégrant une marge d'indétermination qui incarne le perfectionnement technique des machines ? Si tel est le cas, ne faut-il pas réévaluer le rôle dévolu à l'homme dans le monde technique ?

Repérer les étapes de l'argumentation

1. Le critère du perfectionnement (l. 1 à 10)	• Qu'est-ce que l'automation ? Quelles en sont les limites ? • Quel est le critère du perfectionnement technique ?
2. Une sensibilité aux informations extérieures (l. 10 à 15)	• Que signifie la « marge d'indétermination » dans le fonctionnement d'une machine ? À quel(s) exemple(s) cela vous fait-il penser ? • Qu'est-ce qui caractériserait une machine absolument automatique ? Pourquoi cela serait-il insatisfaisant ?
3. Le rôle de l'homme (l. 15 à 21)	• Pourquoi la place de l'homme n'est pas menacée par le développement technique des machines ? • Quel rôle revient à l'homme dans ce monde composé de « machines ouvertes » ?

30 CORRIGÉ GUIDÉ

Les titres en couleurs et les indications entre crochets servent à guider la lecture mais ne doivent en aucun cas figurer sur la copie.

Introduction

[Accroche] Il est courant de se représenter l'automatisme comme l'expression d'un haut degré de perfection technique. [Problématique] N'est-ce pas là, en réalité, tomber dans le piège des idolâtres de la machine, qui pensent la perfection de la technique sous la forme d'une machine de toutes les machines, c'est-à-dire d'une interconnexion de toutes les machines entre elles ? Ne faut-il pas, bien au contraire, soutenir que le critère du perfectionnement des machines serait l'indétermination ? [Annonce du plan] Dans un premier moment du texte, Simondon expose sa thèse centrale : c'est l'indétermination, et non l'automatisme, qui est le signe du perfectionnement technique. Il expose, dans un deuxième temps, pourquoi il choisit ce critère. Dans un troisième et dernier temps, il explique quelle place l'homme peut occuper dans cet ensemble de machines ouvertes : celle d'un organisateur.

1. L'indétermination des machines : le critère du perfectionnement

A. L'automatisme limite les usages possibles de la machine

- L'expression « or, en fait » signifie que le présent texte s'articule avec un autre, qui le précède et dont l'auteur montrera ici le caractère erroné.

- Très souvent, on croit que l'automatisme incarne le sommet du développement technique, or c'est le contraire qui est vrai : « L'automatisme est un assez bas degré de perfection technique. » Un automate fonctionne de lui-même, sans nécessiter d'interventions extérieures, mais il est aussi dénué de toute volonté et de toute réflexion sur lui-même. Il ne fait que répéter les mouvements et les actions pour lesquels il a été programmé. C'est pourquoi il incarne bien un « degré de développement technique » : il est d'une efficacité plus grande qu'un simple outil, mais ce degré demeure faible (« assez bas »).

> **DÉFINITION**
> Le terme **automatisme**, du grec *automatos* (« qui se meut soi-même »), désigne le hasard, le fortuit et le spontané.

S'ENTRAÎNER

• L'automatisation nécessite un sacrifice, c'est-à-dire un renoncement à « bien des possibilités de fonctionnement ». En effet, l'automatisme est dénué de souplesse. Rivé à la répétition, il est incapable de s'adapter à des situations qui dépassent sa programmation. Par essence, l'automatisme est aveugle aux situations changeantes et aux nouveautés dans le réel.

B. Le véritable sens de l'automation

C'est la raison pour laquelle l'automation, c'est-à-dire la forme industrielle d'utilisation de l'automatisme, « possède une signification économique ou sociale plus qu'une signification technique ». L'automation s'accompagne d'une augmentation de l'efficacité de la production et, corrélativement, de la rentabilité, tout en modifiant les rapports sociaux, puisque la nature et la répartition du travail se trouvent bouleversées. Comparativement à cela, sa signification technique est de faible importance.

C. L'indétermination est le critère du perfectionnement technique

Simondon énonce alors une thèse contre-intuitive : c'est la « marge d'indétermination » dans son fonctionnement qui signe le perfectionnement d'une machine, c'est-à-dire l'absence de liens nécessaires entre les conditions qui s'offrent à la machine et à ses actions. Comment faut-il comprendre concrètement cette « marge d'indétermination » ?

DÉFINITION
Le terme **indétermination** ne désigne pas ici un caractère hésitant, un manque de décision ou de volonté. Une marge d'indétermination signifie dans le cas présent que la machine porte en elle une capacité d'autorégulation.

2. L'indétermination des machines : une sensibilité aux informations extérieures

A. La plasticité inhérente à la machine

• La marge d'indétermination ne désigne pas une liberté au sens d'un libre arbitre offrant la possibilité d'effectuer des choix absolument indéterminés, mais un jeu, c'est-à-dire une forme de plasticité inhérente à la machine qui la rend « sensible », donc apte à réagir « à une information extérieure » et, par suite, capable de communiquer avec d'autres machines, sans que cela renvoie à une quelconque conscience machinale.

À NOTER
Simondon explique plus loin que l'**information** « est la variabilité des formes, l'apport d'une variation par rapport à une forme ». À « mi-chemin entre le hasard pur et la régularité absolue », elle fonctionne comme un jeu dans des limites déterminées.

• Une telle machine est conçue pour adapter son fonctionnement aux données changeantes du réel. C'est ainsi que le développement technique d'un véhicule, par exemple, ne se reconnaît pas simplement à son déplacement automatique, mais à sa capacité à enregistrer l'éventuelle présence d'obstacles grâce à des capteurs et à engendrer une modification de sa trajectoire.

B. Les limites des machines purement automatiques

Il faut comprendre alors qu'« une machine purement automatique », c'est-à-dire qui fonctionnerait de manière indépendante, serait « complètement fermée sur elle-même, dans un fonctionnement prédéterminé ». Une telle machine serait insensible à toute information extérieure. Elle produirait peut-être d'excellents résultats, mais ceux-ci demeureraient « sommaires », c'est-à-dire rudimentaires et invariables. Elle ne pourrait que réitérer et engendrer des réponses et des fonctionnements généraux à des cas particuliers voire singuliers. Le résultat produit par une telle machine serait souvent inadéquat.

[Transition] Quel peut être alors le rôle de l'homme face à un ensemble de machines ouvertes ?

3. Le rôle de l'homme

A. L'homme comme organisateur

• Il apparaît ainsi que le critère de la haute technicité d'une machine est son ouverture, c'est-à-dire son potentiel à prendre en compte les données réelles dans leur singularité.

• Loin d'éloigner l'homme de leur processus de fonctionnement, les « machines ouvertes » supposent la présence et l'action humaines. La crainte d'un monde de machines susceptibles de remplacer totalement l'homme et de le détrôner est infondée. Les machines sont inventées par l'homme et seul celui-ci peut être l'« organisateur permanent », c'est-à-dire l'« interprète vivant des machines les unes par rapport aux autres ». L'homme est justement celui qui va déterminer les marges d'indétermination des machines pour produire les résultats souhaités. Il a donc bien une tâche créative et inventive qui lui est propre.

B. L'homme comme chef d'orchestre

• Ainsi, ce n'est pas le rôle de « surveillant d'une troupe d'esclaves » qui échoit à l'homme. Cette métaphore souligne que les machines ouvertes ne sont pas assimilables à des êtres rivés à des tâches répétitives, dont l'homme ne serait que le gardien passif.

▶ Éviter les pièges

Soyez très attentif à l'usage d'images et de métaphores. Vous allez devoir en proposer une interprétation. Gardez bien à l'esprit que vous avez affaire à une argumentation rationnelle.

- L'homme a pour tâche d'organiser une « société des objets techniques », c'est-à-dire à la fois une société humaine qui comprend des objets techniques et l'ensemble constitué par ces objets techniques qui sont en interaction.
- C'est ainsi que l'homme est appelé à se rapporter à cet ensemble de machines comme un chef d'orchestre. Il s'agit d'éviter la cacophonie et de produire à partir de simples bruits un ensemble de sons qui composeront une symphonie. C'est l'harmonie des machines que l'homme doit réaliser et, dans ce rôle, il est irremplaçable : les objets techniques « ont besoin de lui ». La perspective d'un homme qui se trouverait englouti par des machines intelligentes n'est qu'un scénario d'un mauvais roman de science-fiction…

Conclusion

L'auteur explique dans quelle mesure, loin de l'automatisme, c'est l'indétermination qui est le critère du perfectionnement technique des machines. Dans ce contexte, l'homme a pour tâche d'organiser l'ensemble de ces machines ouvertes. Il faut souligner que l'homme, loin d'être voué à devenir esclave des machines, en demeure le maître suprême. Il apparaît donc que la technophobie trouve davantage sa source dans une ignorance de la technique, qu'on assimile à quelque chose de démoniaque, que dans la technique elle-même. Si tel est le cas, ne faut-il pas avec Simondon prôner la réhabilitation de la culture technique ?

L'homme peut-il échapper au temps ?

DISSERTATION

4 heures
20 points

INTÉRÊT DU SUJET • La cosmétique prétend lutter contre le temps en effaçant les signes du vieillissement. Pourtant, les effacer ne nous empêchera pas de mourir : on ne se promène pas dans le temps comme on le fait dans l'espace. Mais alors, une telle lutte peut-elle avoir un sens ?

LES CLÉS DU SUJET

Définir les termes du sujet

L'homme peut-il

« Peut-on ? » exprime la possibilité : avons-nous les moyens, sommes-nous capables d'échapper au temps ?

Le temps

Le temps désigne l'ensemble des dimensions temporelles : le passé, le présent et l'avenir. Pourtant, si cette définition semble simple, elle n'en est pas vraiment une : le passé n'existe que par notre mémoire, le présent par notre attention et l'avenir par notre imagination. Le temps n'est donc que ce produit de notre activité intellectuelle, qui peut ainsi percevoir le changement, preuve manifeste du passage du temps.

Échapper au temps

- Échapper au temps peut signifier se soustraire au passage du temps, donc être immortel.
- Cela pourrait également signifier lutter contre le passage du temps en essayant de se soustraire à ses effets ou en créant des choses qui résistent à son passage.
- Enfin, il pourrait s'agir d'échapper à l'idée que nous allons mourir ou de fuir la tristesse liée à l'idée de la mort.

Dégager la problématique

Problématique

- Si l'existence humaine se déploie dans le temps, l'homme a-t-il les moyens d'échapper à ce temps dans lequel il s'inscrit ?
- Mais si nous sommes vivants, et donc mortels, sommes-nous pour autant soumis au temps, et victimes de lui ? On cherche à échapper à ce qui nous nuit : mais en quoi le temps serait-il mauvais pour nous, et que faudrait-il fuir en lui ?

Construire un plan

1. On ne peut pas échapper au temps	Il nous est impossible d'échapper au temps dans la mesure où il définit notre existence : nous sommes doublement soumis au temps, puisque mortels et dotés d'une conscience du temps.
2. On peut résister au passage du temps	Il est toutefois possible de penser une fuite hors du temps sous la forme d'une résistance à ce passage : l'œuvre d'art n'est-elle pas un défi adressé à ce temps qui, en s'écoulant, abîme et dissout nos corps ?
3. On peut échapper à l'idée que le temps nous condamne	Mais finalement, échapper au temps, n'est-ce pas avant tout échapper à ce par quoi il nous fait souffrir, c'est-à-dire se délivrer de l'idée qu'il nous condamne à la mort ? L'idée de la mort nous rappelle au souci de bien vivre.

31 CORRIGÉ GUIDÉ

Les titres en couleurs et les indications entre crochets servent à guider la lecture et ne doivent en aucun cas figurer sur la copie.

Introduction

[Reformulation du sujet] Se demander si l'on peut échapper au temps, c'est se demander si nous lui sommes nécessairement soumis. *A priori*, on pourrait penser que nous ne pouvons pas nous soustraire à ce qui définit notre existence. [Définition des termes du sujet] Le temps désigne à la fois le passé, le présent et l'avenir, auxquels nous nous rapportons respectivement par notre mémoire, notre attention, notre imagination. En ce sens, on peut dire que nous sommes doublement temporels : si nous sommes, en tant que mortels, définis par le temps, il est aussi le produit de notre activité intellectuelle. Mais alors, que signifierait échapper au temps ? Se soustraire au passage du temps serait d'abord être immortel ou résister à son passage, en créant des choses qui lui résistent. [Problématique] Mais si nous sommes victimes du temps, n'est-ce pas dans la mesure où, quoi que nous fassions, il s'inscrit en nous par l'idée que nous allons mourir ? Tout le problème est de savoir si l'homme a les moyens d'échapper à ce qu'il est. Nous cherchons à échapper à ce qui nous nuit : mais en quoi le temps serait-il mauvais pour nous ? [Annonce du plan] Nous verrons tout d'abord qu'il nous est impossible d'échapper au temps dans la mesure où il définit notre existence. Mais n'avons-nous pas le pouvoir de résister à ce temps qui semble s'écouler indépendamment de nous ? Enfin, nous examinerons dans quelle mesure nous pouvons échapper au temps ou plutôt à ce par quoi il nous fait souffrir, c'est-à-dire à l'idée qu'il nous condamne à la mort.

S'ENTRAÎNER

1. On ne peut pas échapper au temps

A. Nous sommes mortels

• Dans un premier temps, on pourrait penser que nous sommes les proies du temps en ce qu'il donne sa forme et sa limite à notre existence. Le temps s'imprime en nous sous la forme de la croissance et du vieillissement, qui nous indique que nous allons mourir : la mortalité est bien ce qui définit toute existence. Le temps fait donc partie de nous et il serait en ce sens absurde de croire que nous pouvons sortir de lui et fuir ses effets destructeurs. Cette croyance peut tout au plus prendre la forme du fantasme de l'immortalité : on peut rêver prendre le contrôle du temps, se promener en lui, inverser son cours, il n'en reste pas moins qu'il s'agit d'un rêve.

> **▶ Le conseil de méthode**
> Veillez à ne pas multiplier les exemples de lutte contre le vieillissement. La chirurgie esthétique, les progrès de la médecine, etc., ne valent que s'ils sont interrogés et problématisés.

• Dans la *Lettre à Ménécée*, Épicure fait ainsi du désir d'immortalité le pire des désirs vides, à savoir ces désirs qu'il est impossible de satisfaire et qui en cela nous vouent au malheur et à l'excès. Effacer les signes du vieillissement, par exemple, n'est pas échapper au temps mais se livrer à lui par la souffrance d'un combat perdu d'avance.

B. Nous sommes des êtres temporels qui faisons exister le temps

• C'est que le temps s'imprime en nous doublement : si nous ne pouvons pas échapper à ce que nous sommes, c'est-à-dire des vivants promis à la mort, nous ne pouvons pas non plus échapper à la tristesse liée à l'idée du temps qui passe. Mortels, nous sommes également liés au temps par notre mémoire, notre attention et notre imagination, qui font que nous avons l'idée du temps, et que cette idée est celle d'une chose dont, comme le souligne saint Augustin, tout l'être est de passer.

• Face à cet adversaire insaisissable, nous ne pouvons qu'envier l'insouciance de la vie animale qui se trouve allégée du poids du temps inscrit en l'homme par le développement même de ses facultés intellectuelles. C'est le sens de l'analyse nietzschéenne de l'oubli : si la mémoire qui nous rapporte au passé est ce qui rend possible la connaissance, elle est aussi ce qui nous fait souffrir en ce qu'elle nous rapporte à tout ce que nous avons perdu. Or, l'homme est défini par sa mémoire et son imagination : échapper au temps, ce serait « apprendre l'oubli » pour se défaire du fardeau du passé qui nous empêche de vivre.

> À NOTER
> Ce caractère **insaisissable** du temps est ainsi formulé par Augustin : « le passé n'est plus », « l'avenir n'est pas encore » et le présent n'est que ce qui s'écoule de l'un à l'autre.

[Transition] Pourtant, s'il est impossible de se soustraire au passage du temps ou de nous défaire de ces qualités intellectuelles qui nous le rendent sensible, toute lutte contre le temps est-elle vaine ? Si on ne peut sortir du temps, ne peut-on du moins lui résister ?

2. On peut résister au passage du temps

A. Il est possible de lutter contre le temps

> ▶ **Le secret de fabrication**
> Le passage à la deuxième partie repose ici sur une autre interprétation de l'expression « échapper au temps », qui ne signifie pas nécessairement « être immortel » ou « arrêter le temps », mais « échapper à son emprise ». Selon le sens retenu, la réponse à la question s'inverse.

Dans un second temps, on peut penser qu'échapper au temps serait en réalité créer dans le temps des points de résistance. Le « désir d'immortalité » condamné par Épicure n'est-il qu'un désir vide, source de souffrance, ou n'y a-t-il pas une positivité de ce désir en ce qu'il nous pousse à dépasser les limites de notre existence humaine ? Lutter contre le temps serait dès lors la seule façon de lui échapper, et s'il n'est pas possible de sortir du temps, il est pourtant possible de s'opposer à son passage. Si nous ne pouvons pas empêcher le temps de passer, nous pouvons pourtant créer des choses sur lequel le temps n'aura pas de prise.

B. Il est possible de créer de l'immortalité

C'est en particulier le sens de l'analyse par Hannah Arendt de l'œuvre d'art : la spécificité de cette œuvre, parmi tous les objets du monde, réside précisément dans son rapport au temps. Ni « produits de consommation » ou « produits de l'action » inscrits de façon précaire dans le temps, ni « objets d'usage » usés par le temps ; les œuvres d'art, dit-elle, sont les seules créations humaines qui accèdent à une « immortalité potentielle ». Défis humains adressés au passage du temps, les œuvres d'art « ne sont pas fabriquées pour les hommes, écrit la philosophe, mais pour le monde, qui est destiné à survivre à la vie limitée des mortels, au va-et-vient des générations ». Autrement dit, l'œuvre d'art est bien un point fixe par lequel l'homme s'échappe du temps qui s'inscrit en lui par sa vie biologique. Par l'art, l'homme est capable de créer des objets qui résistent à l'action corruptrice du temps.

[Transition] Pourtant, créer des points de résistance au passage du temps est-il notre seule façon d'échapper au temps ? Ce qui nous pèse, n'est-ce pas avant tout l'idée que nous allons mourir, et nos œuvres d'art nous en empêchent-elles ?

3. On peut échapper à l'idée que le temps nous condamne

A. On peut fuir l'idée de notre propre mort

- En réalité, nous sommes d'abord victimes du temps dans la mesure où penser le temps, c'est avoir l'idée de sa propre mort. Mais si nous sommes impuissants à échapper à la mort, n'avons-nous pas le pouvoir d'échapper à la souffrance liée à l'idée que nous allons mourir ?
- C'est le sens de l'analyse de Pascal, qui dans les *Pensées* évoque le divertissement comme le pis-aller trouvé par l'homme pour fuir l'idée qu'il va mourir. Se divertir permettrait ainsi de passer le temps pour oublier que nous allons mourir, et s'il n'y a que l'idée de dieu pour donner un sens à notre existence de mortels, nous avons toujours la possibilité, dit-il, de nous absorber dans cette fuite du temps et de nous-mêmes qui n'est que la marque de notre misère humaine.

L'AUTEUR
Blaise Pascal (1623-1662).

Philosophe et mathématicien, il a la révélation de l'existence de dieu lors de la « nuit de feu », et rédige les *Pensées* pour convertir ses lecteurs au christianisme.

S'ENTRAÎNER

B. On peut renverser l'idée triste de la mort en une idée qui nous rappelle au souci de vivre

Mais le temps nous condamne-t-il vraiment ? En réalité, on pourrait en conclure qu'échapper au temps serait échapper à la tristesse produite par l'idée que nous allons mourir. Mais comment échapper à cette tristesse ? Dans la *Lettre à Ménécée*, Épicure nous explique comment se délivrer de la crainte de la mort qui nous empêche de vivre. La mort, dit-il, est un phénomène physique et une réalité que nous ne rencontrerons jamais, puisque nous sommes, en tant que vivants, le contraire d'elle. En ce sens, l'idée de la mort n'est pas à fuir : ce qu'il faut combattre, c'est la tristesse qui lui est liée, et nous ne pouvons la combattre qu'en nous appuyant sur l'idée vraie de la mort, qui nous rappelle à l'urgence de bien vivre.

Conclusion

En définitive, s'il est impossible de ne pas mourir, il est bien en notre pouvoir d'échapper au temps en nous délivrant de la souffrance et de l'impuissance produites par l'idée que le temps nous condamne à la mort. Échapper au temps serait alors se libérer de la tristesse et regarder en face l'idée de notre propre mort pour profiter de ce temps qui nous est compté.

3 AUTRES SUJETS POUR S'ENTRAÎNER

- Suis-je ce que mon passé a fait de moi ?
- Explication d'un extrait des *Rêveries du promeneur solitaire*, de Rousseau
- Explication d'un extrait de l'*Essai sur le libre-arbitre*, de Schopenhauer

▶ Retrouvez les corrigés sur annabac.com

Bergson, *La Perception du changement*

EXPLICATION DE TEXTE

4 heures
20 points

INTÉRÊT DU SUJET • « Le temps, irréparable, fuit » (Virgile) : ce genre de devises latines ornant les cadrans solaires souligne à quelle vitesse le temps s'écoule. Si rien ne résiste au passage du temps, comment dès lors définir ce qui nous échappe ?

Expliquez le texte suivant :

Que le temps implique la succession, je n'en disconviens pas. Mais que la succession se présente d'abord à notre conscience comme la distinction d'un « avant » et d'un « après » juxtaposés, c'est ce que je ne saurais accorder. Quand nous écoutons une mélodie, nous avons la plus pure impression de succession que nous puissions avoir – une impression aussi éloignée que possible de celle de la simultanéité – et pourtant c'est la continuité même de la mélodie et l'impossibilité de la décomposer qui font sur nous cette impression. Si nous la découpons en notes distinctes, en autant d'« avant », et d'« après » qu'il nous plaît, c'est que nous y mêlons des images spatiales et que nous imprégnons la succession de simultanéité : dans l'espace, et dans l'espace seulement, il y a distinction nette de parties extérieures les unes aux autres. Je reconnais d'ailleurs que c'est dans le temps spatialisé que nous nous plaçons d'ordinaire. Nous n'avons aucun intérêt à écouter le bourdonnement ininterrompu de la vie profonde. Et pourtant la durée réelle est là. C'est grâce à elle que prennent place dans un seul et même temps les changements plus ou moins longs auxquels nous assistons en nous et dans le monde extérieur.

Henri Bergson, *La Perception du changement*, 1911,
coll. « Quadrige » © PUF, 2011.

La connaissance de la doctrine de l'auteur n'est pas requise. Il faut et il suffit que l'explication rende compte, par la compréhension précise du texte, du problème dont il est question.

LES CLÉS DU SUJET

Définir le thème et la thèse

• Dans ce texte, Bergson cherche à **définir le temps** en s'opposant à la conception classique que nous en avons.

• Bergson manifeste ici **la continuité essentielle du temps** : le temps est d'abord ce qui dure, et non ce qui sépare des états successifs. Autrement dit, toute décomposition n'est possible que parce que le temps est ce qui lie les instants entre eux, à l'image de la mélodie que compose le musicien en articulant les notes les unes aux autres.

Dégager la problématique

Problématique

- Traditionnellement, pour rendre compte du temps, nous utilisons la distinction entre passé, présent et futur : nous appelons « temps » ce qui sépare deux moments isolés de l'expérience.
- Mais peut-on s'en tenir à cette décomposition ou succession d'états indépendants les uns des autres ? Le temps ne s'inscrit-il pas dans une durée ? Ne se définit-il pas essentiellement par sa continuité ?

Repérer les étapes de l'argumentation

1. Le temps n'est pas constitué par l'avant et par l'après (l. 1 à l. 8)	• En quoi la définition classique du temps peut-elle sembler paradoxale ? • Quelle est la fonction de l'exemple musical dans l'argumentation ?
2. Le temps décomposable est spatialisé (l. 8 à l. 15)	• Cherchez des exemples d'« images spatiales » du temps. • Pourquoi la nature du temps diffère-t-elle de celle de l'espace ?
3. Le temps est une durée qui permet d'appréhender le changement (l. 15 à l. 17)	• Définissez la durée. • En quoi, selon Bergson, le changement implique-t-il la durée et non la décomposition du temps ?

32 CORRIGÉ GUIDÉ

Les titres en couleurs et les indications entre crochets servent à guider la lecture mais ne doivent en aucun cas figurer sur la copie.

Introduction

[Accroche] Dans ses *Confessions*, Saint Augustin se demande : « Qu'est-ce donc que le temps ? Si personne ne m'interroge, je le sais ; si je veux répondre à cette demande, je l'ignore. » La définition du temps se présente ainsi comme un problème philosophique fondamental. C'est à cet enjeu que prétend répondre ce texte de Bergson. [Problématique] Comment peut-on rendre compte de ce qui dure alors même qu'on définit le temps comme une suite d'états successifs et distincts les uns des autres ? [Annonce du plan] Bergson s'oppose d'abord à la définition classique du temps : nous ne pouvons pas le définir comme la différence entre un avant et un après. Cette définition repose en réalité sur un amalgame : elle confond la nature du temps et celle de l'espace, qui permet de séparer chacune de ses parties. Bien au contraire, le temps ne se fonde pas sur la succession d'instants distincts, mais sur l'unité indivisible de la durée.

S'ENTRAÎNER

1. Le temps n'est pas constitué par l'avant et par l'après

A. Une critique de la définition classique du temps

• Bergson interroge ici la définition aristotélicienne du temps. Celle-ci procède de l'examen d'un paradoxe : le temps est composé du passé qui n'est plus, du futur qui n'est pas encore et du présent qui s'évanouit sans cesse. C'est donc l'être même du temps qui pose problème.

• Pour y répondre, Aristote avance que l'on ne perçoit le temps que dans le changement : c'est la différence entre un avant et un après. Le temps se présenterait ainsi fondamentalement dans l'écart entre plusieurs états que l'on peut positionner les uns par rapport aux autres.

CITATION

« Lorsque nous percevons l'antérieur et le postérieur, alors nous disons qu'il y a du temps, car voilà ce qu'est le temps : le nombre du mouvement selon l'antérieur et le postérieur » (Aristote, *Physique*).

• Or Bergson s'inscrit en faux contre cette définition du temps comme succession de l'avant et de l'après. Il ne s'agit pas de nier l'idée selon laquelle « le temps implique la succession » : autrement nous serions incapables de distinguer le passé du présent et du futur. Il nous faut plutôt montrer que la succession de plusieurs états séparables implique elle-même l'existence du temps comme durée, à partir de laquelle nous pourrons isoler lesdits états.

> **▶ Le secret de fabrication**
> L'enjeu est ici de montrer que Bergson veut donner une solution au paradoxe mis en évidence par Aristote : il faut résoudre le problème d'une ontologie du temps. La succession d'un avant et d'un après ne peut pas constituer l'être même du temps, dans la mesure où cette succession réclame à son tour une condition de possibilité : l'idée d'une durée dans le temps.

B. La définition du temps comme continuité

• Pour définir le temps, Bergson invoque l'exemple de l'écoute musicale. Il affirme ici que la succession s'identifie non pas à la différence entre deux états, mais à la « continuité » qui fait la « mélodie ».

• La musique implique par elle-même la succession : lorsque nous écoutons une mélodie et que nous cherchons par exemple à la fredonner, nous comprenons qu'elle exige la succession de plusieurs notes dans le temps. Quand bien même il serait possible de chanter toutes les notes à la fois, nous ne produirions qu'un brouhaha indiscernable. C'est la raison pour laquelle l'impression produite par la mélodie est « aussi éloignée que possible de celle de simultanéité ».

• Mais pour que la mélodie existe en tant que telle, il faut en saisir la « continuité » : nul ne peut la saisir en se contentant de la « décomposer ». La mélodie, ce n'est pas seulement chaque note inscrite sur la partition, que l'on pourrait séparer des autres : c'est le rapport que ces notes entretiennent entre elles dans la suite de la phrase musicale.

[Transition] Le temps ne se définit pas d'abord dans la pure et simple succession d'états indifférents les uns aux autres : il implique la continuité. Pourquoi nous en tenons-nous alors spontanément à l'image d'un temps décomposable en avant et en après ?

2. Le temps décomposable est spatialisé

A. Il faut distinguer le temps de l'espace

• La définition classique du temps confond le temps et l'espace : elle fait de l'essence du temps le corollaire de l'essence de l'espace.

> **▶ Le secret de fabrication**
> Le reproche de Bergson n'est pas anodin : le temps et l'espace ont été définis de la même manière par de nombreux philosophes. Aristote traite du temps et de l'espace dans un même livre de la *Physique* ; Kant fait de ces représentations les deux conditions transcendantales de l'expérience.

• Lorsque nous cherchons à représenter la différence entre l'avant et l'après, il n'est pas rare que nous dessinions un segment de droite. Nous inscrivons alors dans l'espace la différence entre deux moments du temps : l'expérience du temps est ainsi imprégnée d'« images spatiales ».

• Mais le temps est pour Bergson tout autre qu'une frise chronologique : il implique de percevoir la continuité indivisible entre l'avant et l'après. Aussi n'avons-nous conscience de la mélodie que parce qu'une note s'articule à celle qui la suit. Nous ne pouvons isoler les différents moments du temps qu'en comprenant aussi les liens qui les unissent entre eux.

• Il faut donc distinguer clairement le temps de l'espace : « Dans l'espace seulement, il y a distinction nette de parties extérieures les unes aux autres. » Cela signifie que s'il est possible d'isoler chacune des portions de l'espace, les moments du temps s'appellent au contraire les uns les autres. Il n'y a d'instant que sur le fond de la continuité qui lie les moments du temps.

B. Le temps de l'expérience quotidienne est un temps spatialisé

• Bergson affirme que le temps de nos préoccupations quotidiennes n'est autre que le « temps spatialisé », c'est-à-dire le temps décomposable en moments séparés les uns des autres.

• De fait, dans la vie courante, nous cherchons à organiser notre temps : c'est ce qui nous éloigne de la conscience du temps comme continuité. Nous découpons le temps relativement à nos activités et nos projets, et nous formalisons ce découpage dans un emploi du temps. Lorsque nous rapportons le temps à une finalité pratique, nous ne percevons plus le « bourdonnement de la vie profonde ».

> **À NOTER**
> Baudrillard, dans *La Société de consommation*, souligne que la reconduction systématique du temps à des buts déterminés contribue à son aliénation. À force de le découper ainsi, nous nous privons d'un temps qui serait véritablement libre.

[Transition] Le temps qui peut être découpé et spatialisé ne permet pas pour autant de rendre compte de sa nature véritable. Au-delà de la différence entre deux moments, le temps est au contraire ce qui résiste dans l'expérience de la durée.

3. Le temps est une durée qui permet d'appréhender le changement

A. Le temps se définit comme durée

• La véritable nature du temps se dévoile lorsque nous nous intéressons à la « durée réelle ». Nous l'avons vu, celle-ci se cache en deçà de nos préoccupations quotidiennes.

• Proust explique ainsi, dans *Le Temps retrouvé*, que le temps « à l'état pur » n'est perçu qu'au moyen de certaines expériences spécifiques, qui font émerger le passé dans le présent. Dans l'épreuve de la réminiscence, le sujet comprend que le passé n'est pas simplement ce qui n'est plus : le temps lie indissolublement les moments entre eux. C'est précisément ce que l'on appelle la durée.

DÉFINITION
La **réminiscence** consiste en le retour à la conscience d'un souvenir latent, dominé par une dimension affective. Elle rappelle la continuité du passé dans le présent, quand bien même nous n'en garderions pas consciemment la mémoire.

B. L'écart entre deux états ne peut se mesurer sans la continuité du temps

• Paradoxalement, pour pouvoir découper ou décomposer le temps, il faut d'abord reconnaître que celui-ci se définit par sa pure continuité. Pour que quelque chose évolue dans le temps, il est nécessaire que celui-ci assure la permanence de ce qui change.

• En ce sens, la nature du temps peut être appréhendée à partir du problème de l'identité. Au cours de l'existence, l'homme ne reste jamais tout à fait le même : il se transforme au gré des expériences. Toutefois, pour comprendre ce changement, il est nécessaire d'accorder l'existence d'un *je* qui dure et qui constitue la matière même du changement.

• Bachelard soutient au contraire que le temps ne se définit que dans l'instant. L'intuition de la durée serait étrangère à la conscience : celle-ci ne pourrait habiter que l'instant présent. L'expérience du temps ne suppose pas une durée ou une continuité indivisible : celle-ci s'interrompt lorsque nous sommes absents à nous-mêmes. Aussi écrit-il qu'« une description temporelle du psychisme comporte la nécessité de poser des lacunes » (*La Dialectique de la durée*).

Conclusion

Ainsi, nous avons montré que la définition bergsonienne du temps implique sa continuité : par nature, le temps résiderait dans la durée. Si nous pouvons bien isoler certains moments du temps, ce n'est qu'en les rapportant à la totalité qui les unit entre eux. C'est ce que manifeste le phénomène de l'écoute musicale : la mélodie n'est pas une simple succession de notes, elle réside dans l'articulation de ces notes au sein de la composition. Si l'expérience quotidienne nous éloigne de cette conscience réelle du temps, la décomposition du temps implique en réalité l'intuition fondamentale de la durée, qui fonde l'identité de la conscience dans le temps.

Sommes-nous responsables de l'avenir ?

DISSERTATION

4 heures
20 points

INTÉRÊT DU SUJET • « Si j'avais su, j'aurais fait autrement… » : les choses ne tournent pas toujours comme on le pensait, car l'avenir nous est caché. Mais les conséquences de nos actions sont-elles vraiment si difficiles à anticiper ?

LES CLÉS DU SUJET

Définir les termes du sujet

Nous

- Le pronom « nous » peut être compris de manière individuelle : « chacun de nous » pense à son propre avenir.
- On peut aussi le considérer de façon collective : « tous ensemble », nous prenons des décisions qui engagent l'avenir de l'humanité.

Responsable

- Du latin *respondere*, être responsable signifie au sens premier « répondre » : assumer personnellement ses décisions, ses paroles, ses actes, car on en est l'auteur.
- Mais c'est aussi un trait de caractère : une personne est dite responsable quand elle se montre raisonnable et prévoyante.

Avenir

- Ce terme introduit un paradoxe. L'avenir, c'est le temps qui n'est pas encore et à propos duquel nous n'avons aucune certitude : nous ne savons jamais exactement « ce que l'avenir nous réserve ».
- Mais l'avenir, c'est aussi ce temps que nous avons à préparer par nos actions présentes : nous sommes forcés de l'envisager pour prendre les bonnes décisions.

Dégager la problématique

Problématique

- Comment pourrions-nous être tenus pour responsables de ce qui n'est pas arrivé, et pourrait d'ailleurs ne pas arriver ?
- Mais l'avenir nous est-il complètement caché ? N'avons-nous pas le devoir, précisément, de l'anticiper et de le préparer dès maintenant ?

Construire un plan

1. Seul le passé peut nous être imputé	• La liberté de l'homme fonde sa responsabilité. • Personne ne peut répondre de l'avenir.
2. Nous sommes aussi comptables de l'avenir	• L'« éthique de responsabilité » consiste à anticiper les conséquences de nos actes. • La structure de l'action nous tourne vers l'avenir.
3. Nos actions ont aujourd'hui changé de nature et de sujet	• Le « principe responsabilité » doit compléter le « principe de respect ». • L'humanité doit se penser comme sujet collectif de l'action en vue du futur.

33 CORRIGÉ GUIDÉ

Les titres en couleurs et les indications entre crochets servent à guider la lecture mais ne doivent en aucun cas figurer sur la copie.

Introduction

[Reformulation du sujet] Penser à l'avenir est parfois angoissant, car nous ne savons pas de quoi celui-ci sera fait. Pourtant, ce sont nos décisions présentes qui préparent les événements futurs. Sommes-nous responsables de l'avenir ? [Définition des termes du sujet] Le mot responsabilité vient du latin *respondere* qui signifie « répondre », « assumer ». Il y a là un paradoxe, car on ne saurait être assuré de l'avenir au point de s'en porter garant : c'est un temps ouvert, illimité, pas même sorti du néant. [Problématique] *A priori*, seul le passé peut être rigoureusement établi afin d'évaluer les responsabilités de chacun, comme le font la justice et l'histoire. Il y a cependant, aujourd'hui plus que jamais, des enjeux pratiques à envisager l'avenir comme quelque chose que nous tenons entre nos mains et dont il nous faut être soucieux. [Annonce du plan] Nous verrons d'abord le sens classique de la notion de responsabilité, avant de rappeler que toute action humaine a pour horizon l'avenir. Nous traiterons pour finir la nécessité de repenser la responsabilité aujourd'hui.

> ▶ **Le conseil de méthode**
> Construisez votre introduction sur le paradoxe impliqué par l'idée que l'avenir nous est inconnu mais qu'il est entre nos mains.

1. Seul le passé peut nous être imputé

A. Nous sommes responsables parce que nous sommes libres

• La responsabilité se pense d'abord en termes d'imputation : on doit assumer ses paroles et ses actes parce qu'on en est l'auteur. C'est un principe moral, juridique et politique : la personne est responsable devant les autres, le citoyen devant les lois, le gouvernement devant le peuple.

> DÉFINITION
> **Imputer**, c'est mettre une action sur le compte de quelqu'un, dire qu'il en l'auteur volontaire.

• Pour Aristote, l'homme est « principe et générateur de ses actions » : il doit les reconnaître comme siennes et en assumer la paternité. L'évaluation de la responsabilité est tournée vers le passé, car on juge ce qu'une personne a fait et non ce qu'elle fera. L'avenir quant à lui est ouvert et contingent, puisque l'homme est libre et que seules les conditions « au sein desquelles son action se produit » sont connues de lui.

B. Nous ignorons de quoi l'avenir sera fait

• Le problème est qu'il faut souvent décider dans l'urgence, ce qui conduit à des erreurs. Mais Descartes rappelle que nous ne saurions être tenus pour responsables des surprises que l'avenir nous réserve : il faut distinguer la faute, qui est une mauvaise action commise en connaissance de cause, et l'erreur, dont les conséquences n'étaient pas voulues. « Nous n'avons à répondre que de nos pensées », c'est-à-dire de nos intentions bonnes ou mauvaises.

> CITATION
> « La nature de l'homme n'est pas de tout savoir, ni de juger toujours si bien sur-le-champ que lorsqu'on a beaucoup de temps à délibérer. » (Descartes, *Lettre à Élisabeth*)

• Mais la volonté de bien faire n'inclut-elle pas au moins un effort pour envisager les conséquences de nos décisions ? Descartes lui-même, dans le *Discours de la méthode*, affirme que « nos soins se doivent étendre plus loin que le temps présent ». Être responsable implique de tourner aussi son regard vers l'avenir et de penser à ce que nous léguerons à nos « neveux ».

[Transition] La conception traditionnelle de la responsabilité comporte certaines ambiguïtés. Si l'on doit répondre du passé, il faut aussi anticiper l'avenir : cela porte l'accent sur un autre aspect de la responsabilité.

2. Nous sommes aussi comptables de l'avenir

A. Être responsable, c'est savoir anticiper

- Il faut aussi envisager la responsabilité en termes de prévision. Au moment d'agir, nous nous interrogeons moins sur la qualité de notre intention que sur les conséquences de nos choix : de combien de malheurs me rendrai-je responsable ? quelle somme de bonheur vais-je apporter, pour moi et pour les autres ? Dans *L'utilitarisme*, Mill parle ainsi d'un « calcul » orienté vers l'avenir : la bonne action est celle qui apportera le plus grand bonheur possible pour le plus grand nombre de personnes.

- Deux conceptions de l'éthique sont distinguées par Weber dans *Le savant et le politique* : « l'éthique de conviction » consiste à agir selon des principes auxquels on reconnaît une valeur inconditionnelle. Poussée à l'extrême, elle donne raison à l'adage : « fais ton devoir, le monde dût-il en périr ». Au contraire, « l'éthique de responsabilité » est soucieuse avant tout des conséquences, mais son point faible est de rendre peu regardant sur les moyens. Il faut chercher un équilibre entre les deux.

B. L'avenir est l'horizon de nos actions

- Si nous sommes responsables « de » ce que nous avons fait, nous le sommes aussi « pour » les autres, particulièrement s'ils sont vulnérables ou s'ils ont besoin de nous. La responsabilité, c'est, selon Levinas, ce qui est ressenti devant le visage d'autrui. Fragile et exposé à la violence, le visage nous commande : « Tu ne tueras pas ». Nous sommes ainsi voués aux autres, sensibles à leur appel et engagés auprès d'eux. Le concept de responsabilité s'enrichit ici du souci de l'autre et de notre avenir commun.

- L'action est par nature projection dans l'avenir. C'est par le projet que je suis, par mon engagement, que je construis chaque jour ce que l'on pourra dire demain de l'humanité et du monde qu'elle aura fondé. Ainsi, l'existentialisme de Sartre prête à l'homme la responsabilité totale de son existence. Ce que nous sommes, individuellement et collectivement, résulte de nos choix.

CITATION
« En me choisissant, je choisis l'homme. » (Sartre, *L'existentialisme est un humanisme*)

[Transition] Aucun avenir ne nous est réservé sinon celui que nous nous préparons. Comment, dès lors, penser ce que signifie « être responsable » à l'heure où l'humanité se met elle-même en danger ?

3. Nos actions ont aujourd'hui changé de nature et de sujet

A. Nous devons renouveler les principes de l'éthique

- Jusqu'à une époque récente, l'action humaine ne pouvait pas altérer profondément la nature. Désormais, nous sommes capables d'endommager de façon irréversible notre environnement. Un tel pouvoir nous oblige à considérer les risques que nous faisons courir aux générations futures avec l'industrie nucléaire, l'armement, le réchauffement climatique, etc. : si nous sommes maîtres de la nature, alors nous en sommes aussi les gardiens.

- Selon Jonas, la civilisation technologique impose de refonder l'éthique sur de nouveaux principes, intégrant « l'avenir lointain et l'existence de l'espèce elle-même ». Le « respect », qui se décline au présent, doit être complété par le « principe responsabilité » qui regarde l'avenir. Les générations futures ne peuvent pas se défendre contre les risques qu'elles encourent par notre faute : c'est à nous d'être responsables pour elles et de leur ménager la possibilité d'une vie authentiquement humaine.

CITATION
« Agis de façon que les effets de ton action soient compatibles avec la permanence d'une vie authentiquement humaine sur terre » (Jonas, *Le Principe responsabilité*).

B. Nous sommes collectivement responsables de l'avenir

- Cette responsabilité est collective. Une telle idée n'a rien d'évident car du point de vue de la morale et du droit, la responsabilité est toujours individuelle, même lorsque les fautes sont commises en groupe. Comme le dit Arendt, « la culpabilité et l'innocence n'ont de sens qu'appliquées à des individus ».

- Mais selon Jonas, les enjeux de notre temps ne relèvent pas simplement de décisions individuelles. L'humanité doit prendre conscience d'elle-même comme sujet collectif doté d'une capacité de nuisance mais aussi de préservation : c'est par des décisions concertées au niveau international que seront évitées les catastrophes prévisibles. Si nous y manquons, les hommes de demain seront en droit de nous le reprocher, et « de nous accuser, nous leurs prédécesseurs, en tant qu'auteurs de leur malheur ».

Conclusion

Nous sommes responsables de l'avenir parce que nous sommes libres et que le destin n'existe pas. Ce sont bien nos décisions présentes, individuelles ou collectives, qui préparent l'avenir ou au contraire le compromettent. L'urgence d'une réflexion sur ce thème s'accroît en proportion de l'emprise que l'humanité s'est assurée sur la nature au moyen de la technologie.

S'ENTRAÎNER

Travailler moins, est-ce vivre mieux ?

DISSERTATION

4 heures
20 points

INTÉRÊT DU SUJET • Réglementé par la loi, le temps de travail fait régulièrement l'objet d'interrogations : travaillons-nous trop ? pas assez ? moins que nos voisins ? Mais la question essentielle n'est-elle pas de savoir quelle doit être la part du travail dans nos vies, si nous voulons *bien* vivre ?

LES CLÉS DU SUJET

Définir les termes du sujet

Travailler moins

• Du latin *tripalium*, qui désigne un instrument de torture, le travail définit toute activité de transformation de la nature dans un sens utile à l'homme, c'est-à-dire ayant pour but la satisfaction de ses besoins, et par laquelle l'homme modifie sa propre nature. Ce qu'indique l'étymologie, c'est l'effort, la pénibilité voire la souffrance qui se trouve associée à cette activité.

• Cette définition générale se distingue de la définition sociale très restrictive du travail selon laquelle il est l'emploi, ou le métier, qui se définit par la rémunération.

• Travailler moins, ce serait travailler moins longtemps, et envisager le travail sous un angle quantitatif.

Vivre mieux

• La vie se distingue de la simple survie, c'est-à-dire de la vie biologique. Vivre, ce n'est pas seulement conserver sa vie et la faire durer, mais envisager cette vie selon une perspective qualitative.

• « Vivre mieux » implique une comparaison : il s'agit de savoir en quoi notre vie peut être améliorée si nous travaillons moins, l'horizon étant celui de la bonne vie.

Dégager la problématique

Problématique

- Mon temps de travail n'est-il que celui que je sacrifie aux nécessités de ma vie biologique, et dois-je le réduire au maximum pour bien vivre ?
- Mais pourquoi le temps du travail serait-il celui de la non-vie, ou de la mauvaise vie ? N'est-on heureux ou libre qu'en dehors du travail ?

Construire un plan

1. Travailler, c'est vivre mieux	Travailler, c'est réaliser notre essence : nous nous humanisons par ce processus de modification qui nous permet de nous accomplir.
2. Il faut travailler moins pour vivre comme un homme	Pourtant, notre temps de travail nous apparaît souvent comme un temps de sacrifice de soi. L'aliénation du travail désigne la perte de soi-même par le travail : mais alors, comment réduire la part du travail dans nos vies ?
3. Vivre mieux, c'est refuser le travail productif	Le souci de la bonne vie doit nous conduire à refuser cette dissociation du travail et de la vie. Il faut changer la nature du travail.

34 CORRIGÉ GUIDÉ

Les titres en couleur servent à guider la lecture et ne doivent en aucun cas figurer sur la copie.

Introduction

[Reformulation du sujet] Il s'agit ici de s'interroger sur le rapport entre la quantité de travail et la qualité de notre vie. À l'entrée du camp d'Auschwitz était écrit : « Le travail libère ». Est-il donc si sûr que le travail participe de la bonne vie ? [Définition des termes du sujet] Le travail désigne une activité par laquelle je transforme une donnée extérieure à moi, par un effort qui en retour me développe. Sous sa forme moderne, le travail dit productif est organisé par une division visant à l'accroissement de la productivité. Vivre, ce n'est pas seulement survivre : c'est avoir une bonne vie, et l'envisager, donc, sous l'angle de la qualité. [Problématique] Mais en quoi la durée de notre travail nous empêcherait-elle de bien vivre ? Le temps du travail est-il un temps de non-vie, de mauvaise vie ? La question est de savoir si c'est en diminuant le temps du travail que notre vie s'améliore, ou s'il s'agit de changer la qualité du travail et notre degré d'exigence vis-à-vis de lui. [Annonce du plan] Dans un premier temps, nous verrons qu'il faut travailler pour vivre mieux : le travail n'est-il pas l'essence de l'homme ? Dans un deuxième temps, nous verrons pourquoi vivre une vie humaine suppose de réduire la part du travail dans nos vies. Enfin, nous verrons pourquoi le souci de la bonne vie doit nous conduire à refuser cette dissociation du travail et de la vie.

1. Travailler, c'est vivre mieux

A. Il faut travailler pour vivre

• Dans un premier temps, on pourrait penser que pour vivre mieux, il serait nécessaire de travailler plus, dès lors que la qualité de notre vie se définirait par la capacité et la facilité que nous avons à satisfaire nos besoins, sociaux comme vitaux. Lorsque l'on envisage notre qualité de vie en termes de confort, il est possible de penser que plus on travaille, plus on gagne d'argent, plus on accède à cette vie confortable en dehors du travail.

• Pourtant, force est de constater que l'argent gagné en travaillant n'a aucun rapport avec notre temps de travail. Par ailleurs, celui qui travaille plus et réduit ainsi sa part de temps libre vit-il vraiment mieux que celui qui dispose de plus de temps libre ? La qualité de vie doit-elle être confondue avec un confort qui justifierait que je lui sacrifie mon temps libre ?

B. Le travail est l'essence de l'homme

• Le problème réside en réalité dans la définition de la bonne vie : car qu'est-ce qu'une vie dont on ne jouit qu'en dehors du temps de travail ? En effet, si le travail peut être pensé comme une condition de la bonne vie, c'est dans la mesure où la bonne vie serait une vie non pas luxueuse, mais humaine.

• C'est précisément ce que dit Marx dans *Le Capital*, en faisant du travail l'essence de l'homme. Si le travail mérite que je lui consacre ma vie, c'est parce que, grâce à lui, je m'humanise en sortant du pur accomplissement de ma vie biologique. C'est par lui, par l'effort et l'inventivité qu'il suppose, que j'affronte à la fois la nature extérieure et la mienne, en développant mes facultés proprement humaines. Le travail est ce en quoi je satisfais un besoin de travailler correspondant au besoin de réaliser mon essence d'homme.

L'AUTEUR
Karl Marx (1818-1843).

Philosophe et théoricien révolutionnaire, Marx s'efforce de penser une alternative au capitalisme, en posant les bases d'une société communiste qui verrait à terme dépérir l'État.

[Transition] Si le travail, c'est la vie bonne, alors comment expliquer, comme l'observe Marx dans les *Manuscrits de 1844*, que « dès qu'il n'existe pas de contrainte, physique ou autre, le travail est fui comme la peste » ?

2. Il faut travailler moins pour vivre comme un homme

A. Le travail nous aliène

• Le travail moderne organisé par la division du travail scinde le processus du travail en tâches sur lesquelles nous nous spécialisons et nous coupe du produit du travail comme de l'effort créatif. L'analyse de Marx met en évidence ce renversement par lequel le travail devient paradoxalement ce qui s'exerce contre nous : l'aliénation du travail désigne ce phénomène par lequel le travailleur moderne, vendant sa force de travail et son temps en échange d'un salaire devenu sa seule motivation, est rendu étranger à lui-même et n'éprouve plus sa liberté, paradoxalement, qu'en dehors du temps de travail. Le temps libre se dissocie du temps de travail, pour n'être plus un temps de libération mais un temps consacré à nos fonctions vitales : le temps libre devient le temps libéré du travail, sous la forme de la consommation, du loisir et du repos nécessaire à la reprise du travail.

B. Il faut limiter le temps de la non-vie

Un tel travail peut-il être conçu comme la manifestation de la vie du travailleur ? « Bien au contraire, dit Marx, la vie commence pour lui où cesse cette activité, à table, à l'auberge, au lit. [...] Si le ver à soie tissait pour subvenir à son existence de chenille, il serait un salarié achevé. » Le souci de la bonne vie impliquerait-il la réduction de ce temps de travail dans lequel je sacrifie ma vie ? Dès lors que le travail se dissocie de la vie, il pourrait en effet apparaître que vivre mieux implique de réduire le volume et l'importance du travail dans nos vies. Le travailleur revendique ainsi une limite du temps du travail associé à celui d'une perte de temps de vie. À ce temps de travail défini par l'horizon de la productivité, il s'agirait d'imposer une limite. Mais si l'on peut ainsi espérer vivre mieux, ou plus longtemps, est-ce pour autant cela, une bonne vie ?

> **▶ Le secret de fabrication**
>
> Il s'agit ici de radicaliser en troisième partie la thèse de la deuxième, en passant de la question de la quantité de travail (il faut « travailler moins ») à celle de sa qualité. Autrement dit, la perspective quantitative devient alors secondaire : ce qu'il s'agit de modifier, c'est la nature même de notre travail.

[Transition] Suffit-il de diminuer la part de ce travail aliénant pour vivre mieux, ou faut-il reconsidérer cette dissociation du travail et de la vie ?

3. Vivre mieux, c'est refuser le travail productif

A. Le travail est une activité servile

En réalité, limiter la durée du travail n'est pas changer sa nature ni sa qualité. Faut-il accepter de sacrifier même une journée à une activité servile en ce qu'elle nous consacre aux nécessités de la survie ? Que le travail soit nécessairement une activité visant à la seule survie, c'est ce que met en évidence Arendt à partir de ses analyses du monde grec : « Le travail est l'activité qui correspond au processus biologique du corps humain, dont la croissance spontanée, le métabolisme et éventuellement la corruption sont liés aux productions élémentaires dont le travail nourrit ce processus vital ». Si le monde antique, souligne Arendt, méprise le travail, c'est bien en ce qu'il nous rive à la nature et à ses cycles : bien vivre suppose d'abord de se libérer de la nature, et, donc, du travail qui nous attache à elle.

À NOTER
Selon Arendt dans *La Condition de l'homme moderne*, l'esclavage ne fut pas « un instrument d'exploitation en vue de faire des bénéfices ; ce fut plutôt une tentative pour éliminer des conditions de la vie le travail ».

B. Bien vivre, c'est refuser de séparer le travail de la vie

- Mais alors, comment croire qu'il suffirait de travailler moins pour mieux vivre ? C'est précisément la question que soulève Nietzsche, en nous appelant, dans *Le Gai Savoir*, à renouveler en profondeur notre rapport au travail. Bien vivre, dit-il, implique le refus de la séparation du travail et de la vie, posture de résistance que seuls incarnent certains hommes, comme les artistes, les contemplatifs, « mais aussi ces oisifs qui passent leur existence à chasser ou à voyager, à s'occuper de galants commerces ou à courir les aventures ». Soustraites au travail productif par lequel j'absorbe ma vie dans une chose extérieure à elle, le vrai travailleur est l'homme du temps libre, qui refuse de céder une part de sa vie au travail productif, même minime.
- Le vrai travailleur, c'est celui pour qui le travail et l'effort sont la vie en soi, une *praxis*, pour reprendre le terme aristotélicien, c'est-à-dire une activité qui est à elle-même sa propre fin, et non cette *poiésis* qui n'a de but qu'extérieur à elle-même et qui fait du travailleur moderne le mercenaire de sa propre vie.

Conclusion

En définitive, si notre horizon est la bonne vie, il est impossible de penser qu'on puisse mieux vivre en réduisant l'importance du travail productif dans nos vies. À ce travail régi par des impératifs vitaux et sociaux, il s'agit d'opposer le refus d'un travail séparé de nos vies : bien vivre exigerait ainsi de renouveler notre exigence vis-à-vis du travail et de la vie, en refusant tout travail dans lequel notre vie se trouverait niée.

35 Amérique du Nord • Juin 2021

Weil, *La Condition ouvrière*

EXPLICATION DE TEXTE

4 heures
20 points

INTÉRÊT DU SUJET • Le temps du week-end et des vacances nous apparaît souvent comme un temps libre, c'est-à-dire libéré de la contrainte du travail. Pourtant, éprouver le travail comme une oppression n'a rien d'évident. Comment expliquer que nous le vivions de cette façon ?

S'ENTRAÎNER

Expliquez le texte suivant :

De nos jours, ce n'est pas seulement dans les magasins, les marchés, les échanges, que les produits du travail entrent seuls en ligne de compte, et non les travaux qui les ont suscités. Dans les usines modernes il en est de même, du moins au niveau de l'ouvrier. La coopération, la compréhension, l'appréciation mutuelle dans le travail y sont le monopole des sphères supérieures. Au niveau de l'ouvrier, les rapports établis entre les différents postes, les différentes fonctions, sont des rapports entre les choses et non entre les hommes. Les pièces circulent avec leurs fiches, l'indication du nom, de la forme, de la matière première ; on pourrait presque croire que ce sont elles qui sont les personnes, et les ouvriers qui sont des pièces interchangeables. Elles ont un état civil ; et quand il faut, comme c'est le cas dans quelques grandes usines, montrer en entrant une carte d'identité où l'on se trouve photographié avec un numéro sur la poitrine, comme un forçat[1], le contraste est un symbole poignant et qui fait mal.

Les choses jouent le rôle des hommes, les hommes jouent le rôle des choses ; c'est la racine du mal. Il y a beaucoup de situations différentes dans une usine ; l'ajusteur qui, dans un atelier d'outillage, fabrique, par exemple, des matrices de presses[2], merveilles d'ingéniosité, longues à façonner, toujours différentes, celui-là ne perd rien en entrant dans l'usine ; mais ce cas est rare. Nombreux au contraire dans les grandes usines et même dans beaucoup de petites sont ceux ou celles qui exécutent à toute allure, par ordre, cinq ou six gestes simples indéfiniment répétés, un par seconde environ, sans autre répit que quelques courses anxieuses pour chercher une caisse, un régleur, d'autres pièces, jusqu'à la seconde précise où le chef vient en quelque sorte les prendre comme des objets pour les mettre devant une autre machine ; ils y resteront jusqu'à ce qu'on les mette ailleurs. Ceux-là sont des choses autant qu'un être humain peut l'être, mais des choses qui n'ont pas licence[3] de perdre conscience, puisqu'il faut toujours pouvoir faire face à l'imprévu.

Simone Weil, *La Condition ouvrière*, 1942.

---

1. Forçat : prisonnier condamné aux travaux forcés.
2. Matrices de presses : moules servant à fabriquer des objets.
3. Avoir licence de : avoir la permission de.

LES CLÉS DU SUJET

Repérer le thème et la thèse

• Dans ce texte, Simone Weil s'interroge sur la spécificité du travail moderne. Quelles sont les conséquences de cette nouvelle organisation du travail sur les hommes ?

• Elle démontre que, sous sa forme moderne, le travail est perverti : il chosifie l'homme et fait de lui une machine, au lieu de l'humaniser.

Dégager la problématique

Problématique

- On pourrait penser que le travail est une activité par laquelle l'homme se développe et s'humanise. Mais le travail moderne, organisé par la division du travail, peut-il toujours avoir cette vertu ?
- Le travail est-il encore un processus humain, ou bien au contraire ce par quoi l'homme perd son humanité ?

Repérer les étapes de l'argumentation

1. La modification des rapports humains dans le travail (l. 1 à l. 15)

• Weil examine d'abord la modification des rapports entre les ouvriers, dans le cadre du travail moderne.
• Elle met en évidence l'inversion qui s'y produit : les choses sont personnifiées, les hommes sont chosifiés.

2. La modification du processus du travail (l. 16 à l. 30)

• Dans un second temps, Weil analyse la modification de la nature même du travail.
• À l'artisanat qui permet à l'homme de se réaliser, elle oppose le travail fragmenté par la division du travail.
• Dans un tel processus, les hommes se transforment en machines autonomes.

35 CORRIGÉ GUIDÉ

Les titres en couleurs et les indications entre crochets servent à guider la lecture mais ne doivent en aucun cas figurer sur la copie.

Introduction

[Question abordée] Dans cet extrait de *La Condition ouvrière*, Simone Weil s'interroge sur la spécificité du travail moderne tel qu'il se développe en particulier dans le cadre de ces unités de production que sont les usines. *A priori*, on pourrait penser que le travail est une activité proprement humaine, un effort par lequel l'homme se développe et se libère de la nature. Mais le travail moderne, organisé par la division du travail, peut-il encore permettre cela ? [Thèse] Weil défend l'idée que ce travail est perverti, en ce qu'il déshumanise l'homme et l'opprime. [Problématique et annonce du plan] Pour démontrer cela, elle examine dans un premier temps la modification des rapports humains. Weil met ainsi en évidence un processus d'inversion : les choses sont personnifiées, les hommes sont chosifiés. Mais quelle est concrètement la nature de ce travail moderne, comment en vient-il à nous faire perdre notre liberté ? Dans un second temps, Weil analyse la modification de la nature même du travail. À l'artisanat, elle oppose le travail organisé par la division du travail, qui transforme les hommes en machines autonomes et malheureuses.

1. La modification des rapports humains dans le travail

A. La survalorisation de la marchandise

• Weil ouvre sa démonstration en mettant en évidence la transformation des rapports humains produite par la généralisation du « travail moderne » productif, dont le déroulement est organisé par la division technique du travail. Cette organisation désigne la fragmentation du travail en tâches distinctes, dans lesquelles les ouvriers sont spécialisés, pour augmenter la productivité.

> **▶ Le conseil de méthode**
> Votre commentaire doit être ponctué des définitions des termes importants du texte. C'est par cet effort d'analyse que vous éviterez la paraphrase.

• Weil part d'une observation générale, portant sur la survalorisation, dans les sociétés modernes, des « produits du travail » par rapport aux « travaux qui les ont suscités ». Autrement dit, ce qui est valorisé, c'est le résultat, la marchandise, telle qu'elle circule dans « les magasins, les marchés, les échanges », et non le processus du travail lui-même, qui perd sa valeur.

S'ENTRAÎNER

• Cette valorisation de la marchandise au détriment du travail s'étend à l'intérieur même du monde de l'usine. De fait, ce monde apparaît séparé en deux parties. Dans le « monde des sphères supérieures » subsistent des rapports fondés sur « la coopération, la compréhension, l'appréciation mutuelle ». Ce sont des actes proprement humains impliquant une solidarité, mais aussi un échange d'idées, et une reconnaissance. Là, le processus du travail apparaît humanisant, en ce qu'il me permet d'exercer et de développer ce qui m'est propre en tant qu'homme.

B. La transformation des hommes en choses

• Mais des rapports humains qui prévalent entre les dirigeants de l'usine se distingue le monde de l'« ouvrier », conçu comme le pur exécutant des tâches que les premiers lui assignent. Identifiés à des « postes » et à des « fonctions », les ouvriers sont inscrits dans « des rapports entre les choses et non entre les hommes ». En d'autres termes, un ouvrier identifié à une fonction n'est plus un homme qui parle, pense et échange avec les autres, mais une « chose », c'est-à-dire un être inerte qui ne manifeste plus rien de proprement humain. Il ne fait que fonctionner au sein d'une organisation scientifique du travail qui élimine des actions du travailleur tout ce qui lui fait perdre du temps.

> À NOTER
> **L'organisation scientifique du travail** (OST), ou taylorisme, pousse à l'extrême la division du travail en analysant chaque geste du travailleur, chaque rythme, afin d'éliminer du processus tout mouvement inutile.

• Weil souligne alors l'étrange inversion qui se produit : face à ces hommes chosifiés, « interchangeables », se trouvent les choses personnifiées qui circulent entre eux, ces objets « avec leurs fiches, l'indication du nom, de la forme, de la matière première ». De ces choses dotées d'un « état civil » se distinguent à peine les hommes qui doivent « montrer en entrant une carte d'identité où l'on se trouve photographié avec un numéro sur la poitrine, comme un forçat ».

• La perversion du travail sous sa forme moderne tient tout entière dans ce curieux renversement, qui voit les hommes perdre leur nom alors que les objets en gagnent un. L'image de l'ouvrier se présentant lui-même en bagnard met en évidence ce qui en résulte : comme l'indique Marx lorsqu'il définit l'« aliénation du travail », perdre son individualité, c'est perdre sa liberté. Séparé du produit de son travail, incapable de s'y reconnaître, perdant sa liberté dans le temps de travail, l'ouvrier moderne se livre bien, en échange d'un salaire, à du « travail forcé ».

> À NOTER
> L'« **aliénation du travail** » (du latin *alienus*, qui signifie « autre, étranger ») désigne chez Marx ce phénomène par lequel l'ouvrier devient étranger à lui-même, dépossédé de son essence, dans le cadre du travail productif moderne.

[Transition] Mais si les rapports entre les hommes sont transformés dans le cadre du travail moderne, c'est que la nature de celui-ci a changé. En quoi le processus du travail lui-même est-il différent dans l'usine ?

2. La modification du processus du travail

A. Le travail artisanal et le travail productif

• Après avoir analysé la modification des rapports entre les travailleurs dans la société moderne, Weil examine la transformation qui s'y opère sur le processus du travail lui-même.

• Elle saisit d'abord l'inversion à laquelle procède ce travail en une formule paradoxale : « Les choses jouent le rôle des hommes, les hommes jouent le rôle des choses ». C'est qu'il s'agit maintenant, pour Weil, d'expliquer cette oppression du travail, en détaillant la forme concrète qu'il prend à l'usine.

> **À NOTER**
> La formulation de Weil fait écho à celle de Marx qui, dans les *Manuscrits de 1844*, évoquait le renversement opéré par le travail moderne en mettant en évidence sa dénaturation : « Le bestial devient l'humain et l'humain devient le bestial. ».

• Weil distingue un travail de type artisanal d'un travail productif, en s'appuyant sur l'exemple de l'« ajusteur ». Ce premier type de travail se caractérise par sa créativité (« merveilles d'ingéniosité »), mais aussi par son inscription dans le temps (« longues à façonner ») et par la singularité de son résultat (« toujours différentes »). L'artisan accompagne l'objet qu'il fabrique, du début à la fin de sa conception, ce qui suppose la mobilisation d'un savoir-faire, d'une expertise, mais aussi l'intervention de diverses facultés (l'imagination, l'habileté) et du temps. L'artisan n'est pas un travailleur spécialisé rivé à une tâche, il n'est pas identifiable à une fonction.

• De la même façon qu'elle opposait plus haut le travail des dirigeants de l'usine à celui des ouvriers, Weil oppose alors ce travail artisanal, qui correspond à un accomplissement spirituel de l'homme, au travail de l'ouvrier, tel qu'il est massivement répandu dans les usines.

B. Le travailleur comme machine consciente

• Weil livre alors une description très minutieuse de la réalité du travail dans l'usine. Ce travail n'est ni celui des « hautes sphères », ni celui de l'« ajusteur », mais le travail de la plupart des ouvriers. Il s'agit d'une activité rapide, simple, répétitive, dans laquelle la machine impose son rythme régulier à l'homme. La pression exercée sur cet homme lui procure de l'« anxiété » s'il doit s'écarter un moment de son fonctionnement machinal.

• De fait, contraint de suivre la cadence des machines, c'est bien l'homme lui-même qui se transforme en machine. Weil le souligne en montrant que le seul mouvement de ces hommes est celui que les machines leur réclament ou bien celui que leur imprime un « chef » qui « vient en quelque sorte les prendre comme des objets pour les mettre devant une autre machine [...] ». L'ouvrier apparaît passif, dépouillé de tout mouvement autonome et réglé dans sa conduite jusqu'au moindre détail.

• Weil conclut en montrant le caractère monstrueux de cette transformation opérée sur l'homme par le travail moderne. Coupés de tout ce qui fait d'eux des hommes (la créativité, la capacité d'initiative, la pensée, l'échange), les ouvriers sont bien des « choses » soumises à leurs chefs, mais aussi aux machines. Ils n'ont sur elles que l'avantage d'être dotés de conscience. Mais est-ce vraiment un avantage ?

• Weil décrit l'ouvrier comme une sorte de machine consciente, qui ne serait pas entièrement immergée dans son mouvement mais capable de « faire face à l'imprévu » ce qui, pour le processus de travail, apparaît comme un avantage. Mais être doté d'une conscience, ce n'est pas seulement avoir cette capacité qui nous met à distance de nos actions et nous permet de les contrôler. C'est aussi être capable de se rendre compte que justement, nous n'avons plus aucun pouvoir sur nos actions et plus de liberté, pas même celle, dit Weil, de « perdre conscience ». La condition de l'ouvrier d'usine est finalement la condition tragique d'un homme dépouillé de son humanité qui n'a plus que le pouvoir de contempler sa propre dégradation.

Conclusion

En définitive, Weil démontre dans ce texte que le travail correspond, pour l'ouvrier moderne, à une oppression. Si le travail moderne est aliénant, alors que le travail est l'essence de l'homme et ce par quoi il s'accomplit, c'est en raison de son organisation. La première cause de l'asservissement du travailleur moderne, c'est bien la division du travail qui dénature les rapports entre les hommes, les rapports de l'homme aux choses et modifie en profondeur l'acte du travail mais aussi l'individu. En séparant la pensée de l'action, en réduisant le travailleur à une fonction et non plus à un savoir ni à un savoir-faire, ce travail qui produit de la marchandise crée par là même une humanité dégradée. C'est, pour Simone Weil, depuis ce constat qu'il convient de penser les conditions de possibilité d'un travail qui corresponde vraiment à l'essence de l'homme.

Spinoza, *Traité théologico-politique*

EXPLICATION DE TEXTE

4 heures
20 points

INTÉRÊT DU SUJET • L'homme le plus rationnel n'a-t-il pas un jour frémi en brisant un miroir ? N'a-t-il jamais cherché à éviter de passer sous une échelle, ou croisé un chat noir en redoutant le pire ? D'où vient donc la force de ces superstitions qui semblent absurdes et dont on a pourtant beaucoup de mal à s'extirper ?

Expliquez le texte suivant :

Si les hommes pouvaient régler toutes leurs affaires suivant un dessein arrêté ou encore si la fortune leur était toujours favorable, ils ne seraient jamais prisonniers de la superstition. Mais souvent réduits à une extrémité telle qu'ils ne savent plus que résoudre, et condamnés, par leur désir sans mesure des biens incertains de fortune, à flotter presque sans répit entre l'espérance et la crainte, ils ont très naturellement l'âme encline à la plus extrême crédulité (…). Si en effet, pendant qu'ils sont dans l'état de crainte, il se produit un incident qui leur rappelle un bien ou un mal passés, ils pensent que c'est l'annonce d'une issue heureuse ou malheureuse et pour cette raison, bien que cent fois trompés, l'appellent un présage favorable ou funeste. Qu'il leur arrive maintenant de voir avec grande surprise quelque chose d'insolite, ils croient que c'est un prodige manifestant la colère des Dieux ou de la suprême divinité ; dès lors ne pas conjurer ce prodige par des sacrifices et des vœux devient une impiété à leurs yeux d'hommes sujets à la superstition et contraires à la religion. De la sorte ils forgent d'innombrables fictions et, quand ils interprètent la Nature, y découvrent partout le miracle comme si elle délirait avec eux.

Baruch Spinoza, *Traité théologico-politique*, 1670, préface, trad. Charles Appuhn © Flammarion, 1997.

La connaissance de la doctrine de l'auteur n'est pas requise. Il faut et il suffit que l'explication rende compte, par la compréhension précise du texte, du problème dont il est question.

LES CLÉS DU SUJET

Repérer le thème et la thèse

• Dans ce texte, Spinoza se demande pourquoi les hommes, pourtant doués de raison, sont enclins à se jeter dans la superstition.

• Il démontre que ce délire imaginatif naît de leur attitude passionnelle, qui les pousse à interpréter ce qu'ils ne peuvent ou ne veulent pas connaître. Loin de manifester un désir de vérité, la superstition manifeste un besoin de se rassurer qui les aliène.

Dégager la problématique

Problématique

- L'attitude superstitieuse manifeste-t-elle un désir de vérité portant sur ce que nous ne pouvons pas connaître ?
- Ou bien au contraire exprime-t-elle un besoin de se rassurer, qui, par un effet pervers, alimente nos passions ?

Repérer les étapes de l'argumentation

1. La cause de la superstition (l. 1 à l. 7)	• Spinoza identifie d'abord la cause de la superstition : c'est parce que nous souffrons de ne pas tout maîtriser et de ne pas tout savoir que nous tombons dans l'attitude passionnelle qui consiste à craindre ou à espérer.
2. Le cercle vicieux de la superstition (l. 7 à l. 17)	• Il s'appuie alors sur deux exemples montrant que ces passions nous poussent à voir des signes dans certains faits, au lieu de les expliquer rationnellement en en cherchant les causes. • Ainsi mû par le désir d'échapper à la peur plutôt que par son désir de vérité, le superstitieux interprète le monde.

36 CORRIGÉ GUIDÉ

Les titres en couleur servent à guider la lecture et ne doivent en aucun cas figurer sur la copie.

Introduction

[Question abordée] Spinoza examine ici le mécanisme et les causes de la superstition. Pour quelles raisons les hommes, pourtant doués d'une raison qui, en tant que puissance rationnelle, leur permet d'accéder à la vérité, sont-ils si souvent sujets à cette forme de croyance irrationnelle ? De fait, l'homme le plus rationnel n'échappe pas à cette tendance qui nous porte spontanément à remarquer le passage d'un chat noir, ou à éviter de passer sous une échelle quand bien même aucun risque n'est manifeste. Mais comment l'expliquer ? [Thèse] Spinoza démontre dans ce texte que le délire imaginatif qu'est la superstition naît de nos désirs sans limites, de notre impuissance à maîtriser et à connaître l'avenir et de l'attitude passionnelle qui en découle. [Annonce du plan et problématique] Pour établir cela, il se demande dans un premier temps quelle est la cause de la superstition : qu'est-ce qui explique que nous soyons tous susceptibles de nous y livrer ? Spinoza se demande alors, en s'appuyant sur deux exemples, comment se développe le raisonnement superstitieux, ce délire imaginatif qui travestit les faits en signes et nous éloigne de ce fait du souci de la vérité.

> **À NOTER**
> *Croire* signifie tenir une chose pour vraie sans que cela résulte d'une démonstration, alors que le savoir résulte d'une démonstration qui fonde la vérité. Il s'agit d'un repère de votre programme.

S'ENTRAÎNER

1. La cause de la superstition

A. L'avenir est imprévisible

• Dans un premier temps, Spinoza s'interroge sur les causes de la superstition : d'où vient que les hommes soient si souvent enclins à ce genre de fausses croyances ? Le texte s'ouvre sur une hypothèse qui fait apparaître en creux ce qui rend possible le développement de la superstition chez des hommes pourtant doués de raison. D'une part, « si les hommes pouvaient régler toutes leurs affaires suivant un dessein arrêté ou encore si la fortune leur était toujours favorable », dit-il, ils ne seraient pas superstitieux. Autrement dit, sa condition de possibilité, c'est d'abord la nature même de l'existence humaine : nous ne maîtrisons pas entièrement notre vie, puisque nos actions se heurtent à celles des autres, aux accidents ou à la chance.

• Or, nous souffrons de ces incertitudes propres à l'existence humaine puisque nous sommes à la fois capables, par notre imagination, d'envisager l'avenir, et incapables d'avoir la moindre certitude concernant cet avenir. Cette incertitude concernant l'avenir forme donc le terreau de la superstition.

B. Notre façon de désirer

• D'autre part, l'homme se caractérise, observe Spinoza, par sa tendance à faire porter son désir sur des objets dont l'obtention ne dépend pas de ses forces, mais de l'intervention du hasard, ou, là encore, de la chance. Autrement dit, c'est bien parce que nous orientons nos désirs sur « ce qui ne dépend pas de nous » et non sur « ce qui dépend de nous », pour reprendre la distinction stoïcienne formulée par Épictète, que nous devenons la proie de ce hasard dont dépend notre bonheur.

> **À NOTER**
> Pour les stoïciens, cette tendance à désirer ce que nous ne sommes pas sûrs d'obtenir nous jette dans la passion et en cela nous aliène, mais nous avons le pouvoir de réorienter nos désirs.

• Cette tendance à concevoir un « désir sans mesure des biens incertains de fortune », dit Spinoza, nous livre ainsi à ces deux passions fondamentales que sont la crainte et l'espoir. De fait, la crainte et l'espoir sont des sentiments produits par l'incertitude propre à l'avenir, ainsi que par notre capacité à nous rapporter à cet avenir inconnu par notre imagination, qui y voit dans un cas une chose qui pourrait nous nuire, dans l'autre une chose qui pourrait nous être favorable. Comme l'observe Spinoza dans l'*Éthique*, ces deux sentiments sont essentiellement liés, puisqu'à l'espoir que je nourris de voir une chose se réaliser dans l'avenir se mêle nécessairement, celui-ci étant imprévisible, la peur de voir cette chose ne pas se réaliser. C'est pourquoi nous sommes voués à « flotter presque sans répit entre l'espérance et la crainte ».

[Transition] Mais si nous pouvons identifier, à ce point du raisonnement, les conditions de possibilité de la superstition et ses causes, reste à déterminer par quels mécanismes elle s'ancre durablement en nous. Comment nous retrouvons-nous « prisonniers » d'elle ?

2. Le cercle vicieux de la superstition

A. La transformation du fait en signe

• C'est la question à laquelle s'attèle alors Spinoza, en s'efforçant de mettre en évidence la logique du raisonnement superstitieux à partir de deux exemples. Le premier renvoie à un type de raisonnement par lequel, alors que nous sommes en proie à la crainte – passion triste qui nous rend vulnérables et repose sur l'incertitude propre à l'avenir –, nous tentons de fuir cette peur en cherchant à voir autour de nous un signe annonciateur de l'avenir, un « présage ».

Que celui-ci soit « favorable » ou « funeste », il résulte donc d'un travail d'interprétation par lequel, guidé par mon désir de fuir la peur, je me saisis d'un fait ordinaire pour le transformer en signe, c'est-à-dire en une réalité qui renvoie à autre chose qu'à elle-même.

DÉFINITION
Interpréter signifie introduire une médiation entre une chose et son sens : il s'agit donc de clarifier, de s'approprier cette chose, ou encore de la travestir et de la déformer.

• Par exemple, il suffit que ma puissance soit amoindrie par la crainte qu'un de mes désirs échoue pour que je devienne attentif au passage d'un chat noir devant moi : en lui, je vois alors davantage qu'un chat noir. Ce que ma peur et mon souci de lui échapper en trouvant un signe de l'avenir me poussent à voir en lui, c'est le signe du malheur, c'est-à-dire du fait que mon désir ne se réalisera pas. Pourtant, ce chat noir ne ressemble pas au malheur. Pourtant, souligne Spinoza, il m'est arrivé bien des fois de croiser des chats noirs sans qu'un malheur advienne, si bien que j'aurais pu, par l'expérience et par l'usage de ma raison, en conclure qu'un chat noir n'est rien d'autre qu'un chat noir. C'est alors qu'apparaît la force du raisonnement superstitieux : à chaque fois que nous voyons un chat noir, nous voyons en lui un signe du malheur, à chaque fois nous constatons que ce malheur n'advient pas, mais, « bien que cent fois trompés », nous continuons à frémir en voyant un chat noir. Autrement dit, ni notre expérience ni notre raison ne semblent avoir prise sur une telle croyance, parce que, aveugles et livrés à la passion, nous avons besoin de croire que l'avenir puisse s'annoncer.

S'ENTRAÎNER

B. La transformation du fait en miracle

• Le deuxième exemple de raisonnement superstitieux concerne la production de ces signes spécifiques que sont les « miracles ». Le miracle est un terme qui désigne un effet sans cause et prouverait, en brisant la causalité à l'œuvre dans le monde naturel (où tout effet a bien une cause identifiable) l'existence du surnaturel.

• Spinoza identifie d'abord la cause de cette croyance superstitieuse : si nous sommes enclins à croire aux miracles, c'est parce que la « surprise » s'empare de nous face à un événement que nous n'avions pas prévu. C'est donc là encore parce que nous sommes incapables de prévoir l'avenir et que cela nous plonge dans l'attitude passionnelle, que nous transformons un fait simplement « insolite » qui devrait nous rappeler aux limites de notre connaissance, en un signe « manifestant la colère des Dieux ». Et c'est ainsi que les hommes produisent eux-mêmes leurs peurs et inventent les rites susceptibles de les protéger.

- Spinoza sépare alors fermement la superstition de la religion : ce type de raisonnement n'a rien à voir avec la foi ; c'est un délire, dit-il, c'est-à-dire une forme de raisonnement incontrôlé, sans principe ni fin, que les hommes projettent sur la « Nature », pourtant réglée par la causalité, « comme si elle délirait avec eux ».

Conclusion

Ainsi, Spinoza nous montre ici comment naît et s'ancre en nous ce délire imaginatif qu'est la superstition. Née de la volonté des hommes de maîtriser l'avenir et de leur incapacité à réguler leurs désirs, cette fausse croyance repose avant tout sur l'imagination, connaissance que Spinoza appelle ailleurs « du premier genre », c'est-à-dire fausse connaissance spontanée du monde qui prétend trouver des vérités qu'elle ne fait que construire. Il démontre ainsi que face à elle nous ne sommes pas impuissants, puisque comprendre les causes et les mécanismes de la superstition, accéder par notre raison à son idée vraie, c'est déjà s'en libérer.

5 AUTRES SUJETS POUR S'ENTRAÎNER

- Faut-il préférer la vérité à la paix ?
- La vérité ne peut-elle être établie que par la démonstration ?
- La certitude est-elle une garantie de vérité ?
- Explication d'un extrait de *Du progrès et de la promotion des savoirs*, de Bacon
- Explication d'un extrait des *Académiques*, de Cicéron

▶ Retrouvez les corrigés sur annabac.com

37 Sujet zéro 2020

Existe-t-il des vérités définitives ?

DISSERTATION

4 heures
20 points

INTÉRÊT DU SUJET • L'histoire des sciences nous montre que même une théorie scientifique tenue pour vraie à une époque peut être, plus tard, remise en cause. La vérité scientifique nous semble pourtant particulièrement stable. Mais alors, quel type de vérité pourrait résister au passage du temps ?

LES CLÉS DU SUJET

Définir les termes du sujet

Existe-t-il

Il s'agit de s'interroger sur la possibilité même, pour certaines vérités, de ne pas être provisoires mais irrévocables, stables pour toujours.

Vérités

• La vérité désigne la correspondance entre l'idée et la chose, c'est-à-dire l'adéquation d'un discours ou d'une représentation à la réalité.

• Elle désigne par ailleurs l'accord de la pensée avec elle-même : on parle alors de vérité logique.

• Le pluriel nous invite à établir une distinction entre différents types de vérités : car si elle peut être établie par les sciences au moyen de la démonstration, de l'expérimentation ou de l'argumentation, la vérité est aussi un enjeu pour l'art, la religion ou pour la vie quotidienne. Les vérités mathématiques se distinguent, par exemple, des vérités d'expérience ou de la vérité révélée par la foi.

Définitives

• Le définitif s'oppose au provisoire : ce terme désigne donc la fin d'un processus de changement.

• Une vérité définitive serait en ce sens une vérité absolue, non soumise à variation, qui resterait une vérité indépendamment du temps, au contraire d'une vérité momentanée, relative au temps.

Dégager la problématique

Problématique

- On pourrait penser qu'une vérité n'en est une que si elle est définitive : une vérité qui varierait ne semble pouvoir désigner qu'une erreur.
- Pourtant, si même les vérités scientifiques sont susceptibles d'être remises en cause, est-il possible qu'une vérité persiste à l'identique dans le temps ?

Construire un plan

1. La vérité doit être définitive	• Le discours vrai se distingue de l'opinion et du préjugé, sujets à variations. • Les vérités mathématiques sont le modèle de toute vérité, mais peut-on percevoir définitivement le vrai dans le réel ?
2. La plupart des vérités sont provisoires	• Les vérités issues de notre expérience sont provisoires par nature. • Seules les vérités formelles sont certaines et immuables : mais alors, une idée peut-elle être vraie pour toujours ?
3. Il n'y a que des vérités provisoires	• Même les vérités scientifiques sont susceptibles d'être remises en cause. • Les vérités évoluent tout comme la réalité.

37 CORRIGÉ GUIDÉ

Les titres en couleurs et les indications entre crochets servent à guider la lecture mais ne doivent en aucun cas figurer sur la copie.

Introduction

[Reformulation du sujet] Il s'agit de savoir s'il est possible pour une vérité d'en rester toujours une. On pourrait penser qu'une vérité n'en est une que si elle est définitive. Pourtant, dès lors qu'il existe une histoire des mathématiques, cela ne signifie-t-il pas que toutes les vérités peuvent un jour être remises en cause ? [Définition des termes du sujet] La vérité désigne en un premier sens la correspondance entre l'idée et la chose, c'est-à-dire l'adéquation d'un discours ou d'une représentation à la réalité. On distingue pourtant les vérités formelles propres à la logique des vérités matérielles portant sur la réalité. Le pluriel nous invite d'ailleurs à établir une distinction entre différents types de vérités : les vérités mathématiques se distinguent, par exemple, des vérités d'expérience ou de la vérité révélée, c'est-à-dire de la vérité religieuse. Le définitif s'oppose au provisoire et désigne la fin d'un processus de changement. Une vérité définitive serait donc une vérité absolue, figée, qui resterait une vérité indépendamment du temps. [Problématique] Il s'agit donc de savoir si une vérité peut subsister à l'identique dans le temps : est-il possible de concevoir des vérités permanentes, ou bien n'y a-t-il que des vérités temporaires ?

À NOTER
La distinction absolu/relatif est un repère du programme. **Absolu** (du latin *absolutus*, séparé de) signifie indépendant d'un contexte, tandis qu'une chose **relative** est en relation avec un contexte, dépend de lui.

S'ENTRAÎNER

1. La vérité doit être définitive

A. La vérité se distingue de l'opinion ou du préjugé

• Dans un premier temps, on pourrait penser qu'il n'y a de vérité que définitive : quelle serait en effet la valeur d'une vérité qui se donnerait pour provisoire ? Ne serait-elle pas une vérité incertaine, qui pourrait un jour apparaître comme une erreur ?

• De fait, l'idée vraie se distingue de l'opinion, autrement dit le préjugé, idée qui précède l'exercice du jugement, et ne procède donc d'aucun savoir. Si l'opinion est de l'ordre d'une croyance, c'est-à-dire de l'adhésion subjective à une idée tenue pour vraie, l'idée vraie est de l'ordre du savoir, ce qui garantit sa stabilité. La philosophie se construit précisément contre la relativité et la versatilité des opinions qui, parce qu'elles ne sont pas fondées sur le savoir, ne peuvent en aucun cas prétendre à la vérité.

B. Les vérités mathématiques sont le modèle de toute vérité

• Si la vérité doit être définitive, les vérités mathématiques en sont le modèle, dans la mesure où elles sont sans rapport avec la réalité, donc indépendantes du temps. Descartes, dans les *Règles pour la direction de l'esprit*, indique ainsi que les mathématiques doivent être le modèle de toute science, en raison de la certitude absolue de leurs vérités.

• Si les vérités mathématiques sont certaines, si elles échappent à toute remise en cause et donc à toute variation, c'est, dit-il, en raison de leur méthode (la déduction est purement rationnelle, elle ne dépend pas de l'expérience) et de la simplicité de leurs objets (les nombres ou les figures existent dans notre esprit indépendamment de la réalité extérieure). De ce fait, les vérités mathématiques sont immuables puisqu'elles ne dépendent pas des variations éventuelles de la réalité.

[Transition] Mais existe-t-il des vérités définitives en dehors des vérités mathématiques ? Ne pouvons-nous rien penser du réel qui ne soit provisoire ?

2. La plupart des vérités sont provisoires

A. Les vérités d'expérience sont précaires sans être des erreurs

Il semble que tout ce que je peux dire de vrai concernant la réalité soit incertain, ou plus précisément à la fois vrai et provisoire. Si la vérité ne se définit pas comme accord de ma pensée avec elle-même (on parle alors de vérité logique, ou vérité-cohérence), elle correspond alors à l'adéquation à la réalité : quand je dis qu'il neige, cette proposition n'est vraie que tant qu'elle correspond à l'état actuel de la réalité. Les vérités portant sur le réel sont donc provisoires : si je dis qu'il neige, il s'agit d'une vérité temporaire, qui n'apparaîtra d'ailleurs pas comme une erreur dès lors que l'état de la réalité se modifiera.

B. Toutes les vérités d'expérience sont seulement probables

• De façon générale, on peut dire que toute représentation se rapportant à l'expérience sensible ne peut être dite vraie que provisoirement. C'est en ce sens que Hume distingue les « vérités de fait » des « vérités de raison ».

• Les vérités mathématiques restent toujours vraies, puisqu'elles n'ont aucun rapport avec la réalité : « Même s'il n'y avait jamais eu de cercle ou de triangle dans la nature, les vérités démontrées par Euclide conserveraient pour toujours leur certitude et leur évidence ».

> À NOTER
> Est **probable** ce qui est vraisemblable, ce qui a plus de chance d'être vrai que faux. Ce qui est **certain** ne tolère aucun doute.

• En revanche, les vérités de fait sont provisoires, et en ce sens probables. De fait, la proposition « le soleil se lèvera demain » est probablement vraie, puisqu'il en a toujours été ainsi jusqu'à aujourd'hui, et puisque des lois physiques m'expliquent ce phénomène. Mais rien ne garantit l'uniformité du réel, c'est-à-dire que rien ne prouve que ce qui a eu lieu jusqu'ici aura toujours lieu. Tout ce que je peux dire ou penser de la réalité sensible n'est donc que probable, et en ce sens pour toujours provisoire, puisque « le contraire d'un fait quelconque est toujours possible ».

[Transition] Mais alors, en dehors des vérités formelles, peut-on tenir une seule vérité pour indubitable, impossible à remettre en cause ?

3. Il n'y a que des vérités provisoires

A. Même les vérités scientifiques ont une histoire

• Dans cette perspective, on peut difficilement penser qu'il existe des vérités définitives autres que celles de la logique, qui de fait ne sont pas tributaires des modifications de la réalité. Russell nous rappelle ainsi que les vérités scientifiques elles-mêmes sont prises dans une histoire : penser un progrès des sciences, c'est nécessairement penser les vérités scientifiques comme provisoires. La science « s'attend à ce que des modifications de ses théories actuelles deviennent tôt ou tard nécessaires, et se rend compte que sa méthode est logiquement incapable d'arriver à une démonstration complète et définitive. » En effet, si certaines lois scientifiques ne peuvent pas être remises en cause, elles sont susceptibles d'être modifiées par le développement des outils d'observation ou par de nouvelles découvertes.

• Comme l'explique Kuhn, les théories scientifiques peuvent être bouleversées. Ces « changements de paradigme » qui correspondent à des changements dans l'ordre de nos représentations collectives, nous interdisent de penser qu'une science qui porte sur le réel puisse énoncer une vérité définitive : ces vérités ne sont pas indépendantes du temps, ni de l'évolution de nos représentations et de nos besoins.

L'AUTEUR

Thomas Samuel Kuhn (1922-1996). Kuhn théorise le concept de « changement de paradigme » pour rendre compte de la discontinuité du progrès scientifique.

B. Nos vérités évoluent

• Finalement, si l'idée d'une vérité provisoire nous apparaît problématique, n'est-ce pas parce que nous sommes prisonniers d'une certaine conception de la vérité ? Nous pensons en effet qu'elle doit être « solide », pour reprendre les termes de Bergson, alors que toute vérité est « fluide », c'est-à-dire que ce que nous appelons vérité n'est jamais qu'une affirmation que nous tenons pour vraie selon une certaine perspective nécessaire à notre action.

• De fait, si la vérité est adéquation au réel et que l'état du réel est provisoire, toutes nos vérités ne sont-elles pas appelées à s'adapter à ce caractère mouvant du réel et à nos exigences d'action ? Comme le remarque Weber dans les *Essais sur la théorie de la science,* s'il est possible par exemple de parler de vérités en histoire, « science du réel » qui contrairement aux « sciences de la nature » procède par argumentation, c'est bien dans la mesure où l'historien s'appuie sur une méthode qu'il doit pouvoir présenter. Pourtant, souligne Weber, il n'y a pas de vérité unique en histoire, mais seulement une pluralité d'hypothèses qui se complètent et dont la diversité tient à nos différentes exigences de sens. Autrement dit, l'histoire est bien une science humaine dans la mesure où elle procède d'une certaine méthode et tend à l'objectivité, mais ses vérités restent toujours partielles, à compléter ou à enrichir.

Conclusion

Ainsi, s'il y a des vérités définitives, on ne peut les penser que comme des vérités logiques qui, par définition, ne peuvent pas être remises en cause. Toute autre vérité est provisoire dans le sens où toute vérité portant sur le réel ne s'élabore pas indépendamment de nos besoins. En somme, toute vérité dépend d'une certaine perspective d'action, si bien que même la vérité scientifique doit être envisagée comme une vérité provisoire, toujours à élaborer.

S'ENTRAÎNER

Préparer l'épreuve de philosophie : le sprint final

Les 17 notions en SCHÉMAS

- L'art • Le bonheur 244
- La conscience • Le devoir • L'État 245
- L'inconscient • La justice • Le langage 246
- La liberté • La nature • La raison 247
- La religion • La science • La technique 248
- Le temps • Le travail • La vérité 249

Deux SUJETS COMPLETS

France métropolitaine, juin 2022

SUJET 38 Les pratiques artistiques transforment-elles le monde ? 250

SUJET 39 Revient-il à l'État de décider de ce qui est juste ? 255

SUJET 40 Cournot, *Essai sur les fondements de nos connaissances et sur les caractères de la critique philosophique* 260

Amérique du Nord, mai 2022

SUJET 41 La conscience fait-elle obstacle au bonheur ? 266

SUJET 42 La technique permet-elle de ne plus avoir peur de la nature ? 271

SUJET 43 Montaigne, *Essais* 276

Les 17 notions en schémas

L'art

Étymologie
Vient du grec *tekhnè* qui renvoie à l'idée de technique donc d'un savoir-faire.

Citations-clés
- « La nature donne ses règles à l'art. » (Kant)
- « Est beau ce qui plaît universellement sans concept. » (Kant)
- « C'est le regardeur qui fait l'œuvre. » (M. Duchamp)

Sens actuel
L'art désigne, dans un sens esthétique, ce qu'on appelait au XVIIIe siècle les beaux-arts.

Questions
Il convient de distinguer :
- la question de la création artistique (le travail de l'artiste) ;
- la question du jugement de goût (l'effet produit par une œuvre sur le spectateur).

Le bonheur

Étymologie
Vient du latin *augurium*, la bonne fortune, la chance.

Citations-clés
- « Le plaisir est le principe et la fin de la vie bienheureuse. » (Épicure)
- « Malheur à qui n'a plus rien à désirer. » (Rousseau)

Définition
Le bonheur, contrairement à ce que l'étymologie laisse entendre, se construit par la réalisation de l'ensemble de ses aspirations. Il est un contentement total, stable et qui est censé durer.

Distinctions
- Le bonheur se distingue du plaisir, état de satisfaction éphémère et partiel, et de la joie, sentiment d'exaltation profond.
- Le bonheur se distingue également de la béatitude, qui désigne plus précisément le bonheur du sage, résultant d'un état de perfection.

La conscience

Étymologie
Vient du latin *cum-scientia*, « avec science ». La conscience désigne donc un savoir qui accompagne ses représentations.

Citations-clés
- « Je pense donc je suis. » (Descartes)
- « Connais-toi toi-même. » (Platon)
- « La conscience est un trait d'union entre ce qui a été et ce qui sera, un pont jeté entre le passé et l'avenir. » (Bergson)

Sens courant
La conscience désigne la capacité à porter un jugement moral sur ses actions mais aussi, au sens psychologique, la connaissance plus ou moins claire qu'un homme a de ses pensées, de ses émotions, de son existence ou du monde extérieur.

Distinctions
Il convient de distinguer trois degrés :
- la conscience immédiate, un savoir qui accompagne une représentation ;
- la conscience de soi qui consiste à se savoir différent des autres ;
- la conscience réflexive qui consiste, pour la conscience, à se saisir elle-même.

Le devoir

Étymologie
Vient du latin *debere*, qui signifie tenir quelque chose de quelqu'un, lui en être débiteur.

Citation-clé
« Agis de manière à ce que la maxime de ton action puisse être érigée en loi universelle. » (Kant)

Définition
Le devoir désigne l'obligation morale d'agir selon sa conscience et sa liberté.

Distinctions
- Le devoir se distingue de la nécessité, qui s'impose à tous et ne laisse pas d'alternative.
- Le devoir se distingue de l'obligation juridique et de la contrainte.

L'État

Étymologie
Vient du latin *stare*, se tenir debout, et de *status*, attitude, manière d'être, situation.

Citations-clés
- « À l'état de nature, l'homme est un loup pour l'homme. » (Hobbes)
- « L'État, c'est le plus froid des monstres froids. » (Nietzsche)

Définition
L'État est l'ensemble des institutions (politiques, juridiques, économiques, militaires et administratives) qui organisent une société sur un territoire donné.

Distinction
Il faut distinguer l'État de la société. La société désigne l'ensemble des individus entre lesquels il existe des rapports organisés et des services réciproques, échanges consolidés par des institutions et codifiés sous forme de lois.

L'inconscient

SENS COMMUN
Il faut distinguer l'adjectif qui renvoie à ce qui est dépourvu de conscience, du nom commun qui désigne l'ensemble des phénomènes psychiques qui échappent à la conscience.

CITATIONS-CLÉS
- « Le moi n'est pas le maître dans sa propre maison. » (Freud)
- « L'inconscient est structuré comme un langage. » (Lacan)

DISTINCTION
Il convient de distinguer :
- le sens freudien, à savoir une entité psychique autonome et dynamique dont la fonction est de refouler ;
- le sens de l'inconscient antérieur à Freud, qui se définit comme degré moindre de la conscience et que l'on peut appeler « inconscience ».

La justice

ÉTYMOLOGIE
Vient du latin *justus*, équitable et exact. Dérivé de *jus*, droit.

CITATION-CLÉ
« La justice sans la force est impuissante, la force sans la justice est tyrannique. » (Pascal)

DÉFINITION
La justice désigne la vertu qui exige le respect et la défense du droit et de l'égalité.

DISTINCTIONS
- La justice morale est le respect de certaines valeurs morales.
- La justice légale est le respect de la loi.

Le langage

ÉTYMOLOGIE
Vient du latin *lingua* qui désigne la langue au sens d'organe physique.

CITATIONS-CLÉS
- « Le mot donne à la pensée son existence la plus haute et la plus vraie. » (Hegel)
- « Qui dit homme dit langage, et qui dit langage dit société. » (Lévi-Strauss)

DÉFINITION
Au sens large, le langage est un système de signes permettant la communication ; au sens restreint, c'est la faculté universelle de constituer et d'utiliser une langue et de pouvoir ainsi manifester une pensée par un système de signes.

DISTINCTIONS
- Le langage est plus général que la langue qui est liée à une communauté linguistique.
- Le langage se distingue de la parole qui est un acte individuel qui suppose l'expression orale.

La liberté

Étymologie
Vient du latin *liber*, libre.

Citations-clés
- « L'indifférence est le plus bas degré de la liberté. » (Descartes)
- « L'obéissance à la loi qu'on s'est prescrite est liberté. » (Rousseau)

Définition
La liberté peut se définir comme absence de contrainte, mais aussi comme capacité à agir par soi-même, et renvoie alors au libre-arbitre.

Distinctions
- La liberté s'oppose au déterminisme qui implique que nos actions soient déclenchées par une cause autre que notre volonté.
- La liberté engage notre responsabilité et fait de nous des sujets moraux.

La nature

Étymologie
Vient du latin *natura*, dérivé de *nasci*, naître.

Citations-clés
- « On ne peut vaincre la nature qu'en lui obéissant. » (Francis Bacon)
- « Tout est fabriqué et tout est naturel chez l'homme. » (Merleau-Ponty)

Définitions
La nature peut désigner :
- l'essence d'une chose ;
- l'ensemble des choses qui existent ;
- tout ce qui obéit aux lois du mouvement, ce qui est soumis aux lois scientifiques (à partir du XVIIe siècle).

Distinction
La nature s'oppose à la culture, comme l'inné à l'acquis : elle désigne ce qui existe spontanément et se distingue du monde humanisé et transformé par l'homme.

La raison

Étymologie
Vient du latin *ratio*, calcul, compte. La raison renvoie d'abord à la faculté de calculer. Cela renvoie aussi au grec *logos* qui signifie raison et langage.

Citations-clés
- « Le bon sens est la chose du monde la mieux partagée. » (Descartes)
- « Ce qui est rationnel est réel et ce qui est réel est rationnel. » (Hegel)

Définition
La raison peut désigner :
- ce qui justifie un fait ou un acte, ou encore la cause ;
- la faculté proprement humaine qui permet de juger, de bien connaître et de bien agir.

Distinctions
- La raison permet de distinguer le vrai et le faux, le bien ou le mal. Dans le premier cas, Kant parle de raison théorique, dans le second, de raison pratique.
- Deux adjectifs en découlent : rationnel (conforme aux exigences et aux principes de la raison) et raisonnable (conforme au bon sens, qui est sensé).

La religion

Étymologie
Vient du latin *religare*, lier, attacher, et renvoie à l'idée d'être « relié ».

Citations-clés
- « La religion est l'opium du peuple. » (Marx)
- « La religion est un système solidaire de croyances et de pratiques relatives à des choses sacrées (…) qui unissent en une même communauté morale, appelée Église, tous ceux qui y adhèrent. » (Durkheim)

Définition
Dans sa dimension horizontale, la religion lie les humains entre eux dans un même culte : c'est un phénomène social. Et dans sa dimension verticale, elle lie les humains à un être divin transcendant : c'est un acte de foi.

Distinctions
- La religion se distingue de la superstition, de la secte, du fanatisme et de l'intégrisme.
- Les croyants croient en l'existence d'un Dieu, les athées en l'inexistence d'un Dieu, les agnostiques pensent qu'on ne peut pas trancher.
- La laïcité est un principe qui consiste à séparer l'Église et l'État.

La science

Étymologie
Vient du latin *scientia*, connaissance, dérivé de *scire*, savoir.

Citations-clés
- « Le commencement de toutes les sciences, c'est l'étonnement de ce que les choses sont ce qu'elles sont. » (Aristote)
- « Une expérience scientifique est une expérience qui contredit l'expérience commune. » (Bachelard)

Définitions
La science désigne :
- au sens courant, le savoir en général ;
- au sens strict, une discipline qui prétend détenir une connaissance universelle, objective et nécessaire.

Distinction
Les sciences se distinguent entre elles par leurs méthodes et leur objet d'étude. Ainsi on distingue les sciences exactes, les sciences de la nature et les sciences de l'homme.

La technique

Étymologie
Vient du grec *tekhnè* qui renvoie à l'idée de technique ou d'art donc d'un savoir-faire.

Citation-clé
Avec la technique il s'agit de nous « rendre comme maîtres et possesseurs de la nature ». (Descartes)

Définition
La technique désigne l'ensemble des procédés pour accomplir un travail, transformer la nature et la rendre utile à l'homme : objets techniques (machines, outils), savoir-faire, science appliquée.

Illustration
Le film *Les Temps modernes* de Chaplin est très utile pour penser la technique.

Le temps

Étymologie
Vient du latin *tempus*, division de la durée, période.

Citations-clés
- « Qu'est-ce donc que le temps ? Si personne ne me le demande, je le sais ; mais si on me le demande et que je veuille l'expliquer je ne le sais plus. » (Augustin)
- « On ne se baigne jamais deux fois dans le même fleuve. » (Héraclite)

Sens courant
Le temps se définit par la succession continue du passé, présent et futur.

Distinctions
- Le temps est une donnée objective, qui peut être appréhendée par la science, ou une caractéristique de la pensée, le temps subjectif.
- Le temps est associé à l'espace car les choses changent dans le temps comme dans son milieu.

Le travail

Étymologie
Vient du latin *tripalium*, « instrument de torture ». Le travail est associé à l'idée de souffrance.

Citations-clés
- « Mais ce qui distingue dès l'abord le plus mauvais architecte de l'abeille la plus experte, c'est qu'il a construit la cellule dans sa tête avant de la construire dans la ruche. » (Marx)
- Le travail est « la condition naturelle de l'homme ». (Arendt)

Définition
Le travail, dans son sens courant, désigne l'activité ayant pour but de produire quelque chose d'utile, de transformer la nature pour satisfaire les besoins de l'être humain.

Distinctions
- À la différence d'une activité purement animale, le travail résulte d'un effort de la conscience et de la volonté humaines.
- Par extension, le travail désigne à la fois la situation de l'individu qui se livre à cette activité, et l'ouvrage, le produit de cette activité.

La vérité

Étymologie
Vient du latin *veritas* mais aussi du grec *alètheia*, dévoilement.

Citations-clés
- La vérité est « l'adéquation de la chose et de l'esprit ». (Thomas d'Aquin)
- « Les vérités sont des illusions dont on a oublié qu'elles le sont. » (Nietzsche)

Définition
Dans son sens le plus général, la vérité se définit comme le caractère des jugements capables de fonder un accord entre les esprits. Elle renvoie au réel et à ce qu'on en dit. Elle désigne ainsi ce qui est soit un fait (de la réalité), soit une proposition.

Distinctions
Il faut distinguer les vérités formelles qui portent sur la cohérence d'un raisonnement logique et les vérités matérielles qui portent sur des faits empiriques.

Les pratiques artistiques transforment-elles le monde ?

DISSERTATION

4 heures
20 points

INTÉRÊT DU SUJET • Au XIXe siècle, certains artistes revendiquent l'indépendance de l'art vis-à-vis des questions morales et politiques, en se regroupant autour de la formule « l'art pour l'art ». Mais le monde de l'art est-il vraiment une bulle isolée du réel ?

LES CLÉS DU SUJET

Définir les termes du sujet

Pratiques artistiques

• Le terme « art » (du latin *ars*, équivalent du grec *tekhnè*) désigne au sens large la capacité de produire un objet beau ou utile grâce à un savoir-faire, un métier, une habileté ou un talent.
• Les « pratiques artistiques » désignent les processus créatifs propres à chacun des beaux-arts, visant la production de l'émotion esthétique que l'on peut appeler, selon une conception classique, le beau.
• Traditionnellement, les beaux-arts sont le dessin, la peinture, la sculpture, l'architecture, la musique, la poésie et la danse.

Transformer

« Transformer » signifie faire passer d'une forme à une autre, donner un nouvel aspect à un objet.

Monde

• De *mundus*, équivalent latin du grec *kosmos* qui signifie « ordre », le monde correspond d'abord à l'idée d'une totalité englobante.
• Il peut désigner l'ensemble de la réalité, la société, l'univers ou encore les hommes qui l'habitent.

Dégager la problématique

Problématique

On pourrait penser la création artistique comme un divertissement qui, en tant que tel, nous détourne pour un moment de la réalité.

Mais l'art est-il coupé du réel, ou peut-il produire des effets sur la réalité sociale, changer notre rapport au monde, voire nous transformer nous-mêmes ?

Construire un plan

1. L'art n'a pas vocation à changer le monde
- L'art imite le monde.
- « L'art pour l'art » : la création artistique repose sur la gratuité.

2. Les pratiques artistiques changent notre rapport au monde
- L'art est le stimulant de la vie.
- Les pratiques artistiques élargissent le monde.

3. Les pratiques artistiques créent notre monde
- L'art crée la permanence d'un monde.
- Les pratiques artistiques constituent le monde.

38 CORRIGÉ GUIDÉ

Les titres en couleurs et les indications entre crochets servent à guider la lecture mais ne doivent en aucun cas figurer sur la copie.

Introduction

[Reformulation du sujet] L'art a-t-il le pouvoir d'agir sur le réel, et a-t-il vocation à cela ? On pourrait penser que si la pratique politique vise à modifier l'ordre actuel de la réalité, à changer la société, la pratique artistique, elle, serait tout au plus capable d'imaginer un monde qui n'existe pas. Mais l'œuvre d'art est-elle une fantaisie inconséquente ? [Définition des termes du sujet] La pratique artistique désigne la création d'œuvres d'art ou la performance par laquelle l'artiste vise à produire une émotion esthétique. Transformer le monde, c'est le faire passer d'une forme à une autre, qu'il désigne le monde social, l'humanité ou l'ensemble du réel. [Problématique] Le problème est donc de savoir si l'art a le pouvoir de changer nos vies, la société, voire l'humanité, ou si au contraire le monde de l'art est coupé du réel et impropre à le modifier.

1. L'art n'a pas vocation à changer le monde

A. L'art imite le monde

• On pourrait d'abord penser que l'art ne change pas le monde, dans la mesure où il n'est pas fait pour cela. De fait, selon une conception classique de l'art, l'artiste crée du beau, vise à produire l'émotion esthétique en saisissant la réalité dans une forme qui ne fait que la redoubler. On peut donc dire que l'artiste imite le réel, mais reste impuissant à le modifier.

• Dans *La République*, Platon explique ainsi que les artistes copient les objets produits par des artisans imitant eux-mêmes l'idée de l'objet qu'ils produisent. Aussi l'œuvre d'art est-elle éloignée au troisième degré de la réalité (c'est-à-dire de l'idée de la chose). Ignorant, manipulant des illusions, l'artiste ne sait rien de l'objet qu'il imite. Et si, pour Platon, il n'a pas sa place dans la cité idéale, c'est à la fois en raison de son ignorance et de l'absence de sens pratique qui en découle. Homère, dit Socrate, n'a jamais mené une armée à la guerre, et parle de guerres sans en avoir fait. Les artistes sont impuissants à changer l'ordre du monde, et, à ce titre, inutiles.

> **À NOTER**
> À Homère, **Socrate** oppose alors les figures de Solon, Charondas ou Lycurgue, tous trois hommes politiques ayant transformé les États, réformé les gouvernements et les institutions.

B. « L'art pour l'art »

• Mais la pratique artistique est-elle impuissante à changer le monde en ce qu'elle est inutile ? Ou bien doit-elle revendiquer son autonomie vis-à-vis de tout discours moral ou politique qui tend, lui, à modifier nos actions ou la réalité sociale ?

• « Qui aurait la folie de préférer Mozart à M. Carrel, et Michel-Ange à l'inventeur de la moutarde blanche ? Il n'y a de vraiment beau que ce qui ne peut servir à rien ; tout ce qui est utile est laid. » En revendiquant dans la préface à *Mademoiselle de Maupin* l'inutilité, c'est-à-dire l'absence de portée pratique de l'art, Théophile Gautier affirme que la valeur de l'art tient précisément à ce qu'il ne prétend pas changer le monde réel. Au contraire, il veut nous en affranchir, pour constituer une sorte de contre-monde où se déploient librement les sensibilités.

[Transition] Pourtant, l'art constitue-t-il vraiment un monde parallèle, sans effet sur la réalité ?

2. Les pratiques artistiques changent notre rapport au monde

A. L'art est le stimulant de la vie

• Faut-il revendiquer la gratuité de l'art, admettre qu'il n'a aucune raison d'être et aucun rapport au monde réel, sous prétexte de le libérer de tout asservissement au discours moral ou politique ? Dans *Le Crépuscule des idoles*, Nietzsche critique la formule « l'art pour l'art » : dire que l'art est inutile, qu'il n'a pas de raison d'être, qu'il est gratuit en somme, c'est ne pas voir que l'art est le « stimulant de la vie ». En d'autres termes, si l'œuvre d'art en effet ne « prêche » pas une morale, si elle n'a pas à porter un message ou une idéologie, cela ne signifie pas pour autant qu'elle n'a pas de sens.

À NOTER
Nietzsche critique ici Schopenhauer, pour qui l'expérience esthétique est celle d'un monde qui est seulement représenté, donc contemplé, et non plus vécu dans les souffrances du besoin, du désir et de la Volonté.

• Ce que nous trouvons dans une tragédie, pour Nietzsche, ce n'est ni la résignation ni une consolation, pas plus qu'une thérapie. Il s'agit du spectacle de notre propre existence tendue entre la cruauté et la douceur, et cette représentation nous renforce.

B. L'art élargit le monde

• Si l'artiste comme le spectateur sont ainsi au cœur de la vie, on pourrait ajouter que pour eux le réel est plus vaste que le monde du quotidien. Comme l'explique Bergson, l'artiste, détaché du monde de l'utilité et de l'efficacité, perçoit pour percevoir, et non pour agir. Autrement dit, nos pratiques artistiques transforment notre rapport au réel dans la mesure où elles élargissent notre perception du monde, habituellement réduite par les nécessités de l'action. En effet, c'est pour agir que nous sélectionnons dans ce que nous voyons, et en conséquence nous ne voyons plus que ce qui nous est utile pour ce que nous avons à faire.

• Ainsi, nos pratiques artistiques ne nous font pas évoluer dans un monde imaginaire et fantaisiste. Si elles nous sortent du monde restreint du quotidien, de l'action, c'est au contraire pour nous permettre de retrouver le monde dans toute son ampleur.

[Transition] Si les pratiques artistiques ont le pouvoir de transformer notre rapport à la vie et au monde, n'est-ce pas finalement parce qu'elles créent le monde, qui ne leur préexiste pas ?

3. Les pratiques artistiques créent notre monde

A. L'art crée la permanence d'un monde

• De fait, le monde est-il vraiment l'ensemble de ce qui existe et nous englobe, ou bien ce que nous avons le pouvoir de faire surgir, dès lors que nous inventons et créons des œuvres ?

• Comme le dit Arendt dans *La Condition de l'homme moderne*, « l'œuvre fournit un monde "artificiel" d'objets, nettement différent de tout milieu naturel. C'est à l'intérieur de ses frontières que se loge chacune des vies individuelles, alors que ce monde lui-même est destiné à leur survivre et à les transcender toutes. La condition humaine de l'œuvre est l'appartenance-au-monde. » Autrement dit, les pratiques par lesquelles nous créons un monde artificiel donnent une durée à nos vies limitées. Elles nous permettent de sortir de la cyclicité propre au monde naturel pour constituer un monde de la permanence qui s'étend au-delà des générations.

L'AUTEUR
Hannah Arendt (1906-1975).

Arendt place au cœur de sa réflexion sur la politique le concept de *vita activa* (vie active), qui regroupe le travail, l'œuvre et l'action.

B. Les pratiques artistiques constituent le monde

Parmi toutes les activités de la *vita activa*, l'œuvre correspond ainsi au pouvoir de former un « monde commun », dit Arendt. « Les hommes de parole et d'action [...] ont besoin de l'artiste, du poète et de l'historiographe, du bâtisseur de monuments ou de l'écrivain, car sans eux le seul produit de leur activité, l'histoire qu'ils jouent et qu'ils racontent, ne survivrait pas un instant. » Autrement dit, en fabriquant un objet et particulièrement en créant une œuvre d'art, d'abord au sein de la sphère privée, puis en l'exposant publiquement, l'homme crée un monde dans lequel l'action et la parole peuvent alors prendre place.

Conclusion

Si nos pratiques artistiques transforment le monde, c'est donc moins au sens où le monde serait déjà là, et nous précéderait comme une chose informe qu'il s'agirait de rectifier ou de modifier, qu'au sens où l'artiste, comme le spectateur ou l'amateur, ont le pouvoir d'édifier un monde distinct de la nature où tout passe et se répète. On peut alors dire que nos pratiques artistiques donnent forme à notre monde commun.

Revient-il à l'État de décider de ce qui est juste ?

DISSERTATION

4 heures
20 points

INTÉRÊT DU SUJET • Si l'État décidait seul de ce qui est juste, nous n'aurions qu'à lui obéir et ne serions plus responsables de rien. Mais cette décision est d'abord l'acte d'un individu raisonnable et autonome. Ce sujet classique invite à réfléchir sur le rapport de la conscience avec la loi.

LES CLÉS DU SUJET

Définir les termes du sujet

Revenir [...] de décider

• Lorsqu'il « revient » à quelqu'un de faire quelque chose, cela signifie que c'est son rôle et sa prérogative (droit attaché à une fonction).

• Décider est l'acte par lequel on pose et éventuellement on impose sa volonté. Politiquement, ce verbe renvoie à la notion de « pouvoir ».

État

• Du latin *status*, « position », « situation », un État est un ensemble d'institutions (politiques, administratives, judiciaires, policières, etc.) avec un gouvernement autonome et un territoire indépendant.

• Mais l'État peut prendre plusieurs formes (république, despotisme, etc.) : il doit lui-même être légitime pour décider de ce qui est juste.

Juste

• Du latin *jus*, « droit », ce qui est juste désigne d'abord ce qui est conforme au droit. Mais on distingue le « droit positif », c'est-à-dire les lois décidées par l'État, et le « droit naturel », ensemble de normes indépendantes de l'existence de l'État.

• Ce qui est juste s'entend aussi en un sens moral : on doit distinguer ce qui est légal de ce qui est légitime.

Dégager la problématique

Problématique

- Les lois ont à l'évidence une prétention à dire ce qui est juste. Mais l'État définit-il à lui seul la justice ?
- Ne faut-il pas renverser la formulation du sujet et dire que l'État doit se conformer à ce qui est juste ?

Construire un plan

1. L'État décide de ce qui est juste	• L'État a pour fonction d'énoncer des normes de justice valables pour tous (lois). • L'État doit aussi rendre la justice, donc caractériser certains actes comme injustes et les sanctionner en tant que tels.
2. L'État doit lui-même se conformer à la justice	• Seul un État républicain a la légitimité de décider de ce qui est juste, car c'est le peuple qui y est souverain. • Le pouvoir doit s'exercer dans certaines limites, au-delà desquelles l'État devient tyrannique voire totalitaire.
3. La conscience décide de ce qui est juste	• La notion de droit naturel invite à conserver un œil critique sur la justice légale, qui n'est jamais parfaite. • La conscience est un meilleur juge que la loi pour décider de ce qui est juste.

39 CORRIGÉ GUIDÉ

Les titres en couleurs et les indications entre crochets servent à guider la lecture mais ne doivent en aucun cas figurer sur la copie.

Introduction

[Reformulation du sujet] L'État est un ensemble d'institutions (politiques, judiciaires, policières, etc.) permettant de mettre fin à la violence et de faire régner le droit. Pour autant, revient-il à l'État de décider de ce qui est juste ? [Définition des termes du sujet] Décider n'est pas le fait d'une institution, mais plutôt d'une conscience, puisque c'est un acte qui implique la raison et la volonté. Certes, ce qui est juste désigne étymologiquement ce qui est conforme au droit (en latin *jus*). Mais la justice, qui a aussi une dimension morale, ne se réduit pas à la légalité. [Problématique] Il serait paradoxal de définir la justice comme une prérogative exclusive de l'État alors même que nous jugeons certaines lois injustes. [Annonce du plan] Nous verrons donc d'abord en quoi l'État définit ce qui est juste. Mais nous réfléchirons ensuite aux conditions qu'il doit remplir pour nourrir cette prétention. Nous verrons enfin que la conscience est un juge indépassable pour évaluer ce qui est juste.

1. L'État décide de ce qui est juste

A. L'État énonce des lois

• Énoncer des lois est la prérogative de l'État : celles-ci valent pour tous les citoyens, indépendamment de leurs évaluations personnelles de ce qui est juste et de ce qui ne l'est pas. C'est parce qu'elles ont une valeur universelle que les lois permettent la coexistence des individus.

• Dans le *Léviathan*, Hobbes définit le souverain comme celui qui décide, et les sujets comme ceux qui ont l'obligation de lui obéir. En l'absence d'État, rien n'est juste ou injuste : les hommes sont dans un « état de nature » où chacun est entièrement juge des actions à accomplir en vue d'assurer sa conservation. Il en résulte un chaos auquel on ne met fin que par un « contrat social » réservant au souverain l'évaluation de ce qui est juste.

CITATION
« Là où il n'existe aucune puissance commune, il n'y a pas de loi. Là où il n'y a pas de loi, rien n'est injuste » (Hobbes, *Léviathan*).

B. L'État rend la justice

• Décider de ce qui est juste implique aussi de qualifier certaines actions : c'est là encore l'État qui s'en charge par la voie de l'institution judiciaire, chargée de vérifier l'application des lois et de prononcer des sanctions à l'encontre des individus qui les ont transgressées. Si la punition était laissée à l'appréciation subjective de chacun, elle donnerait lieu à la vengeance, qui est toujours arbitraire et disproportionnée, comme le rappelle Hegel.

• Pour décider objectivement, il faut remplir quatre conditions énoncées par Ricœur dans *Le Juste* : 1) établir une puissance commune qui se réserve l'usage légitime de la violence ; 2) disposer d'un corpus de lois écrites énonçant les délits et les peines correspondantes ; 3) avoir des tribunaux où les parties se confrontent selon des procédures réglées ; 4) mandater des juges pour représenter la puissance publique et prononcer la « parole de justice ».

[Transition] Il revient à l'État, puissance objective et universelle, de formuler des normes de justice et d'en vérifier l'application. Mais certaines conditions sont requises pour que l'État exerce légitimement cette prérogative.

2. L'État doit lui-même se conformer à la justice

A. L'État doit être légitime

• L'État doit se conformer à certains principes de justice. On ne peut, par exemple, accepter qu'un homme seul impose sa volonté à tout un peuple, comme c'est le cas dans la monarchie absolue. Un tel pouvoir où un seul est le maître et tous les autres sont ses esclaves (despotisme) n'a aucune légitimité : étant injuste par sa nature même, il n'est pas fondé à dire ce qui est juste.

• Il faut que les institutions soient représentatives, car le pouvoir est fondé sur le consentement et non sur la force : Rousseau en conclut que le souverain ne peut être que le peuple lui-même. Dans un régime républicain, la loi ne s'applique et n'est rendue que parce qu'elle vient de tous et s'applique à tous.

CITATION
« Tout gouvernement légitime est républicain » (Rousseau, *Du Contrat social*).

B. Le pouvoir ne doit pas s'exercer de n'importe quelle façon

• L'autre condition tient à la manière dont le pouvoir est exercé : qu'en serait-il, par exemple, si celui qui possède le pouvoir législatif disposait aussi du pouvoir judiciaire ? Il serait tenté, répond Montesquieu, de faire des lois lui permettant de punir ou d'écarter des adversaires. Ainsi instrumentalisée, la justice serait anéantie. C'est pourquoi il faut « distribuer les pouvoirs » : seul un pouvoir peut empêcher les excès d'un autre pouvoir.

• Montesquieu invite en outre à distinguer, parmi les normes de justice, les « lois » et les « mœurs ». Instituées par l'État, les « lois » proviennent de la décision du souverain. Mais les « mœurs » relèvent davantage du caractère de la nation, c'est-à-dire de la culture. S'immiscer dans la vie privée des individus serait de même un « abus de pouvoir » manifeste. Au XXe siècle, on a vu comment les systèmes totalitaires ont réduit les individus à des pièces interchangeables de la grande machinerie étatique.

DÉFINITION
Le **système totalitaire** supprime la participation aux affaires publiques, mais cherche aussi à détruire le jugement autonome et à envahir la vie privée.

[Transition] Pour fonder sa prétention à dire ce qui est juste, l'État doit lui-même respecter certains principes de justice. Dès lors, n'est-ce pas à la conscience qu'il revient de penser ces principes ?

3. La conscience décide de ce qui est juste

A. L'idée du droit naturel

- On distingue le droit positif et le droit naturel. Le premier relève du fait : il s'agit des lois écrites décidées par un État particulier, valables en tel lieu et à tel moment. Le second n'est qu'une idée : une justice idéale, universelle et parfaite, que les hommes n'ont pas faite et qu'ils ne peuvent pas défaire.

- Les Anciens décrivaient le droit naturel comme un ensemble de normes émanant des dieux (par exemple Sophocle) ou d'un ordre naturel (par exemple Aristote, Cicéron). Les Modernes se réfèrent plutôt à la nature de l'homme, comme dans la *Déclaration des droits de l'homme et du citoyen*. Mais dans tous les cas, le droit naturel fonctionne, selon l'expression de Rawls, comme un « étalon », c'est-à-dire une mesure de référence pour juger le droit positif. Ainsi, les lois établies par l'État ne décident pas de ce qui est juste, mais doivent s'inspirer de cet idéal de justice.

À NOTER
Dans *Antigone* de **Sophocle**, l'héroïne éponyme conteste la décision du roi Créon au nom des lois divines, « non écrites […] mais intangibles ».

B. La conscience est meilleur juge que la loi

- Il serait dangereux de réduire ce qui est juste à ce que décide l'État, car même de bonnes lois sont parfois inadaptées à des situations très particulières. C'est pourquoi Aristote dit qu'un juge « équitable » doit parfois corriger le « juste selon la loi ».

- L'autre danger est l'obéissance aveugle, car tout ce qui est légal n'est pas pour autant légitime. C'est à la conscience qu'il revient de décider de ce qui est juste : nous pouvons ainsi refuser d'obéir à un État injuste et nous engager dans une action de désobéissance civile. « On ne doit pas cultiver le même respect pour la loi et pour le bien », prévient Thoreau : en matière de justice, la conscience est un meilleur juge que la loi.

CITATION
« Le citoyen doit-il jamais un instant abdiquer sa conscience au législateur ? À quoi bon la conscience individuelle alors ? Je crois que nous devrions être hommes d'abord et sujets ensuite » (Thoreau, *La Désobéissance civile*).

Conclusion

Il revient pour partie à l'État de décider ce qui est juste, en énonçant des lois ou en prononçant des peines. Mais dans cet exercice, il importe avant tout que les décisions s'inspirent d'un idéal de justice qui n'est réductible à aucune institution. Aussi revient-il à la conscience individuelle de penser cet idéal et de garder un œil critique sur les lois.

40 France métropolitaine • Juin 2022

Cournot, *Essai sur les fondements de nos connaissances et sur les caractères de la critique philosophique*

EXPLICATION DE TEXTE

4 heures
20 points

INTÉRÊT DU SUJET • Certains adversaires de la psychanalyse soutiennent que la théorie de l'Œdipe est une généralisation abusive tirée de l'introspection de Freud, profondément lié à sa mère. Mais alors, toute psychologie n'est-elle qu'une imposture ?

Expliquez le texte suivant :

Pour qu'une observation puisse être qualifiée de scientifique, il faut qu'elle soit susceptible d'être faite et répétée dans des circonstances qui comportent une définition exacte, de manière qu'à chaque répétition des mêmes circonstances on puisse toujours constater l'identité des résultats, au moins entre les limites de l'erreur qui affecte inévitablement nos déterminations empiriques[1]. Il faut en outre que, dans les circonstances définies, et entre les limites d'erreurs qui viennent d'être indiquées, les résultats soient indépendants de la constitution de l'observateur ; ou que, s'il y a des exceptions, elles tiennent à une anomalie de constitution, qui rend manifestement tel individu impropre à tel genre d'observation, sans ébranler notre confiance dans la constance et dans la vérité intrinsèque du fait observé. Mais rien de semblable ne se rencontre dans les conditions de l'observation intérieure sur laquelle on voudrait fonder une psychologie scientifique ; d'une part, il s'agit de phénomènes fugaces, insaisissables dans leurs perpétuelles métamorphoses et dans leurs modifications continues ; d'autre part, ces phénomènes sont essentiellement variables avec les individus en qui se confondent le rôle d'observateur et celui de sujet d'observation ; ils changent, souvent du tout au tout, par suite des variétés de constitution qui ont le plus de mobilité et d'inconsistance, le moins de valeur caractéristique ou d'importance dans le plan général des œuvres de la nature. Que m'importent les découvertes qu'un philosophe a faites ou cru faire dans les profondeurs de sa conscience, si je ne lis pas la même chose dans la mienne ou si j'y lis tout autre chose ? Cela peut-il se comparer aux découvertes d'un astronome, d'un physicien, d'un naturaliste[2] qui me convie à voir ce qu'il a vu, à palper ce qu'il a palpé, et qui, si je n'ai pas l'œil assez bon ou le tact assez délicat, s'adressera à tant d'autres personnes mieux douées que je ne le suis, et qui verront ou palperont si exactement la même chose, qu'il faudra bien me rendre à la vérité d'une observation dont témoignent tous ceux en qui se trouvent les qualités du témoin ?

Cournot, *Essai sur les fondements de nos connaissances et sur les caractères de la critique philosophique* (1851).

1. Empiriques : issues de l'expérience.
2. Naturaliste : celui qui étudie la nature, en particulier les êtres vivants.

LES CLÉS DU SUJET

Repérer le thème et la thèse

- Peut-il y avoir une science des réalités humaines ?
- Cournot démontre ici qu'il s'agirait d'une prétention abusive, en expliquant pour quelles raisons la psychologie ne peut en aucun cas prétendre à la scientificité.

Dégager la problématique

Problématique

- La psychologie fait partie de ce que nous appelons aujourd'hui les « sciences humaines ».
- Mais à quel titre peut-elle prétendre à la scientificité ? Partage-t-elle les caractéristiques des sciences portant sur la nature, ou bien au contraire s'agit-il d'une prétention abusive ?

Repérer les étapes de l'argumentation

1. Les critères de la scientificité (l. 1 à 12)	• La science se définit par sa méthode. • Le discours scientifique est rationnel et objectif.
2. La psychologie ne peut pas être scientifique (l. 12 à 21)	• La psychologie ne peut contrôler ses résultats. • L'objet de la psychologie rend son discours nécessairement subjectif.
3. Aucun discours portant sur les réalités humaines n'est scientifique (l. 21 à 30)	• Les résultats des sciences humaines ne sont pas des vérités. • La seule vérité est celle des sciences de la nature.

40 CORRIGÉ GUIDÉ

Les titres en couleurs et les indications entre crochets servent à guider la lecture mais ne doivent en aucun cas figurer sur la copie.

Introduction

[Question abordée] Peut-on tenir un discours scientifique portant sur l'esprit ou sur toute autre réalité humaine ? La psychologie fait en effet partie de ce que nous appelons aujourd'hui les « sciences humaines ». Mais dès lors que la science se distingue par sa méthode, son objectivité et sa rationalité, n'est-ce pas un abus de langage ? [Thèse] C'est la question qu'envisage Cournot dans ce texte, en démontrant qu'il manque à la psychologie, comme à tout discours portant sur des réalités humaines, les caractéristiques de la scientificité, et qu'ils ne peuvent prétendre établir des vérités. [Problématique] Pour démontrer cela, Cournot se demande d'abord ce qui définit un discours scientifique et en établit les conditions. Mais la psychologie a-t-elle les moyens d'en faire partie ? Cournot montre alors pour quelles raisons la psychologie ne sera jamais une science. Aucune réalité humaine ne peut-elle donc être l'objet d'un discours scientifique ? Il démontre enfin que les vérités scientifiques ne peuvent se trouver que dans la nature.

1. Les critères de la scientificité

A. Le discours scientifique suppose une méthode précise

• Le texte s'ouvre sur une définition des critères de la scientificité. Si certaines sciences dites formelles ou exactes, comme les mathématiques ou la logique, ne portent pas sur le réel et sont donc pures de tout rapport à l'expérience, d'autres ont pour objet la réalité. Mais dès lors qu'elles mettent en jeu notre rapport au monde, qu'est-ce qui garantit leur scientificité ?

• Cournot établit le premier critère de scientificité d'une « observation » : il ne suffit pas, en effet, d'observer un phénomène pour qu'il soit qualifié de scientifique. Cette observation première doit être confirmée par l'expérimentation, autrement dit par l'expérience reconstruite à l'identique, qui doit valider ou invalider l'hypothèse. En d'autres termes, l'observation n'est que le point de départ d'une connaissance scientifique, et ne peut y contribuer que dans la mesure où elle passe l'épreuve du test expérimental.

À NOTER
Le **réfutationnisme** de Karl Popper établira par la suite que la possibilité de valider ou d'invalider une hypothèse par l'expérimentation permet de distinguer les sciences des pseudosciences.

B. Le discours scientifique est rationnel et objectif

• À ce premier critère s'ajoute un deuxième, à savoir que « les résultats soient indépendants de la constitution de l'observateur ». De fait, tout discours scientifique se caractérise par sa rationalité et son objectivité. Ainsi, l'observation ne doit pas dépendre de la subjectivité, autrement dit de la « constitution » particulière de l'observateur. Celui-ci, quel qu'il soit, doit pouvoir faire cette observation, qui peut ainsi apparaître comme une donnée sur laquelle chacun peut s'accorder.

DÉFINITIONS
Un discours **objectif** reflète son objet tel qu'il est. Un discours **subjectif** reflète moins son objet que la subjectivité de celui qui l'énonce.

• À cette condition, dit Cournot, cette observation peut devenir un « fait » doté d'une « vérité intrinsèque ». Évoquer la vérité d'un fait peut pourtant sembler étonnant : la vérité n'est pas une propriété du réel, mais d'une représentation ou d'un discours qui se rapporte au réel. Par cette formule, Cournot nous indique en réalité qu'un fait peut être faux, au sens où il correspondrait à une observation subjective. Ce qui donne à mon observation le statut de fait, c'est qu'elle pourrait être effectuée par n'importe qui.

[Transition] Mais alors, une fois posée cette définition de la scientificité de l'observation, peut-on admettre la psychologie au rang des sciences ?

2. La psychologie ne peut pas être scientifique

A. La psychologie est incapable de valider ses hypothèses

• Dans le deuxième temps de son argumentation, Cournot rapporte ces éléments de définition à la psychologie (de *psukhé*, l'âme, et *logos*, le discours), ce discours qui entend expliquer le fonctionnement de notre esprit et qui, aux alentours du XIXe siècle, commence à prétendre se constituer en science. Si la psychologie porte sur la réalité, et en ce sens s'ancre nécessairement dans des observations, peut-on pour autant admettre qu'il s'agit d'une science ?

• Cournot oppose d'abord l'observation « scientifique » telle qu'il l'a définie à l'« observation intérieure » propre à la psychologie. De fait, le sujet dont elle s'occupe n'est pas une réalité extérieure et uniforme, à laquelle nous pouvons tous avoir accès, mais une réalité intérieure dont Cournot souligne alors le caractère « fugace ». En d'autres termes, si nous pouvons observer une réalité extérieure, elle a la solidité et la permanence d'un fait ; mais les sentiments ou les idées qui appartiennent à notre intériorité sont changeants par nature. Comment, dès lors, parler de faits ?

B. L'objet de la psychologie la rend nécessairement subjective

• Bien plus, si la psychologie porte sur le contenu de notre esprit, il semble que nous ne puissions jamais accéder au statut d'observateur impartial, extérieur à son objet. Or telle était la deuxième condition à laquelle une observation pouvait être dite scientifique. Comment garantir l'objectivité de l'expérience, dès lors que l'observateur est aussi « sujet de l'observation » ?

• Il s'agit d'ailleurs de l'une des objections formulées par Auguste Comte à l'endroit de la psychologie : nulle science, dit-il, ne peut se constituer sur la base de l'introspection, ou observation intérieure.

[Transition] Mais si la psychologie ne peut prétendre à la scientificité en raison de la nature même de son objet, y a-t-il des sciences des autres réalités humaines ?

L'AUTEUR

Auguste Comte (1798-1857).

Comte est le fondateur du positivisme, doctrine qui tient la science pour l'unique détentrice de la vérité : elle doit chercher les lois des phénomènes et non s'interroger sur leur sens.

3. Aucun discours portant sur les réalités humaines n'est scientifique

A. Les sciences humaines n'accèdent pas à la vérité

- Enfin, Cournot élargit sa démonstration au champ de l'ensemble des discours portant sur les réalités humaines, que l'on nommera plus tard « sciences humaines ». Il distingue, au sein du réel, ce qui ressort de la nature et ce qui relève de l'homme.

- La question devient ici celle de la valeur qu'il est possible d'accorder à une connaissance empreinte de subjectivité. Il met en parallèle la psychologie et la philosophie, autre science humaine dont les observations ne pourraient être tenues pour scientifiques, dans la mesure où elles relèveraient d'une intériorité que nous n'aurions pas en commun.

B. Seules les sciences de la nature accèdent à des vérités

- Aux figures du psychologue et du philosophe, Cournot oppose les exemples de l'astronome, du physicien, du naturaliste, tous trois se référant à une réalité uniforme, régulière, et extérieure à eux, à savoir la nature (qu'il s'agisse des astres, du monde physique ou du vivant). Si nous pouvons tous accéder à cette réalité extérieure qu'est la nature, alors les observations d'un physicien nous sont accessibles : nous sommes tous « témoins » de cette réalité, puisqu'elle nous est commune.

- En revanche, nul n'est témoin d'une réalité intérieure, qu'il s'agisse d'un sentiment ou d'une idée, qui pour cette raison ne peut prétendre être considérée comme un fait.

Conclusion

En définitive, il serait faux de voir dans la psychologie, comme dans toute autre discipline portant sur des réalités humaines, autre chose qu'un discours hypothétique, en raison de la nature même de leur objet. Si la nature est accessible à la science, le monde humain n'est l'objet que de connaissances qui ne peuvent établir solidement leurs vérités.

41 Amérique du Nord • Mai 2022

La conscience fait-elle obstacle au bonheur ?

DISSERTATION

4 heures
20 points

INTÉRÊT DU SUJET • Ce sujet classique confronte la « conscience », que nous possédons, au « bonheur », que nous recherchons : ce qui nous définit comme êtres humains nous empêche-t-il d'atteindre ce qui donne sens à notre vie ?

LES CLÉS DU SUJET

Définir les termes du sujet

Conscience

• Du latin *cum scientia* (« avec science »), la conscience est de façon générale associée à un savoir (perception du monde, connaissance de soi) : c'est d'abord la lucidité sur ce qu'on est et ce qu'on peut espérer.
• La conscience morale impose des limites à nos actions et la conscience du temps peut empêcher de goûter l'instant présent.

Faire obstacle

Faire obstacle, c'est constituer un empêchement : rendre impossible ou du moins difficile, mettre des bornes, poser une limite, interdire, détourner, décourager.

Bonheur

• Du latin *bonum augurium*, le bonheur est un objectif soumis à beaucoup d'aléas, comme le connote le mot *heur* (« sort », « chance », « fortune ») en français classique.
• S'il est difficile d'en définir concrètement les conditions, le bonheur est représenté comme un idéal offrant la plénitude d'une satisfaction durable, intense et variée.

Dégager la problématique

Problématique

- Nous nous efforçons d'emprunter un chemin vers le bonheur, or il s'agit peut-être d'une impasse. Le bonheur est-il possible pour un être conscient ?
- Mais n'est-ce pas précisément la conscience elle-même qui nous pousse sur ce chemin et nous guide vers un bonheur qui nous est propre ?

Construire un plan

1. La conscience morale est un obstacle au bonheur	• Exemple du remords : la « mauvaise conscience » est un obstacle d'autant plus puissant qu'il est intérieur. • La conscience morale impose de relativiser la quête du bonheur et de la subordonner au respect du devoir.
2. La conscience nous expose au malheur	• La conscience nous montre notre finitude : l'homme est essentiellement malheureux et inquiet. • Notre fardeau le plus terrible est la conscience du temps : poids de la mémoire, anticipation de la mort.
3. Le bonheur est propre à l'être conscient	• Le bonheur n'est pas la satisfaction : le sentiment de notre dignité compte davantage que le plaisir. • Devenir plus conscients nous rend plus forts, plus autonomes et donc potentiellement plus heureux.

41 CORRIGÉ GUIDÉ

Les titres en couleurs et les indications entre crochets servent à guider la lecture mais ne doivent en aucun cas figurer sur la copie.

Introduction

[Reformulation du sujet] Le sort dresse parfois des embûches sur le chemin que nous essayons d'emprunter pour parvenir au bonheur. Mais il existe peut-être aussi un empêchement plus fondamental qui fait de ce chemin une impasse : la conscience fait-elle obstacle au bonheur ? [Définition des termes du sujet] Nous rêvons d'une satisfaction pleine et entière, suffisamment durable, intense et variée. Mais en offrant une connaissance du monde et de soi, la conscience nous rend lucides sur nos limites et sur ce que nous pouvons espérer. [Problématique] Le fait de distinguer le bien et le mal, de constater notre fragilité et le temps qui passe ne réduit-il pas considérablement nos perspectives de bonheur ? Ou bien doit-on au contraire chercher dans le renforcement de la conscience la voie d'une vie humaine parfaitement accomplie ? [Annonce du plan] Nous commencerons par voir en quoi le fait d'être conscients de nos devoirs entrave la quête du bonheur, puis pourquoi la conscience fait de l'homme un être inquiet. Nous verrons enfin qu'un bonheur véritable est lié au renforcement de la conscience.

1. La conscience morale est un obstacle au bonheur

A. L'obstacle intérieur de la mauvaise conscience

• La conscience morale nous rend attentifs à des valeurs relatives au bien et au mal, et nous impose de conformer notre conduite à certaines normes. Dans le cas contraire, on s'expose au blâme des autres – ce qui n'est pas le meilleur calcul pour être heureux – mais aussi et surtout au remords, ce tourment qui nous ronge lorsqu'on a « mauvaise conscience ».

DÉFINITION
Du latin *remordere*, le **remords** signifie littéralement la morsure renouvelée, voire incessante de la conscience.

• Pour Aristote, dans l'*Éthique à Nicomaque*, un homme méchant ne peut pas être heureux, car une partie de son âme accuse l'autre partie et le déchire au point de le rendre ennemi de lui-même. La conscience est un juge sévère qui empêche de goûter le bonheur acquis de mauvaise façon : l'obstacle est insurmontable précisément parce qu'il est intérieur.

B. La subordination du bonheur au devoir

• Il nous faut relativiser l'importance du bonheur et considérer d'abord le respect du devoir. Certaines voies vers le bonheur nous sont interdites lorsque les satisfactions visées sont égoïstes ou dégradantes, pour notre personne ou celle des autres. Kant dit que l'impératif moral est « catégorique » : il constitue une limite indiscutable que nous posons nous-mêmes à nos actions.

CITATION
« Agis de telle manière que tu traites l'humanité, aussi bien dans ta personne que dans la personne de tout autre, toujours en même temps comme une fin, jamais simplement comme un moyen » (Kant, *Fondements de la métaphysique des mœurs*).

• La recherche du bonheur doit être subordonnée au respect du devoir. Cela ne signifie pas que l'une et l'autre soient incompatibles, puisque le fait d'avoir bien agi produit un contentement qui est, selon Kant, un « analogue du bonheur ». Mais « bonheur » et « vertu » sont souvent difficiles à concilier.

▶ Le secret de fabrication

Illustrez le propos par un exemple : dans *Les Misérables* de Victor Hugo, Jean Valjean renonce à son bonheur et se livre à la police pour éviter qu'un sosie soit envoyé au bagne à sa place.

[Transition] La conscience morale fait obstacle à la recherche du bonheur, car elle lui impose des limites et prive l'individu qui les transgresse d'une satisfaction entière. Faut-il aller plus loin et dire que la conscience nous expose au malheur ?

2. La conscience nous expose au malheur

A. Conscience et finitude

• Le regard qu'un être conscient porte sur lui-même est valorisant : comme on l'a observé, penser fait la grandeur de l'homme. Mais la pensée nous dévoile aussi notre finitude : « la grandeur de l'homme est grande en ce qu'il se connaît misérable », note amèrement Pascal dans ses *Pensées*.

> **DÉFINITION**
> La **finitude** est le caractère de ce qui est fini, au sens de limité. On emploie le terme pour qualifier la condition humaine, habitée par la conscience du temps et de la mort.

• Selon Schopenhauer, cette limitation fait de l'humain un être essentiellement malheureux, habité par un manque qui ne lui laisse que quelques rares moments de répit. Conscience rime avec souffrance. Comme il l'indique dans *Le Monde comme volonté et comme représentation*, « l'inquiétude d'une volonté toujours exigeante, sous quelque forme qu'elle se manifeste, emplit et trouble sans cesse la conscience : or sans repos le véritable bonheur est impossible ».

B. L'existence humaine alourdie par le temps

• La conscience du temps est décrite par Nietzsche comme un fardeau. À l'inverse de l'animal attaché au « piquet de l'instant », l'être humain est privé d'une légèreté dans laquelle il voit confusément le secret du bonheur. En proie à la nostalgie, aux regrets ou à la mélancolie, il subit son passé : la mémoire est avantageuse pour la connaissance, mais pas pour le bonheur.

• La conscience ouvre aussi à l'avenir. Elle est « soucieuse », car nous anticipons sans cesse un après dans lequel nous nous projetons. Or nous savons bien que l'ultime possibilité qui nous attend est la mort, qui suscite en nous de l'« angoisse ». Au rebours d'Épicure qui proclamait que « la mort n'est rien pour nous » et que le bonheur est possible à condition de vivre au présent, les philosophes de l'existence insistent sur l'incertitude, voire le désespoir, qui hante l'esprit humain.

> **À NOTER**
> Les **penseurs « existentialistes »** comme Kierkegaard, Heidegger ou Sartre prennent pour point de départ la fragilité de l'existence humaine.

[Transition] La conscience fait obstacle à un bonheur simple qui semblait à portée de main. Mais est-elle incompatible avec un bonheur plus complexe qui nous serait propre ?

3. Le bonheur est propre à l'être conscient

A. Bonheur et satisfaction

▶ Le secret de fabrication
Introduisez une distinction entre « bonheur » et « satisfaction » pour envisager le problème sous un nouvel angle.

CITATION
« Il vaut mieux être un homme insatisfait qu'un porc satisfait » (Mill, *L'Utilitarisme*)

• Si la définition du bonheur n'est jamais tout à fait claire et varie d'un individu à un autre, Mill observe qu'elle est toujours assez riche pour ne pas se réduire à la satisfaction, c'est-à-dire aux plaisirs élémentaires qui nous sont communs avec les animaux (manger, boire, etc.). Le bonheur que nous cherchons inclut aussi la connaissance du monde et de soi, les arts, les relations sociales et amoureuses, le bien-être social, etc.

• Si nous nous heurtons à de nombreux obstacles dans notre quête, c'est tout simplement parce que nos ambitions sont plus élevées : elles ne sont peut-être pas toutes susceptibles d'être comblées, mais cette incomplétude est compensée par la conscience de notre dignité. Nos moyens aussi sont plus élevés, puisque notre intelligence nous permet de calculer au mieux comment être heureux, individuellement et collectivement.

B. Le renforcement de la conscience

• Selon Freud, l'incapacité de certains individus à trouver l'épanouissement, ou ne serait-ce que l'équilibre psychique, ne doit pas être mise sur le compte de la conscience, mais sur celui de l'inconscient. Les symptômes tels que les angoisses, phobies, obsessions, épuisement dépressif, etc., sont le fait de désirs refoulés qui reviennent se manifester de façon voilée, et dont il s'agit de comprendre le sens.

• La voie à privilégier est donc le renforcement de la conscience et non son effacement : il faut « rendre conscient l'inconscient », élargir notre champ de conscience en devenant plus lucides sur nous-mêmes, sur notre histoire et nos désirs secrets afin de devenir plus libres et plus heureux.

Conclusion

Le sacrifice de la conscience n'est ni possible ni souhaitable, car celle-ci définit l'être humain. Loin de constituer un obstacle à toute forme de contentement, le renforcement de la conscience est le moyen par lequel nous pouvons nous rapprocher du bonheur qui nous est propre.

42 Amérique du Nord • Mai 2022

La technique permet-elle de ne plus avoir peur de la nature ?

DISSERTATION

4 heures
20 points

INTÉRÊT DU SUJET • L'apparition d'un nouveau virus a, en quelques mois, répandu la peur dans nos sociétés, dont les technologies de pointe n'ont pas permis d'éviter ce phénomène. Mais alors, que peuvent toutes nos techniques face à la puissance de la nature ?

LES CLÉS DU SUJET

Définir les termes du sujet

Technique

- La technique désigne l'ensemble des moyens artificiels, qu'ils soient intellectuels (méthodes, savoir-faire) ou matériels (outils, machines, robots), mis en œuvre pour atteindre une fin déterminée.
- De l'outil qui dépend de l'énergie humaine à la machine qui dispose de son énergie, puis au robot programmé, son développement est marqué par une autonomie croissante.

Permettre de ne plus avoir peur

- Il s'agit de savoir quel pouvoir nous donne la technique.
- La peur est un sentiment lié à notre projection dans l'avenir, concernant une chose qui pourrait nous nuire ou nous détruire.

Nature

- Elle désigne à la fois l'essence d'une chose et l'ensemble du monde non artificiel, qui n'a pas été créé par l'homme.
- Elle peut alors représenter une puissance d'engendrement, ou le monde physique (du grec *phusis*) fait de lois nécessaires.

SPRINT FINAL

Dégager la problématique

Problématique

- Certes, la technique nous permet d'apprivoiser la nature en la mettant à notre service.
- Mais nous donne-t-elle le pouvoir d'anéantir le caractère étranger du monde naturel, ou bien est-elle impuissante face à lui ?

Construire un plan

1. La technique vise à apprivoiser la nature

- Elle vise à nous rendre « maîtres et possesseurs de la nature ».
- L'homme est d'essence technicienne.

2. La technique n'élimine pas la peur

- Le développement technique nous dénature.
- Manipuler la nature n'est pas la maîtriser.

3. La nature n'est pas à craindre

- C'est la connaissance qui délivre des craintes.
- Nous devons renouer avec la nature.

42 CORRIGÉ GUIDÉ

Les titres en couleurs et les indications entre crochets servent à guider la lecture mais ne doivent en aucun cas figurer sur la copie.

Introduction

[Reformulation du sujet] La technique est-elle le moyen de se rassurer face à la violence de la puissance naturelle ? De fait, on pourrait considérer qu'elle permet de soumettre la nature. Mais n'avons-nous rien à craindre des conséquences de cet affrontement ? [Définition des termes du sujet] La technique désigne l'ensemble des moyens intellectuels ou matériels mis en œuvre pour parvenir à une fin ; elle se caractérise par son évolution constante. Ce qui nous « permet », c'est ce qui nous donne un pouvoir. La peur est un sentiment né d'une projection, par l'imagination, dans un avenir où il se peut qu'une chose nous nuise ou nous détruise. Enfin, la nature désigne à la fois l'essence d'une chose, une puissance d'engendrement contenant en elle-même son propre principe, et le monde physique (du grec *phusis* qui signifie la nature). [Problématique] Le problème est donc de savoir si nos techniques nous donnent la capacité de ne plus envisager la nature comme une puissance adverse, ou bien si le développement technique est impuissant à apaiser nos craintes. Mais après tout, sommes-nous fondés à craindre la nature ?

1. La technique vise à apprivoiser la nature

A. Devenir comme maîtres de la nature

> ▶ **Le conseil de méthode**
> Attention à ne pas faire un catalogue des avantages et inconvénients de la technique. Une dissertation n'est pas une compilation d'exemples, et votre propos doit être fondé sur des arguments et non sur des jugements de valeur.

• Dans un premier temps, on pourrait penser que le développement de nos techniques a pour but de nous permettre de ne plus envisager la nature comme une puissance étrangère.

• La technique nous permettrait, dit Descartes dans le *Discours de la méthode*, de devenir « comme maîtres et possesseurs de la Nature ». S'il n'est pas question pour le philosophe de soumettre la nature à notre puissance, nous pouvons cependant ne plus la subir. Par nos techniques, nous visons l'amélioration de notre confort ou de notre santé, et nous libérons de cette passion qu'est la peur puisque nous devenons actifs face à la nature.

B. L'homme est d'essence technicienne

• Or si nous avons ce pouvoir de convertir la nature en une chose utile, c'est parce que nous sommes à la fois naturellement faibles et dotés des moyens de dépasser notre faiblesse.

• Dans *Protagoras*, Platon évoque cette essence technicienne à travers le mythe de la création de l'homme par Prométhée. C'est parce qu'il prend pitié de l'homme, créature nue et désarmée, que le Titan transgresse l'interdit divin en volant le feu de l'Olympe. Symbole de l'aptitude technique, le feu fait de l'homme, capable de forger des armes et des outils, un être technicien par essence, qui n'est pas seulement compris dans la nature, mais capable de la mettre à distance en transgressant ses lois.

> **DÉFINITIONS**
> L'**essence** d'une chose désigne ce sans quoi elle ne peut pas être elle-même. Une **propriété accidentelle** désigne une caractéristique sans laquelle une chose reste elle-même.

[Transition] Mais ce pouvoir que nous avons de ne plus subir la nature nous permet-il vraiment de ne plus en avoir peur ?

2. La technique n'élimine pas la peur

A. Le développement technique nous dénature

• Certes, nous pouvons nous opposer à la nature en détournant le cours d'un fleuve, en guérissant certaines maladies, mais cela nous rassure-t-il ? Ce que nous enseigne la punition de Prométhée, n'est-ce pas aussi que toute transgression se paie ?

• L'autonomie de nos objets techniques et notre familiarité avec les machines, dotées de leur énergie propre, pourraient nous indiquer que ces objets sont désormais capables de nous transformer. Dans son analyse des techniques modernes, Hegel pointe ainsi le risque de ce renversement, par lequel nous entendons désormais « anéantir » l'extériorité de la nature : faire en sorte qu'elle ne nous fasse plus obstacle, sans plus nous investir dans ce rapport. De l'outil à la machine, ce qui se perd, dit-il, c'est notre contact à la nature, par lequel nous nous émancipions. Plus efficaces, nous sommes dénaturés, et en cela doublement séparés de la nature, puisque pervertis.

B. Manipuler la nature n'est pas la maîtriser

• Capables de manipuler la nature, nous croyons pouvoir la maîtriser. Or, il s'agit là d'une illusion, liée à un rapport au monde naturel devenu purement utilitaire. Dans « La Question de la technique », Heidegger montre que la technique moderne convertit la nature entière en un stock d'énergie potentielle. Oublieux du fait que la nature est autre chose qu'un objet qui nous est utile, nous oublions que nous en faisons partie.

• Si la technique moderne nous permet d'exploiter la nature, elle en rompt l'harmonie, la dérègle et nous pervertit jusqu'à faire de nous aussi un stock de forces qu'il s'agit de mesurer, d'exploiter, de distribuer. Comment, alors, ne pas percevoir la nature comme un objet manipulé et devenu pour cette raison potentiellement dangereux pour nous ?

[Transition] Mais si la nature nous apparaît comme une chose à dompter ou à violer, n'est-ce pas justement parce que nous la craignons ?

> **À NOTER**
> Dans *Frankenstein ou le Prométhée moderne*, Mary Shelley met en évidence la nature monstrueuse de la créature fabriquée à partir de chairs mortes et qui, inadaptée au monde, se venge de son créateur.

3. La nature n'est pas à craindre

A. C'est la connaissance qui nous libère des craintes

• N'est-ce pas en raison de notre peur que nous détruisons la nature, la déréglons, et alimentons ainsi nos inquiétudes ? La question est alors de savoir ce qui fonde notre crainte, et comment y remédier.

• En réalité, Descartes le dit clairement : ce n'est pas la technique mais la connaissance du monde physique qui nous libère des peurs, en nous permettant de ne plus envisager la nature comme une puissance magique et imprévisible, mais comme un monde réglé par des lois. En somme, c'est l'ignorance qui produit la crainte, et non la nature. L'envisager comme un monde physique, c'est avant tout la considérer rationnellement, et rompre avec les superstitions qui nourrissent cette passion qu'est la peur.

B. Nous devons renouer avec la nature

• Ce souci de connaître la nature, plutôt que de l'exploiter par le développement technique, pourrait impliquer de se connaître soi-même, c'est-à-dire de reconnaître la nature en soi. Cela pourrait alors passer par une remise en cause de la frontière entre le monde technique et le monde naturel. C'est ce qu'établit Simondon, dans *Du mode d'existence des objets techniques :* le monde artificiel se développe comme le monde de la nature et dispose d'une force d'autonomie que nous devons admettre. Il n'est pas vrai, dit-il, que la technique soit le propre de l'homme : elle doit être pensée comme un monde autonome que nous avons le pouvoir de connaître.

L'AUTEUR
Gilbert Simondon (1924-1989).

Simondon rejette l'idée selon laquelle la technique serait propre à l'homme, ainsi que la technophobie qui en découle. Il appelle à la constitution d'une science des techniques.

• Mais au-delà de cette connaissance du monde naturel, n'est-ce pas d'abord notre rapport à lui qu'il s'agit de renouveler ? Cette reconnaissance peut enfin prendre la forme radicale d'une fidélité à la nature en tant que puissance créatrice. Ainsi le cynisme fait de la nature une norme de vie, rejetant la figure de Prométhée, ancêtre de l'homme technicien, pour revendiquer celle d'Héraclès, incarnation de la force nue et de la sauvagerie naturelles. Il nous appelle alors à reconnaître la nature en nous comme une puissance sur laquelle nous devons nous régler, dans la perspective d'une vie libre et délivrée des craintes.

Conclusion

En définitive, ce n'est pas la technique en elle-même qui nous permet de ne plus craindre la nature, mais la connaissance de ce que nous sommes et de ce qu'elle est. Nous devons, avant tout, interroger cette peur, et considérer que nous avons le pouvoir de l'éliminer en comprenant que la nature n'est pas à vaincre mais à connaître et à reconnaître en nous pour mieux vivre.

43 Amérique du Nord • Mai 2022

Montaigne, *Essais*

EXPLICATION DE TEXTE

4 heures
20 points

INTÉRÊT DU SUJET • Ce texte difficile et profond pose le problème de l'inconstance des choses : le temps qui s'écoule sans trêve emporte-t-il tout avec lui ?

Expliquez le texte suivant :

Mais qu'est-ce donc qui est véritablement ? Ce qui est éternel, c'est-à-dire ce qui n'a jamais eu de naissance, ni n'aura jamais de fin, et à quoi le temps n'apporte jamais aucune mutation. Car c'est chose mobile que le temps, et qui apparaît comme en ombre, avec la matière coulante et fluente toujours, sans jamais demeurer stable ni permanente, à qui appartiennent ces mots « avant » et « après », et « a été » ou « sera ». Lesquels tout de prime abord montrent à l'évidence que ce n'est pas chose qui soit, car ce serait grande sottise et fausseté tout apparente que de dire que cela soit qui n'est pas encore en être, ou qui déjà a cessé d'être. Et quant à ces mots de « présent », d'« instant », de « maintenant » par lesquels il semble que principalement nous soutenons et fondons l'intelligence du temps, dès que la raison le découvre, elle le détruit tout sur-le-champ, car elle le fend incontinent[1] et le partage en futur et en passé, comme le voulant voir nécessairement départi[2] en deux. Autant en advient-il à la nature qui est mesurée comme au temps qui la mesure, car il n'y a non plus en elle rien qui demeure, ni qui soit subsistant, mais toutes choses y sont ou nées, ou naissantes, ou mourantes.

Montaigne, *Les Essais*, livre II, chapitre XII (XVIe siècle).

1. Incontinent : aussitôt.
2. Départi : divisé.

LES CLÉS DU SUJET

Repérer le thème et la thèse

• Le passé et le futur, ce qui change et ce qui demeure : ces distinctions introduisent classiquement le thème de la fuite du temps.

• Pour Montaigne, il n'y a rien qui demeure constant dans le monde : ni les choses, ni l'être humain qui les observe.

Dégager la problématique

Problématique

- En posant explicitement la question : « qu'est-ce donc qui est véritablement ? », l'auteur invite à distinguer ce qui demeure et ce qui devient, et en tire une leçon sceptique.
- Notre manière d'appréhender le temps est-elle correcte ? Nous le mesurons, à défaut de le comprendre, en séparant artificiellement le passé et l'avenir.

Repérer les étapes de l'argumentation

1. Ce qui demeure et ce qui devient (l. 1 à 3)	• Ce qui est véritablement, c'est ce qui demeure stable et éternel. • À l'inverse, ce qui devient est soumis au temps et au changement.
2. Un héritage questionné (l. 3 à 9)	• L'opposition de l'être et du devenir conduit à des contradictions. • Dans ce monde changeant, rien n'est véritablement.
3. Une leçon de scepticisme (l. 9 à 17)	• Rien n'existe avec constance, ni le moi ni la nature ; tout est soumis à un devenir perpétuel. • La mesure du temps trahit le défaut d'intelligence que nous en avons, mais témoigne aussi de sa fuite.

SPRINT FINAL

43 CORRIGÉ GUIDÉ

Introduction

[Question abordée] Cet extrait des *Essais* invite à une réflexion sur le temps, l'être et les rapports qu'ils entretiennent. [Thèse] Prenant au sérieux l'opposition entre *ce qui est* et *ce qui devient*, Montaigne conteste la permanence des choses et questionne notre manière d'appréhender le temps. [Problématique] Si l'on admet l'opposition entre la chose en devenir et la chose en être, il faut avouer que rien n'est véritablement, mais que tout se meut et s'écoule, emporté par un temps insaisissable. [Annonce du plan] L'auteur part d'une distinction classique entre le réel et l'apparent (lignes 1-3) dont les conséquences le plongent dans une perplexité croissante (lignes 3-9). Il en vient à questionner la mesure du temps, que la raison humaine prétend vainement imposer à une nature où rien ne demeure ni ne subsiste (lignes 9-17).

1. Ce qui demeure et ce qui devient

A. Ce qui demeure est éternel et immuable

• La question rhétorique initiale distingue implicitement « ce qui est véritablement » et ce qui n'est qu'en apparence. L'être véritable demeure tel qu'en lui-même, éternel et immuable.

• Est « éternel » ce qui transcende le temps, c'est-à-dire se situe en dehors de lui : sans début ni fin, sans naissance ni mort. Une telle chose ne change pas mais demeure « stable » et « permanente ». Elle « subsiste » telle qu'elle est, comme l'indique le terme « substance », synonyme d'être ou de réalité dans la philosophie médiévale.

> **DÉFINITION**
> « **Transcender** » signifie relever d'un autre ordre, extérieur et supérieur.

B. Ce qui devient est provisoire et changeant

• À l'inverse, ce qui devient est emporté par le temps et les changements successifs : un tel mode d'existence est défaillant par rapport au précédent et réduit la chose à une apparence fugace et trompeuse.

• Connaître la naissance et la mort, c'est avoir le temps qui pèse sur soi comme une « ombre » menaçante. La chose qui devient n'est que de passage puisqu'elle n'a pas toujours été et ne sera pas toujours. Ses mutations lui imposent un continuel effacement de ce qu'elle était au profit de ce qu'elle sera. Ce processus où à la fois elle disparaît et apparaît la prive de stabilité.

> **DÉFINITIONS**
> « **Mutation** » signifie ici changement (en latin *mutatio*). Par opposition, l'« **immutabilité** » caractérise ce qui ne change pas.

[Transition] Montaigne admet l'opposition entre ce qui demeure et ce qui devient. Pour autant, cette distinction suscite chez lui une grande perplexité et le conduit à questionner la tradition philosophique.

2. Un héritage questionné

A. L'être et le non-être

• Dans l'allégorie de la caverne, Platon distingue la réalité et les apparences qui n'en sont que « l'ombre » ou « l'écho ». Il oppose l'intelligible et le sensible :

les Idées sont éternelles et immuables, tandis que les choses matérielles n'en sont que le reflet imparfait, provisoire et changeant. Suivant Parménide, il distingue deux espèces parmi les choses : « celle qui est invisible est toujours même qu'elle-même, alors que celle qu'on peut voir ne l'est jamais ».

À NOTER
« L'être est, le non-être n'est pas » : **Parménide** affirmait la permanence de l'être, à l'inverse d'Héraclite pour qui tout s'évanouit dans le temps.

• Mais si n'est véritablement que ce qui demeure identique à lui-même, quel statut accorder à la « matière coulante et fluente » soumise au devenir ? Comme ce n'est tout de même pas un pur néant, Platon doit admettre que ce qui devient est un mélange d'être et de non-être.

B. Une ontologie problématique

• Cette ontologie subtile paraît contradictoire à Montaigne. Ce serait à l'évidence « sottise et fausseté » de tenir comme un être à part entière ce qui « a été » ou ce qui « sera ». En effet, un tel être n'est pas vraiment, puisqu'il entre aussi dans sa nature de n'être pas encore (« avant »), puis de ne plus être (« après »).

DÉFINITION
Formée des mots grecs *ontos* « ce qui est » et *logos* « science », l'**ontologie** est la discipline qui étudie les propriétés de l'être en général.

• Si l'être désigne la chose éternelle et immuable, alors il faut réserver ce nom à Dieu. Dans une autre partie des *Essais*, Montaigne explique ainsi : « Il n'y a rien qui véritablement soit que lui seul, sans qu'on puisse dire : *il a été*, ou : *il sera*, sans commencement et sans fin. » Mais ni le monde, ni moi qui le contemple, ne pouvons être tenus comme étant au sens fort « en être » : « Il n'y a aucune consistante existence, ni de notre être, ni de celui des objets. »

▶ Le secret de fabrication
Utilisez les repères au programme ! L'expression « en être », qui redouble ici le verbe « être », signifie que la chose est « en acte » (c'est-à-dire pleinement), et pas seulement « en puissance » (inachevée).

[Transition] Les contradictions de l'ontologie classique permettent à Montaigne de conduire le lecteur à une certaine perplexité devant l'inconsistance du monde et la fuite du temps.

3. Une leçon de scepticisme

A. Une mobilité universelle

• L'extrait débouche sur le constat d'une mobilité universelle : il n'y a « rien qui demeure, ni qui soit subsistant ». Toutes choses sont sujettes à un changement permanent dont la nature nous offre partout le spectacle (la naissance

SPRINT FINAL

et la mort, le jour et la nuit, les saisons, etc.). Nous aussi allons « coulant et roulant sans cesse ». Dans l'adresse au lecteur qui ouvrait les *Essais*, Montaigne annonçait le projet de se peindre, mais il finit par avouer : « je peins le passage : non un passage d'âge en autre ou, comme dit le peuple, de sept en sept ans, mais de jour en jour, de minute en minute ».

• Le scepticisme de Montaigne tire profit de l'opposition classique entre l'être et le devenir pour instiller le doute sur la consistance du monde et du moi. Rien ne peut être tenu pour certain dans ce monde branlant où tout est en continuelle mutation, tant ce qui est observé que l'observateur lui-même. Comme disait le philosophe présocratique Héraclite, « on ne se baigne jamais deux fois dans le même fleuve ».

> **À NOTER**
> Le **scepticisme** est une école philosophique qui estime que la certitude nous est inaccessible.

B. La mesure du temps

• Le temps est chose difficile à concevoir, comme le confessait déjà Augustin : « Qu'est-ce donc que le temps ? Si personne ne m'interroge, je le sais ; si je veux répondre à cette demande, je l'ignore. » De même, pour Montaigne, notre « raison », c'est-à-dire notre faculté de comprendre, est ici dépassée.

• À défaut d'avoir une bonne « intelligence », une bonne compréhension du temps, nous essayons de le mesurer : pour ce faire, nous le partageons entre le passé et le futur, et cherchons à le fixer dans l'instant. Mais ce geste fait violence à une chose continue et mobile : il « fend » le temps comme par un coup d'épée, et le « détruit » sur-le-champ en voulant le figer.

• Cependant, une telle partition n'est pas totalement arbitraire puisqu'elle reflète aussi l'inconsistance des choses : le passé s'est enfui, le futur n'est pas encore. Seul le « présent », « l'instant », le « maintenant » reste à notre portée, du moins si l'on en croit la sagesse épicurienne. Mais comment le saisir ? Comment s'installer dans l'instant et en jouir alors qu'il n'est qu'une limite imaginaire ? Il n'a aucune consistance puisqu'il s'évanouit au moment même où on en parle.

> **À NOTER**
> Contemporain de Montaigne, le poète Ronsard renouvelle le conseil épicurien de profiter du jour présent (*carpe diem*).

Conclusion

Cet extrait met en scène le vertige du temps qui saisit l'auteur : le caractère évanescent de l'être plonge Montaigne dans le doute sur l'existence des choses. L'affirmation d'une substance invisible, stable et permanente est vaine puisque tout passe dans un mouvement infini et insaisissable.

Boîte à outils

Lexique des REPÈRES du programme 282

Index des AUTEURS 287

Lexique

des repères

Absolu/relatif

Absolu désigne ce qui se suffit à soi-même pour exister, pour être vrai : indépendant, autosuffisant, et par suite complet, total, comme un pouvoir absolu, une confiance absolue ou encore l'Être Absolu (Dieu). Il s'oppose à **relatif**, ce qui n'a pas sa raison d'être en soi : dépendant, imparfait, ou à resituer dans un contexte comme une idée relative à une époque, une couleur relative à sa perception. En morale, l'absolu peut désigner la valeur ultime, une fin en soi, le souverain Bien, par opposition à l'utile, toujours relatif.

Abstrait/concret

Abstrait désigne le résultat d'une activité de l'esprit qui sépare et isole des éléments de la réalité en formant des concepts à partir de caractères communs. **Concret**, en désignant tout ce qui se donne dans l'expérience, s'oppose, mais aussi sert de support à l'abstraction. Par exemple, selon Aristote, le médecin a une connaissance générale, théorique et abstraite, mais il ne soigne que des cas particuliers dont il fait l'expérience concrète.

Analyse/synthèse

L'**analyse** et la **synthèse** renvoient à deux méthodes distinctes de raisonnement : la première consiste à décomposer un ensemble, tandis que la seconde consiste à partir d'éléments épars pour remonter vers un tout. Ainsi lorsqu'un élève commence à analyser un sujet de dissertation, il cherche d'abord à définir chacun des termes séparément, puis quand il reformule le sujet pour saisir le sens global, il en fait la synthèse.

Concept/image/métaphore

Le **concept** (du latin *conceptus*, « action de contenir, de concevoir »), désigne une idée, une représentation intellectuelle abstraite et générale, qui réunit des déterminations communes à des individus appartenant à une même catégorie. Ainsi, le concept de « chat » désigne l'ensemble de tous les chats concrets. L'**image** (du latin *imago*, « représentation, imitation, portrait ») désigne une représentation plus ou moins fidèle d'un objet. Produit de l'imagination, elle évoque un objet absent avec lequel elle entretient un rapport d'analogie. La **métaphore** (du grec *metaphora*, « transport, transposition, transfert de sens ») désigne un procédé de rhétorique qui permet de transférer un terme concret dans un contexte abstrait en vertu d'un rapport d'analogie. Par exemple, « l'or du soir » désigne chez Victor Hugo le soleil couchant.

Contingent/nécessaire

Est **nécessaire** ce qui ne peut pas être autrement (et non pas comme dans son usage courant ce qui est « utile »). Par exemple, la somme des angles d'un triangle fait nécessairement 180° en géométrie euclidienne. Par opposition, est **contingent** ce qui peut indifféremment être ou ne pas être. Un acte pour être libre présuppose par exemple qu'il y ait une certaine contingence de la réalité. Ainsi, ma mort est nécessaire, mais sa date est contingente.

Croire/savoir

Croire et savoir sont deux modes du « tenir-pour-vrai » (*Fürwahrhalten* en allemand) selon Kant. **Croire** consiste à soutenir une vérité mais en l'absence de garantie objective suffisante. C'est avoir, selon différents degrés, la conviction d'être sous une bonne étoile, de pouvoir réussir, qu'il va pleuvoir, ou que l'eau va bientôt bouillir. **Savoir** est un état de certitude reposant sur des preuves ou des démonstrations suffisantes. Par exemple, je sais ma leçon, je sais que j'ai marché dans une flaque d'eau, ou encore que l'eau bout à 100 °C.

En acte/en puissance

Cette distinction d'origine aristotélicienne permet de décrire le changement qui fait passer quelque chose de l'état de **puissance**, c'est-à-dire de germe, de virtualité, à l'**acte**, c'est-à-dire à son accomplissement, à sa réalisation au sens de processus mais aussi de résultat. Ainsi, de la même manière qu'une plante sera en acte ce que la graine est en puissance, un médecin sera en acte ce que l'étudiant en médecine est en puissance. Le passage de la puissance à l'acte consiste à actualiser des potentialités.

En fait/en droit

Le **fait** indique ce qui existe dans la réalité concrète et singulière, ce qui est, alors que le **droit** indique ce qui devrait être selon des principes légaux ou légitimes. Ces deux principes peuvent s'opposer. Par exemple, Rousseau souligne que la liberté, essence de l'homme (en droit), est partout bafouée (en fait) : « l'homme est né libre et partout il est dans les fers », *Contrat social*, *I*.

Essentiel/accidentel

Est **essentiel** ce qui participe de l'essence d'une chose, ce qui fait qu'elle est ce qu'elle est, ce qui est indispensable à son être et à sa définition. Est **accidentel** ce qui appartient à une chose mais à titre d'accident, c'est-à-dire en tant que caractéristique qui peut être retranchée sans que la définition de cette chose en soit changée. Par exemple, il est essentiel à l'humain d'être un animal rationnel (selon la définition aristotélicienne), mais il est accidentel qu'il soit chauve ou chevelu.

Exemple/preuve

Au-delà du modèle à imiter, l'**exemple** peut désigner une chose qui est similaire à ce dont on parle, qui permet d'en donner une idée, de l'illustrer ou de la confirmer. Pour autant, un exemple n'a pas la valeur d'une **preuve**, procédé qui établit une vérité par la raison ou par un fait. Un exemple répété un grand nombre de fois permet éventuellement d'augmenter une probabilité. En revanche, un contre-exemple peut réfuter une thèse. L'exemple a une valeur pédagogique et la preuve une valeur épistémologique.

Expliquer/comprendre

Expliquer consiste à déterminer les causes d'un phénomène de manière à le rendre intelligible, à trouver les lois qui président à sa production. Une explication (du latin *ex-plicare*, déplier) procède par analyse, en décomposant le tout en ses parties. Elle renvoie à la méthode des sciences de la nature. **Comprendre** consiste à saisir le sens, la signification globale d'un événement, d'une situation, d'une œuvre en remontant aux conditions qui les ont rendus possibles. La compréhension (du latin *com-prehendere*, saisir ensemble, envelopper) est synthétique et ramène un phénomène à l'unité de son projet, d'une intention ou d'une volonté. Elle renvoie à la méthode des sciences humaines.

Formel/matériel

Formel est relatif à la forme, c'est-à-dire à ce qui détermine l'apparence extérieure, le contour, comme la forme d'un visage, mais aussi à ce qui détermine la structure, l'arrangement d'une chose comme la forme d'un discours. Par opposition, **matériel** est relatif à la matière, c'est-à-dire à ce qui hors de nous peut être saisi par les sens, à ce qui renvoie à une réalité physique. L'opposition forme/matière peut renvoyer aux oppositions suivantes : contenant/contenu, forme/fond (d'un texte par exemple), apparence extérieure/substance réelle (comme la figure d'une statue et le marbre qui la compose), âme/corps, vérité formelle (cohérence logique d'un raisonnement)/vérité matérielle (correspondance avec la réalité), intention pure/motif d'une action (en morale).

Genre/espèce/individu

La distinction genre/espèce/individu permet d'opérer des classifications de plus en plus précises selon ces différentes catégories en allant du général au singulier. Le **genre** est la classe générale qui se subdivise en espèces, et l'**espèce** peut être ramenée à un élément fondamental, l'unité ultime : l'**individu**. Cette distinction permet de réfléchir à la fois sur la théorie des ensembles en logique et sur l'évolution des espèces en biologie. Par exemple, l'individu Grosminet (de la série *Titi et Grosminet*) appartient à l'espèce chat qui appartient au genre animal.

Hypothèse/conséquence/conclusion

Une **hypothèse** est une proposition qui sert de base à un raisonnement, une supposition sur laquelle on s'appuie pour faire soit une démonstration, soit une explication conditionnelle qui demande à être vérifiée et qui permet de comprendre certains phénomènes. Une **conséquence** est ce qui découle d'une proposition, d'un principe ou d'une hypothèse et qui fait avancer une démonstration. La **conclusion** est une proposition dont la vérité résulte de la vérité des autres propositions et qui met fin à un raisonnement.

Idéal/réel

Idéal désigne ce qui n'existe que dans l'esprit, sans être perçu par les sens. Par opposition, **réel** désigne ce qui se situe en face de lui et existe effectivement. Par suite, l'idéal désigne la perfection que la pensée peut concevoir ou désirer, et le réel ce qui peut faire l'objet d'une connaissance.

Identité/égalité/différence

Étymologiquement, le terme « identique » vient du latin *idem*, c'est-à-dire le même. Chaque personne a sa propre **identité** dans la mesure où elle est unique (unicité) et qu'elle demeure inchangée en son essence malgré le temps qui passe et ses changements (permanence). La **différence** désigne toute relation d'extériorité ou d'altérité entre deux objets comparables. En mathématique, l'équivalence A = B est une **égalité** et en même temps une identité, car A est interchangeable avec B. En revanche, en politique, l'**égalité** entre les hommes signifie qu'ils ont les mêmes droits, dans le respect des différences et de l'identité de chacun.

Impossible/possible

Est **possible** ce qui peut arriver sans qu'il n'y ait de contradiction avec le réel ou la logique. Au contraire, est **impossible** ce qui ne remplit pas les conditions nécessaires pour pouvoir exister, ce qui n'est ni faisable, ni admissible. Soit une chose est impossible car elle s'oppose à un ordre logique, elle est donc contradictoire en elle-même, soit elle est impossible car elle heurte l'ordre physique, elle s'oppose alors à la nécessité.

Intuitif/discursif

Intuitif est un mode de connaissance qui relève de l'intuition, c'est-à-dire d'une vision ou saisie directe et immédiate, par les sens (comme la décomposition de la lumière blanche dans le prisme de Newton), ou par l'intellect (comme le *cogito* cartésien). **Discursif** est un mode de connaissance qui se fait par la médiation d'un discours, c'est-à-dire indirectement par les étapes d'un raisonnement, d'une démonstration.

Légal/légitime

Est **légal** ce qui est conforme au code écrit d'une société donnée, au droit positif. Est **légitime** ce qui est moralement juste et conforme à la raison. La légitimité juge du fondement de la légalité. Le légalisme, qui confond légal et légitime, a des limites, puisque des lois peuvent être injustes, donc illégitimes.

Médiat/immédiat

Médiat ou **immédiat** servent à qualifier notre rapport aux choses dans ce qu'il a d'indirect (il implique la médiation d'un moyen), ou de direct (sans intermédiaire). Notre liberté n'est pas immédiate et peut impliquer le recours à la médiation du travail. Le travail lui-même, en transformant la nature, nous arrache à son immédiateté.

Objectif/subjectif/intersubjectif

Un jugement est **objectif** lorsqu'il restitue fidèlement, avec impartialité, ce qu'est l'objet extérieur au sujet qui le pense. Par opposition, un jugement **subjectif** s'établit en fonction du point de vue du sujet qui pense ou ressent. L'objectivité d'un jugement scientifique sera universellement reconnue. La subjectivité d'un point de vue reste singulière. La connaissance d'autrui est problématique dans la mesure où l'on ne peut réduire un sujet à l'état d'objet. Elle peut alors se faire sur un mode **intersubjectif**, par un terrain commun, une communauté de conscience, de langage ou de sentiment qui permet d'échanger et de se comprendre. Sur le plan épistémologique, l'intersubjectivité formée par une communauté d'experts peut constituer un critère d'acceptabilité d'un énoncé.

Obligation/contrainte

L'**obligation** désigne l'action de la volonté qui s'exerce sur elle-même pour se déterminer. En ce sens même si l'on agit sans désir, l'obligation est une action libre. En revanche, la **contrainte** désigne une force extérieure à la volonté qui est assujettissante et à laquelle on ne peut résister. Rendre honnêtement la monnaie de sa pièce par devoir moral est une obligation ; l'arme du bandit qui veut ma bourse est une contrainte.

Origine/fondement

L'**origine** désigne un commencement dans le temps, historique ou chronologique. Le **fondement** désigne un commencement logique ou essentiel qui répond plus à la question « pourquoi » qu'à la question « comment » ou « quand ». Il peut, selon la métaphore architecturale, soutenir ensuite un ordre, une série de faits ou de connaissances. Ainsi le big-bang peut être considéré comme l'origine scientifique de notre monde, mais la nature politique comme le fondement de l'humanité telle que la conçoit Aristote.

Persuader/convaincre

Persuader et convaincre sont deux manières d'amener un interlocuteur à tenir quelque chose pour vrai. Mais alors que l'art de **persuader** (comme la rhétorique) est une sorte de séduction qui sollicite les sentiments et l'imagination, l'art de **convaincre** consiste à démontrer, à présenter les raisons véritables d'adhérer. Ainsi le sophiste pourra persuader de quelque chose de faux, tandis que le philosophe ou le scientifique pourront convaincre d'une vérité en y apportant arguments et preuves.

Principe/cause/fin

Le **principe** désigne une proposition première et fondamentale, la conséquence étant la proposition qui en découle nécessairement. Les notions de cause et de fin renvoient à deux types d'explication (respectivement de types mécaniste et finaliste), à deux manières de répondre à la question « pourquoi ». La **cause** indique ce qui, en amont, a produit directement l'effet à expliquer, une sorte d'antécédent nécessaire. La **fin** se rapporte, en aval, au but ou à la finalité recherchée et qui peut correspondre à une intention ou à une raison. Ainsi, à la question « pourquoi cet enfant est-il puni ? », on peut répondre par la cause (à la suite d'une bêtise) ou par la fin (dans un but éducatif).

Public/privé

Ce qui est **public** renvoie à ce qui concerne l'État et ses rapports à l'ensemble des citoyens tant par la gestion qu'il produit (comme l'enseignement public) que par la parole ou l'expression qu'il leur permet (comme l'opinion publique). « Public » qui dérive de *publicus*, lui-même issu de *populus*, « le peuple », s'oppose au **privé**, c'est-à-dire à ce qui relève d'un usage particulier, d'un petit nombre de personnes, dans le cadre familial par exemple, ou dans l'intimité. Le privé renvoie aux relations des citoyens entre eux comme dans le droit privé par opposition au droit public. La question de la fragilité de la frontière entre ces deux domaines se pose pour Hannah Arendt dans sa réflexion politique sur le totalitarisme ou encore par rapport aux enjeux éthiques concernant la récupération des données personnelles avec l'essor du numérique.

Ressemblance/analogie

La **ressemblance** pose, de manière plutôt intuitive, un rapport de similitude entre deux choses ou deux personnes, pouvant aller jusqu'à la confusion. Un portrait réussi ressemble bien à son modèle, mais dans un trompe-l'œil, la ressemblance est si forte que l'on confond la copie et l'original. L'**analogie** établit une ressemblance de rapports entre des choses différentes par essence selon le raisonnement de type mathématique $a/b = c/d$, où ce que *a* est à *b*, *c* l'est à *d*, sans que *a* ressemble à *c* ou *b* à *d*. Selon Aristote en *Poétique*, 1457b, la vieillesse est à la vie ce que le soir est au jour.

Théorie/pratique

La **théorie** désigne une connaissance ou un ensemble de notions considérées du point de vue de la représentation, de la pensée, qui engendre des considérations abstraites. La **pratique** renvoie à l'activité concrète des hommes, d'un point de vue technique ou moral. La théorie et la pratique ne sont pas nécessairement opposées. Elles peuvent se compléter dans la mesure où l'homme peut bien agir grâce à une connaissance juste, et où la théorie elle-même peut être modifiée ou tirée d'une confrontation à la réalité. Pour Kant, l'exercice du jugement permet le passage de l'une à l'autre.

Transcendant/immanent

Est **transcendant** ce qui relève d'un principe supérieur et extérieur à notre monde. Ainsi l'idée d'un Dieu créateur renvoie à un principe transcendant. À l'inverse, est **immanent** ce qui appartient à la nature d'un être et qui relève d'un principe ou d'une causalité interne. Pour Kant, le transcendant est inconnaissable car au-delà de l'expérience, alors qu'est immanent ce qui ne sort pas des limites de l'expérience possible.

Universel/général/particulier/singulier

Universel qualifie ce qui vaut pour une totalité d'êtres ou d'idées, sans exception. Par exemple, « tous les hommes sont mortels ». **Général** qualifie ce qui vaut pour une pluralité d'êtres appartenant à un même genre ou ensemble. Établi par généralisation empirique, il admet des exceptions comme les règles générales de prudence. **Particulier** sert à désigner quelques éléments d'une classe. Par exemple, « certains hommes sont chauves ». **Singulier** qualifie ce qui appartient à un seul individu, à un sujet unique. Par exemple, « Socrate est fascinant ».

Vrai/probable/certain

Le **vrai** désigne ce qui est conforme au réel (dans le cas d'une vérité de fait) ou ce qui est conforme aux exigences d'un raisonnement (dans le cas d'une vérité d'idée). Ce qui est **probable** n'a que l'apparence du vrai, il renvoie à ce qui a le plus de chance ou de raison d'être vrai, sans qu'on en ait de certitude absolue. Le **certain**, en revanche, correspond au vrai auquel on peut s'attendre sans l'ombre d'un doute. La probabilité renverrait à une vérité relative et la certitude à une vérité absolue.

Index

des auteurs

Les numéros renvoient aux sujets, les explications de texte sont ***en gras****.*

A

Alain 4
Arendt **3**, 4, **22**, 29, 31, 34, 38
Aristote 25, 32, 33, 41
Augustin **6**, 31, 32

B

Bachelard 24, 32
Bakounine 12
Baudelaire 24
Bergson 1, 3, 4, 29, **32**, 38
Bourdieu 19

C

Comte 40
Condillac 8
Cournot **40**

D

Descartes 1, 7, **18**, 25, **28**, 33, 37, 42
Durkheim 7, **10**, **11**

E F

Épicure 5, 9, 10, 31
Foucault 5, 9, 21
Freud 7, 14, 19, 41

H

Hegel 4, 19, 42
Heidegger 42
Héraclite 43
Hobbes 12, 39
Hume 1, 8, 25, 37

J K L

Jonas 33
Kant 5, **8**, 9, 26, 41
Laërce 23
Lefort 19
Leibniz 8, 14
Locke 17

M N

Machiavel 19
Mandeville 23
Marx 4, 7, 12, 20, 29, 34, 35
Merleau-Ponty 7
Mill 33, 41
Montaigne **25**, **43**
Montesquieu 39
Nietzsche **16**, 34, 38, 41

P

Parménide 43
Pascal 22, 24, 31, 41
Platon 15, 19, 20, 21, 38, 42, 43
Plutarque 23, 25
Popper 1
Proust 32

R

Rawls 17, 39
Ricœur 19, 39
Rousseau **2**, 9, 12, 17, 20, 23, 39
Russell 1, 37

S

Sartre 14, 33
Schopenhauer 9, **15**, 41
Sénèque 21, 24
Simondon **30**, 42
Spinoza **13**, 26, **36**

T W

Thomas d'Aquin 25
Thoreau 39
Tocqueville 20
Weber 33, 37
Weil **27**, **35**